村井吉敬　内海愛子　飯笹佐代子　編著

海境を越える人びと

真珠とナマコとアラフラ海

コモンズ

もくじ●海境を越える人びと——真珠とナマコとアラフラ海

第Ⅳ部　記憶と表象

はじめに

日本、インドネシア、オーストラリアをつなぐ海域では、人びとの移動、交易、交流をめぐってどのような営みやドラマが繰り広げられてきたのだろうか。

本書の目的は、真珠(貝)やナマコなどの採取や交易のために、あるいは新天地や希望を求めて海を渡った人びとの足跡をたどりながら、近現代における移動・交易・交流の諸相を描き出すことにある。主な舞台は、アラフラ海を中心に東はトレス海峡から南太平洋へ、西はティモール海からインド洋へと連なる海域だ。登場する主な人びとは、真珠貝ダイバーたちをはじめとする日本からの出稼ぎ者、真珠貝産業の従事者、インドネシアの海の民、オーストラリアの先住民、「ボートピープル」と呼ばれる難民などである。

これらの海域での移動の足跡は、これまで注目されることが少なかった。一つには、複数の国家を跨ぐ移動は、「オーストラリア研究」「インドネシア研究」という名称が示すように、国民国家の枠組みに区分された地域研究／エリア・スタディーズの範疇にうまく収まりきれないことによる。また、とりわけオーストラリア北部の海域は、首都や大都市から地理的に離れていることとも相俟って、オーストラリア研究の「周辺」に追いやられてきた感が否めない。

本書が目指したのは、こうした国ごとに分断された地域研究／エリア・スタディーズを超えた視野から、海域の交易・交流史を掘り起こし、明らかにすることである。それは同時に、「陸」からの視点ではなく、「海」を中心に据えて人びととの移動を捉え直すことでもある。「海史観」ともいうべき視座から本書の舞台となる海域を眺めるならば、いわば「陸史観」によって忘れ去られようとしてきた人びととの営為が鮮やかに蘇ってくるはずだ。

アラフラ海のArafuraは、「自由人」を意味する古いポルトガル語に由来するという。この「自由人」はアル諸島人を指したという説があるが、かつては誰もが、いまよりもはるかに自由に海を行き来していた。海は人びとをつなぐ力を持っていたのである。

ところが、近代国民国家の台頭にともなって、海も陸地のように領土化が企てられるようになる。国境だけでなく、さまざまな境界が引かれるようになっていく。本書に登場する人びとも、時の国際関係や戦争を契機に引かれたさまざまな境界によって移動や交易が阻まれた。実際、アラフラ海で真珠貝産業に携わる人びととの経験を見ても、アラフラの意味する「自由人」からは程遠い。

近現代は、「海を渡る」ことが、「海境を越える」ことへと変化していった時代と捉えられるだろう。「かいきょう」とも「うみざかい」とも読める「海境」は、海上に引かれた国境を含むさまざまな境界を意味する。一般的にはそれほど馴染みがないこの言葉を敢えて本書のタイトルに掲げたのは、近年ますます顕著となっている国家による海の囲い込み、ないしは領土化に対する問題提起の姿勢を示したかったからである。

本書は五つの部と一一の論考から構成されている。

第Ⅰ部「日本・オーストラリア・インドネシアをつなぐ海域」では、二編の村井論文により、ナマコやフカヒレ、エビを介したダイナミックな海域の交流・交易論が展開される。とくに、インドネシアの海の民とオーストラリア北部の先住民とのナマコを介した交易の歴史は、オーストラリア研究において「周辺」化されてきた北部の海域に新たな意味を与えるものである。

第Ⅱ部「真珠（貝）産業の興亡」では、まず鎌田論文によって、一九世紀半ばにオーストラリア北部で始まった真珠貝産業が太平洋戦争によって中断されるまでの経緯が、当時の国際関係をふまえつつ、日本人ダイバーの活動と軌跡を通じて描かれる。ただし、真珠貝産業は戦争によって完全に終わったわけではなかった。田村論文は、戦後のオーストラリアでの南洋真珠養殖事業の開始に、戦前に培われた技術や日豪を中心とする海外の人的ネットワークが深い関わりを持っていたことを解き明かす。

第Ⅲ部「翻弄される出稼ぎ――国家の間で生きる」は、出稼ぎ者たちの境遇が一変する戦争の影響に注目する。内海論文は明治、大正、昭和にかけての出稼ぎの歴史と、南洋の町まちに残した彼らの足跡をたどり、両大戦の影響を描く。他方、永田論文が焦点を当てるのは、オーストラリアにおいて太平洋戦争の開戦とともに敵性外国人として強制収容され、捕虜となった日本人ダイバーたちの命運である。

第Ⅳ部「記憶と表象」の松本論文では、丹念な聞き取り調査によって、元日本人ダイバーたちの記録と語りから、海での経験と生活の細部が再現される。経験知と研ぎ澄ませた五感で海と風の微妙なきざしをよみながら採貝する彼らの息遣いが、波間から伝わってくる。加藤論文は、オーストラリア北部を舞台とした文学作品において、ダイバーをはじめとする日本人が「他者」としてどのように描かれているのか、その変遷を探るとともに、日本人と現地の多様な人びととの交流の物語を読み解く。

第Ⅴ部「越境する人びと」には、三つ目の村井論文が収められている。そこでは、数百年にわたって海を自由に移動してきたインドネシアの海の民バジャウの生き様と、海に線引きして囲い込みを図る国民国家体制との矛盾が提起される。飯笹論文が注目する「ボートピープル」と呼ばれる難民もまた、海の境界との対峙を余儀なくされた存在である。インドネシアからオーストラリア領土を目指す密航船の操縦は、バジャウらが請け負うことが多い。

海の民と中東出身の難民たちは、ともに越境を賭けて、いっときの運命共同体となるのである。

終章の「海域研究への道」と題する松本論文は、本書の解題として位置付けられ、本書全体を俯瞰しながら論点を整理し、今後の研究課題を展望している。本書の水先案内人としての役割も兼ねており、この論考から読み始めてもよいかもしれない。

海境を越える人びとに光をあてた本書が、今後の「海域研究」の展開にとってささやかながらも一助となれば幸いである。

なお、各章に使用した写真は、とくに断りがないかぎり、当該論考の執筆者が撮影したものである。

飯笹佐代子
内海　愛子

第Ⅰ部

日本・オーストラリア・インドネシアをつなぐ海域

マングローブの薪木でナマコを燻蒸《くんじょう》する
（スルー諸島シタンカイ島、1987年3月、村井吉敬撮影）

第1章　海の民と先住民の交流史

村井吉敬

一　東南アジアとオーストラリアはつながっていた

オーストラリア大陸に白人が入植を開始（一七八八年）してから一五年後の一八〇三年二月一七日の午後、イギリス人航海家マテュー・フリンダース（Matthew Flinders）は、北オーストラリア、アーネムランド（Arnhem Land）北東部を航海中に六隻の船に遭遇した。その六隻の船はスラウェシ島マカッサル（Makasar）［ウジュン・パンダン（Ujung Pandang）］から来たものであった。フリンダースはこの邂逅をつぎのように記している。

「六人のマレー（Malay）人指揮官は、その後すぐに一隻のカヌーに乗って乗船してきた。幸いわが方の炊事人の一人はマレー人だったので、彼の仲介で私は六人の指揮官たちと意を通じることができた。六隻の船の総指揮官はポバッソオ（Pobassoo）という名の、背の低い、年配の男であった。ポバッソオの言によれば、海辺にそれぞれ分かれた支隊があり、船の数は全部で六〇隻になるとのことだ。

そして、サロオ（Salloo）が全体の総指揮者であるという。彼らはイスラム教徒で、わが艦に豚がいるのを見て恐怖の声を上げた。……彼らの遠征の目的はトゥレパン（trepang）と呼ばれる海の動物を捕獲することであった。彼らは二つの乾燥標本を私にくれた。それがナマコ（bêche-de-mer, sea cucumber）であることが分かった」(1)

インドネシア諸島民が北オーストラリアにまで航海するというのは、地図で見る限り何ら驚くべきことではない。ティモール島と北オーストラリアのメルヴィル（Melville）島とは、ティモール海を挟んで五〇〇キロに満たない距離しかない。スマトラからイリアン・ジャヤに至るインドネシア東西約五〇〇〇キロのほぼ中間にマカッサル（ウジュン・パンダン）は位置する。このマカッサルからジャカルタまでの距離は約一四〇〇キロ、ほぼオーストラリアのダーウィンまでの距離に等しい。スラウェシ南西部に住むブギス人は海洋的性格の濃い民族として著名であるが、彼らは一七世紀末から一八世紀前半にかけ大量にマレー半島に移住し、セランゴール（Selangor）、クラン（Klang）などにコロニーを形成している。(2) 白人開拓者が一九世紀初頭に北オーストラリアで、マカッサルから来た船に出会ったとしても、実はそれほど意外なことではないだろう。

しかし、オーストラリア大陸南部から植民を開始し、少数の先住民（アボリジニと以下では呼ぶ）以外に出会ったことのない白人開拓者たちにとって、マレー系の人びとが、かなり大量に、定期的に帆船でやってきて、上陸をし、しかも後述するようにアボリジニとの接触を持っていたことは、意外なこととして受けとめられたようだ。スラウェシ島民の北オーストラリアでのナマコ漁と加工産業について、考古学的発掘を含め、もっとも詳細な研究を進めて来たのはオーストラリア国立大学のマックナイト（Charles C. Macknight）であるが、彼はその研究の結論として、つぎのように述べている。

「マカッサルからの来訪者マカッサン（Macassans）が来た時期がオーストラリアを〝発見した〟（ヨーロッパ人の地理学から見て）オランダ人探検家の前でなかったとしても、彼らは、恒常的に大陸を訪れては世界市場で売ることのできる資源を初めて見つけた、複合社会の代表者だった」(3)

1776年にナサニエル・ダンスが描いたキャプテン・ジェームズ・クック（1728〜79年）の公式肖像画（ロンドンの海軍博物館所蔵）

このように、インドネシア諸島民のオーストラリアへの定期的来訪は、従来の白人による〝発見〟、白人による〝開発〟という歴史視座を転換させるものである。

マックナイトの研究を支えたのは北オーストラリア（とくにアーネムランド）のアボリジニ研究である。人類学者のトムソン（Donald Thomson）やバーント夫妻（R. M. & C. H. Berndt）の業績はとりわけ名高い。人類学者はアボリジニの調査の中から、彼らの芸術、物質文化、歌謡、儀礼、言語などの分野で広くマレー系文化の影響が見られることを実証している。[4] キャプテン・クックが一七七〇年にボタニー湾に錨をおろし、ここに初めて白人とアボリジニがあいまみえたとされている。そして白人たちは、アボリジニが外界との接触を持っているなどとは考えていなかったに違いない。

キャプテン・クックが来る以前から、おそらく彼らはインドネシア諸島民との交流を持っていた。そして、マカッサルからやって来た〝ナマコ船〟に乗って、マカッサルまで出かけていったアボリジニもいたのである。ひょっとすると、ヨーロッパ人は、キャプテン・クックよりずっと以前に、マカッサルでアボリジニと出会っていたかも知れない。アボリジニは四万年にわたって孤立し続けていたのではなく、少なくとも最近の何百年間かはアジア人、とくにマレー系の人びととの交流があり、精神的、物質的影響が及んでいたことはいまや明らかである。

第三に、これまで東南アジア島嶼部の歴史は、北の中国、西のインド、アラビアという外延的空間の中に位置づけられてきた。東はせいぜい香料貿易の関係でモルッカ（マルク）諸島まで、南は小スンダ列島（これとてもロンボク島以東はあまり研究されていない）までである。スラウェシ島のブギス人やマカッサル人にとって、マレー半島が一衣帯水の地であるならば、アル諸島、イリアン・ジャヤ、そしてオーストラリア北岸部も同じく一衣帯水の地ではないだろうか。

いつの間にか私たちは国境線で区切られた歴史像に縛られるようになってしまった。インドネシア諸島民のナマコ船団も、後述するように、二〇世紀初頭には〝公的〟歴史からは姿を消してしまう。白人国家オーストラリアの領海管理が徹底化するからである。いずれにしても、海から東南アジア諸島の歴史を眺めた場合、北や西に境界線を引くことができないと同様に、南にも東にも境界線は引けないのではないだろうか。

マックナイトは、やはり彼の研究の結論として、つぎのように述べている。

「もし政治的境界線がなく、海が分けへだてる作用をするのではなく、つなぎあわせる作用をするものと考えるならば、オーストラリアの北岸は東南アジアのさいはてと見なすことができる、強力な事例がある」(5)

一九八三年から八五年にかけて、私はスラウェシ島、ブトン島、アンボン島、そしてオーストラリアを訪れる機会があった。スラウェシ島やブトン島、その南の鍛冶屋列島(Kepulauan Tukangbesi)を歩くなかで、そこに住む人びとが、さらに東の諸島や南の諸島と、いまでも強くつながっていることを学んだ。そして、オーストラリアでは、アボリジニたちが東インド諸島民と、とくにナマコを通じて歴史的なつながりを持っていたことを、当地の研究者や文献を通じて学ぶことができた。

本稿は東インドネシア諸島とオーストラリア北岸とのつながりを序論的に考察したものである。この分野の研究は日本ではほとんど未開拓の分野であり、またインドネシアにおいてもほとんど手がつけられていない現状である。オーストラリアでは研究がかなり進んできていると思われるが、まだ完全に解明されているわけではない。したがって、筆者の勝手な推測や思い込みがあるやも知れないことをあらかじめお断りしておく。

マカッサル港。近代的な港に押されながらも、
こうした漁民たちの民衆の港はいまも機能している

二　モンスーンの吹く港――ナマコ漁の背景

「六〇〇人以上のマレー人や外国人商人たちは、みな西風モンスーンの到来とともに船出する準備を整えている。彼らの多くは［香料貿易に通常の］小型船でアンボイナ（アンボン）やその周辺地域に出航する。彼らは持ちこめるだけの資本を持ってきている。それは米であることもあるが、多くは現金である。そして、その資本は前年に懸命に稼いだ利潤で、それを餌に今年はもっともうけようとしているのだ(6)」

一六二四年のマカッサル港の風景がこのように描写されている。マカッサルは東の香料諸島と、西のジャワ、スマトラ、マラッカ、北のルソン島や中国とを結ぶ重要な交易拠点であった。

アジア大陸とオーストラリア大陸に挟まれたインドネシア諸島は、典型的なモンスーン地域だと言われる。南半球オーストラリア大陸の大地が熱せられるのは一一月〜二月である。大地が熱せられ気圧が下がると、海から風が吹いてくる。赤道の南にあるジャワ、スラウェシから北西ないし西北西の風が、この大陸に渡ってくる。赤道以北では北東の季節風が吹くことになる。一方、オーストラリア大陸の冬、アジア大陸の夏には、逆のモンスーンが吹く。オーストラリア大陸からジャワ、スラウェシに向かって南東ないし東南東の季節風が吹くわけである。この一八〇度方向を変えるモンスーンこそが、帆船を利用して島の人びとの往来、物資の流れを円滑にする最大の要因であった。

本小論の対象としているスラウェシ島およびその周辺諸島と、オーストラリア北海岸との間のモンスーンをみてみよう。冒頭に引用したフリンダースがポバッソオから聞いたのは、ナマコ船は一二月にマカッサルを出航し、北西モンスーンに乗って北オーストラリアのアーネムランドに来る。そして、翌年五ないし六月に、南東貿易風に乗ってマカッサルに帰るということであった(7)。年によってズレはあるものの、北西モンスーンがスラウェシ近辺で強くなるのはだいたい一一月下旬以降であり、北オーストラリアから南東モンスーンが吹き出すのは四月以降と考えられる。ナマコ船はこのモンスーンを巧みに利用して、スラウェシとオーストラリアの間を往復していたのである。もちろん、ナマコ船だけでなく、他の多くの島嶼間交易船や海賊船もモンスーンを利用していたことは言うまでもない。

モンスーンを利用しての島嶼間交易の歴史が、どれほど昔にまで遡るものなのかは分からないが、熱帯の山海の産品を求め、人びとがかなり頻繁に移動し交易していたであろうことは容易に想像できる。とりわけマカッサル人、ブギス人は、古くからジャワ、スマトラ、スンバワ、ティモール、カリマンタン、マレー半島、ルソン島などの諸港との交易関係を持っていた。

一六世紀末頃に、スラウェシ島南西半島部では、ブギス人やマカッサル人らが幾つかの小国を有していた。南西部にはマカッサル人のゴワ-タロ（Gowa-Tallo）、半島中央の平野部とボネ湾側にはブギス人のボネ［ボニ］（Bone

海域と北オーストラリア

図Ⅰ―１―１　インドネシア周辺の

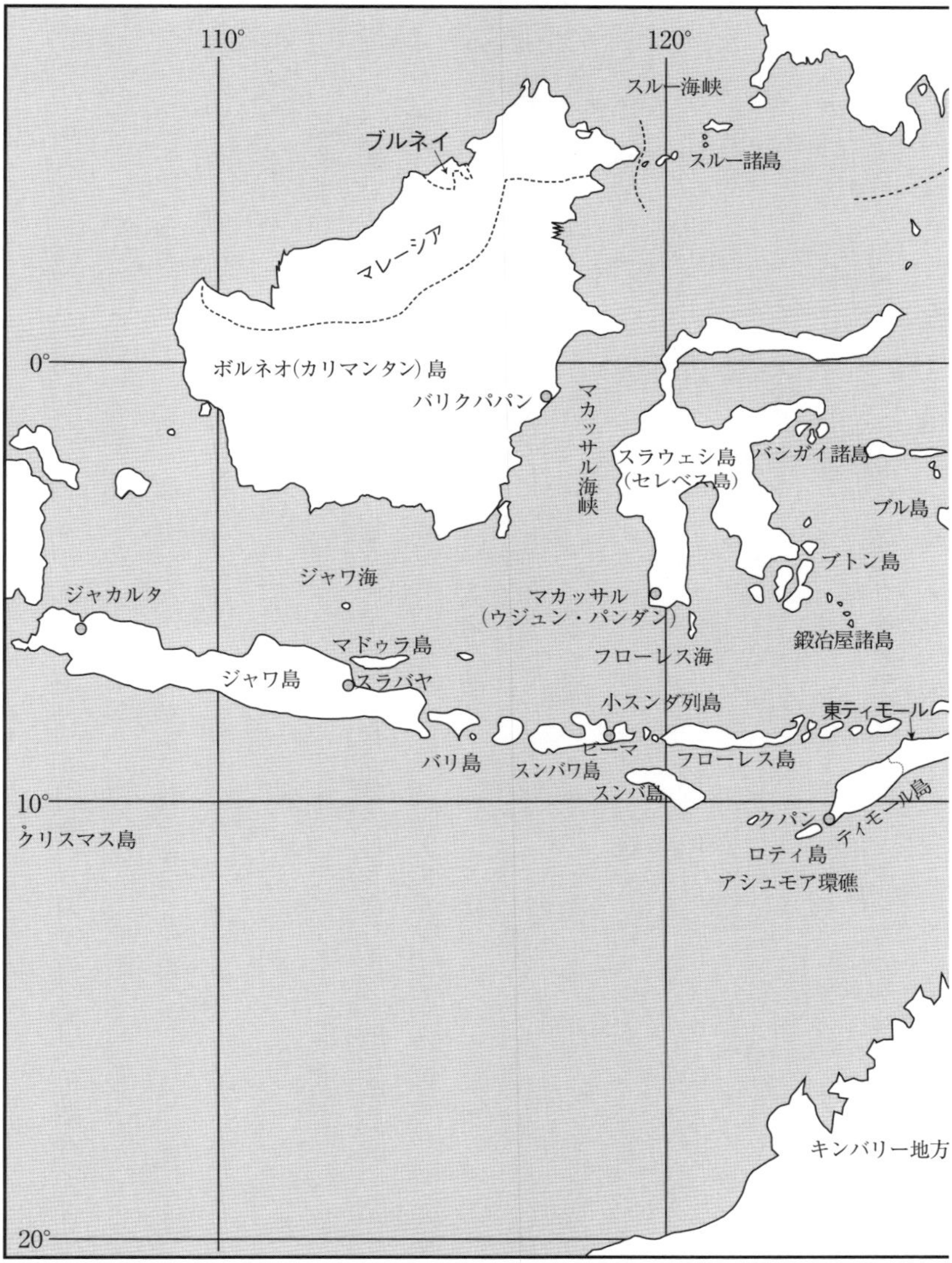

[Boni])、ワジョ(Wajo)、ソッペン(Soppeng)などの国があった。またワジョの北、ボネ湾最奥部にはルウ(Luwu)王国があった。因みに、冒頭に引用したフリンダースの航海記によれば、サロオが率いていた六〇隻のナマコ船団は〝ボニの王〟(Rajah of Boni)の所有になるものであったとされている。[8] 一方、東南の半島最南部とブトン島、ムナ島はテルナテ(Ternate)王国の支配下にあったとされる。[9] 一六世紀を通じてポルトガル人がこの地の人びとと接触した。とりわけマカッサル人のゴワとの接触が強かった。一七世紀になるとオランダ、イギリスなど新参者が来る。ゴワはこの地で最も早く(一七世紀初頭)、イスラムに帰依した国だとされている。

オランダは香料貿易を独占しようとした。スラウェシやジャワの人びとによるマルク諸島とジャワやマレー半島とをつなぐ交易をも力づくで奪おうとした。オランダによる交易独占はジャワやスラウェシやマレー半島の人びとを困らせたばかりではなく、ポルトガル、イギリス、デンマーク、そしてインド人や中国人商人らを困らせた。オランダは一六〇〇年にアンボンの支配者との間に協定を結び、香料(丁字、にくずく〈nutmeg〉、にくずくの肉質と種の間を粉末にした肉荳蔲花〈mace〉)貿易独占の端緒を開き、一六〇九年にバンダネイラ(バンダ諸島)に強力な砦を築いた。一六四九年にはホンギ(hongi)と呼ばれる艦隊を組織して、住民による丁字、にくずくの栽培を根絶させてしまうように巡航監視をするまでに到った。[10] オランダの独占支配に抵抗した住民は多数殺された。

ゴワはオランダの独占を許してしまえば、多大の損失を蒙る。とくにマカッサル(ゴワの人びとはソムバオプ(Sombaopu)と呼んでいた)にとって、交易収入の最大の源泉を失うのは死活問題である。オランダ東インド会社のしばしばの干渉、武力を含めての攻撃にもかかわらず、ゴワが東インド会社の交易独占を認める「ブンガヤ協定」に署名したのは一六六七年になってからである。この間、ブギス人やマカッサル人、ジャワ人、そしてマレー人やその他の商人はマカッサルを拠点に、マルク諸島との香料貿易に勤しんでいた。本節冒頭に引用した一六二四年のマカッサル港の風景は、このことを示している。

オランダがゴワを滅ぼしたといっても、住民の交易がなくなったわけでもなく、またスラウェシ島や周辺諸島の全域を支配下においたわけでもない。ブンガヤ協定以後にもワジョや再起したゴワ、ソッペン、そしてボネなど諸王国はしばしばオランダに抵抗し、とりわけボネは南スラウェシ全域を支配する勢いを持った。オランダがようやくゴワ、ボネ、ルウ、マンダールの諸地域を支配したとされるのは、今世紀の初めのことである。

マックナイトは一七世紀以降の東インドネシア諸島の非ヨーロッパ人の海上商業については、不明の部分が多いとしながらも、その活動範疇をつぎの三つに整理している。[11]

（1）外部商品の輸入および東インドネシア地域産品の輸出

これはヨーロッパ人の活動とも重なるが、ヨーロッパ人（オランダ人）は主に香料に関心を持っており、香料貿易が衰退する一八世紀以降は、この分野ではほとんど活動していない。アジア人、東インドネシア諸島民による輸出入は、広東、アモイ、シンガポールとマカッサルの間で行われた。輸入品としてはアヘン、鉄、鉄鋼、綿糸、綿製品、金糸、中国製陶磁器など、輸出品の中にはマカッサルに集められたナマコ（中国への直接輸出）のほかにコーヒー、砂金、べっ甲、織物、鹿茸《ろくじょう》、米などがあった。

（2）東インドネシア諸島域の物資の集荷と輸送配分

全体量は多くない。ほとんど非ヨーロッパ人の活動であった。

一八世紀後半（一七七四〜七六年）にボルネオ、スルー諸島、マルク諸島、ニューギニアを航海したイギリス東インド会社のフォレスト（Thomas Forrest）は、北マルク諸島の交易品について述べている。交易品の中には輸入品として鉄器、ナイフ、斧、青や赤の衣類、中国製ビーズ、皿、鉢などがあり、交換され輸出されるものとしてはMissoy樹皮（キナ皮か？）、奴隷、竜涎香《りゅうぜんこう》（香料）、ナマコ（フォレストはSwalloと書いている）[12]、べっ甲、小真珠、黒インコ、緋インコ、極楽鳥、そのほか剥製の鳥などが挙げられている。フォレストによれば、オランダ東インド会社は、テルナテ、ティドレにおいては華人商人だけを信用しており、そこの〝市民〟(burgher)がニューギニアとの間の交易をするのを許可しなかったという(13)。

フォレストの航海からおよそ八〇年後、博物学者ウォレス(Alfred Russel Wallace)は、マカッサルからアル諸島までブギス人の帆船に乗って航海をした。マカッサルで彼が目撃したものは、ボルネオからの籐、フローレス、ティモールの白檀、蜜蝋、カーペンタリア湾(オーストラリア)のナマコ、ニューギニアの野生のにくずく、Missoy 樹皮、真珠、べっ甲、燕窩《えんか》(燕の巣)、極楽鳥などであり、マカッサル周辺の産物としては米とコーヒーを挙げている。ウォレスの乗った帆船は七〇トン位のブギス人の交易用帆船(パラリ(palari)と呼ばれる船型と思われる)であった。ウォレスの記述から、マカッサルとマルク、カイ諸島、アル諸島、ニューギニアとの間では、こうした帆船がモンスーンを利用して交易に従事していた。西から米、煙草、銅羅、鉄砲、山刀(palang)、ナイフ、酒、オランダの鋳貨 doit、衣類、陶磁器などが運ばれ、カイ、アル、ニューギニアの各諸島でサゴ椰子粉やそのケーキ、コプラ、ナマコ、べっ甲、極楽鳥、真珠、各種のオウム、燕窩、シリの葉、鱶鰭《フカヒレ》などと取引されていたことが、分かってくる(14)。

(3) 船員自体が産品を採取、生産するために出かけてゆく航海

北オーストラリアに出かけ、そこでナマコを採取、加工する活動がこの範疇に入る。この活動はオーストラリア北岸に限定されるものではないし、ナマコに限定されるものでもない。ナマコはパプアやアル諸島、タニンバル諸島でも採取されていた。また、ナマコ以外にもべっ甲、真珠、真珠の母貝(白蝶貝《しろちょう》)、各種の貝類、珊瑚、海草、鱶鰭、燕窩、鳥類、マングローブ樹皮(染色用)、蜂蜜、蜜蝋、eagle-wood、ダマル樹皮(damar)などは、その土地の人びとが交易のために採取、加工していた。それだけでなく、ブギスやマカッサルの商人自身もその活動のために出かけていった。とくに海産品については、バジャウ(Bajau)人の役割が大きかったと思われる。

東インドネシア諸島間の交易や産物の採取、加工は、以上見てきたように、オランダが香料貿易を独占した後も広範に行われてきた。その基本的なパターンは、マカッサルを中心としたスラウェシやその周辺に住む人びとが、自分たちが生産したものおよび西や北から来る産品（米、衣類、鉄製品、陶磁器など）を、より東の諸島に帆船で運び、オーストラリアを含む東の島々で産出するもの（サゴ椰子の粉やケーキ、コプラ、海産品、鳥類など）とバーターすることにあった。もちろん自ら採取、加工することもある。

ナマコもその産品の一つでしかない。しかし、ナマコは対中国との輸出品目ではかなりの重みを持った交易品であった。クロファード（John Crawfurd）は一八二〇年に著した『インド諸島史』の中で、ナマコは「量においても、金額においても、（東）インド諸島の対中国輸出の中で、コショウを除けば最大の品目である」と述べている。[15]したがって、ナマコから東インドネシア諸島民の活動や北オーストラリアとの関係を考察することは、それなりに意味があることである。

三　帆船はモンスーンに乗って――ナマコ船団

「航路はマカッサルを出発し、サラヤール島、ウェタール島、キサール島、レティ島、モア島へと南下する。そして東南東へと向かい、四日間でメルヴィル島に着く。その到着点から東の方に一日航海しディープ湾に行き、さらにもう一日かけカラエン・マングムバに行く。そこには美しい白い浜が東の方に拡がり、カサリーナ（casuarina、木麻黄《マクマオウ》）の木が並んでいた。ここの先住民たちは攻撃的だった。次の日の航海で私たちはマネス湾とサンドフライ湾に行くが、この地の先住民は友好的ではなかった（以上の土地はメルヴィル島の地名と思われる）。サンドフライ湾から私たちはマッド湾（ケープ・ドンの近く）に一日かけて行き、さらに半日でリヴァー湾

（Trepang Bay、ナマコ湾）に着く。この地方の人びとは平和的で、男たちは集めてきたナマコを食糧やタバコと交換するために、船に乗りこむ用意をしていた」[16]

かつて、ナマコ船に乗って北オーストラリアに行ったことのある老人が一九五〇年に回想した記録の一部が右の引用である。[17] 南オーストラリア州政府は一九〇六年七月二六日、その直轄地である北オーストラリア準州（Northern Territory）の海域で外部の者によるナマコ漁を全面的に禁止した。[18] マカッサルの老人ダエン・サロは、長い歴史を持つインドネシア諸島民の北オーストラリアへのナマコ漁の最末期を経験した一人である。少なくとも公的には、それ以後、北オーストラリア海岸にナマコを採取しに行くことはできなくなってしまったのである。

インドネシア諸島民がいつ頃から北オーストラリアの海岸にまで遠征したのかは、まだ分からない。ナマコだけで考えることが適切なのかどうかも分からない。

オーストラリア史家ブレイニー（Geoffrey Blainey）は、確認がとれないとしながらも、一五世紀前半に、中国人が北オーストラリアに上陸した可能性があることを示唆している。そして、ナマコ漁をしていた中国人船長がオーストラリア北部の地図をまとめたというが、その現物は見つかっていない。[19] 一五世紀前半というのは鄭和の南海遠征の時代であるから、その航海技術から考えても中国船がオーストラリア北岸に来たとしても何の不思議もない。

同じくブレイニーは、可能性として、ティモールに白檀を求めに来た交易船が北西モンスーンにあおられ、オーストラリア北西岸（キンバリー（Kimberley）地方など）に漂着した可能性もあると示唆している。ティモールの白檀輸出は七世紀にまで遡るといわれ、一二～一三世紀頃には中国はかなり盛んにティモールの白檀を買っていたという。[20] もっと遡れば、マルク諸島の丁字はすでに紀元前後に中国において知られていた（ローマでも）というから、[21] たとえ中国人が東インドネシア諸島にまで来なくとも、マルクの人びとやスラウェシの人びとが、中国に至るまでの交易ルートの一部を受けもっていたとも考えられる。

いずれにしても、東インドネシア諸島民は、偶然にしろ、あるいは中国人がそこに介在するにしろ、かなり古い時代(一五世紀以前)に北オーストラリアに漂着ないし目的的航海をしていたのではないだろうか。しかし、今のところ何ら断定する資料はない。

この点に関して、北オーストラリアのアボリジニを研究しているバーントは興味ある指摘をしている。つまり、ナマコを定期的に獲りに来た人びと(アーネムランドのアボリジニは、その人びとのことを総称してマカッサンと呼んでいた)[22]が来る以前に、バイイニ(Baiini)と呼ばれる人びとが来ていたというのである。アボリジニによれば、このバイイニと呼ばれる人びとは、その地に北西の方角から訪れた最初の外来者で、赤銅色の肌をし、金褐色の髪の人びとだったという。

バーントはバイイニと呼ばれたマカッサン以前の来訪者を、ブトン島、サラヤール島から来たバジャウ人ではないかと推定している。彼らはマレー人と同じような帆船(prau)に乗ってきて、石の家を建てた。男だけでなく女もやってきて、いくつかの地に、何がしかの期間定住した。マカッサンとは異なった米を植える技術を持ち、また布も織った[23]。このマカッサン以前のバイイニと呼ばれる人びとの来訪がいつ頃のことかは分からない。バーントはインドネシア諸島民が偶発的、探険的でなく、組織的に海産物を求めてオーストラリア北海岸に訪れた時代は、一六世紀以前に遡りうるとしているが、現在のところ、このバーントの推定を立証する証拠はない[24]。

北オーストラリアのマカッサンによるナマコ加工場や居住キャンプの痕跡(釜、灰、墓、陶磁器片、鋳貨、タマリンドの木など)の発掘調査を行い、また文献調査を詳細に行ったマックナイト[25]は、マカッサルから北オーストラリアに帆船が来て、ナマコ採取、加工を開始した時期を一六五〇〜一七五〇年の間と推定している。そして、最も可能性の高い時期は一七世紀の最後の四半世紀であるという。さらに、このナマコ産業が最も栄えたのは一九世紀初期以降であるとしている[26]。マックナイトはナマコ船の来訪に限って立論をしているので、インドネシア諸島民のその他の活動（真珠、白蝶貝、べっ甲、鱶鰭、ジュゴン、白檀、竜涎香などの交易や採取、加工）を含めて時代推定をしたら、別の結論が出てくる可能性があるのではないだろうか。

いずれにしても、白人がオーストラリア大陸に入植する少なくとも一〇〇年以前に、すでにインドネシア諸島民は、この大陸とそこに住む人びとと接触をしていたということだけは事実のようだ。

ナマコを獲りに来たマカッサンと呼ばれる人びとの、ナマコ漁と加工の実態を以下に再現してみよう(27)。

ナマコ船団は主としてマカッサルで組織され、そこから出港した。船主はブギス人、中国人、マレー人、オランダ人などで、船主が資金・装備提供者（outfitter）を兼ねることもあれば、船主が船長を兼ねる場合もあった。したがって、資金・装備提供者と船主と船長の三者が同一人物のこともあった。船員の多くはマカッサル人だったが、なかにはブギス人、バジャウ人もおり、またジャワ人やパプア人もいた。スンバワ島からマカッサル人のナマコ船が出ることもあった。

図Ⅰ―1―2　南スラウェシの交易船パジャラとパトラニ

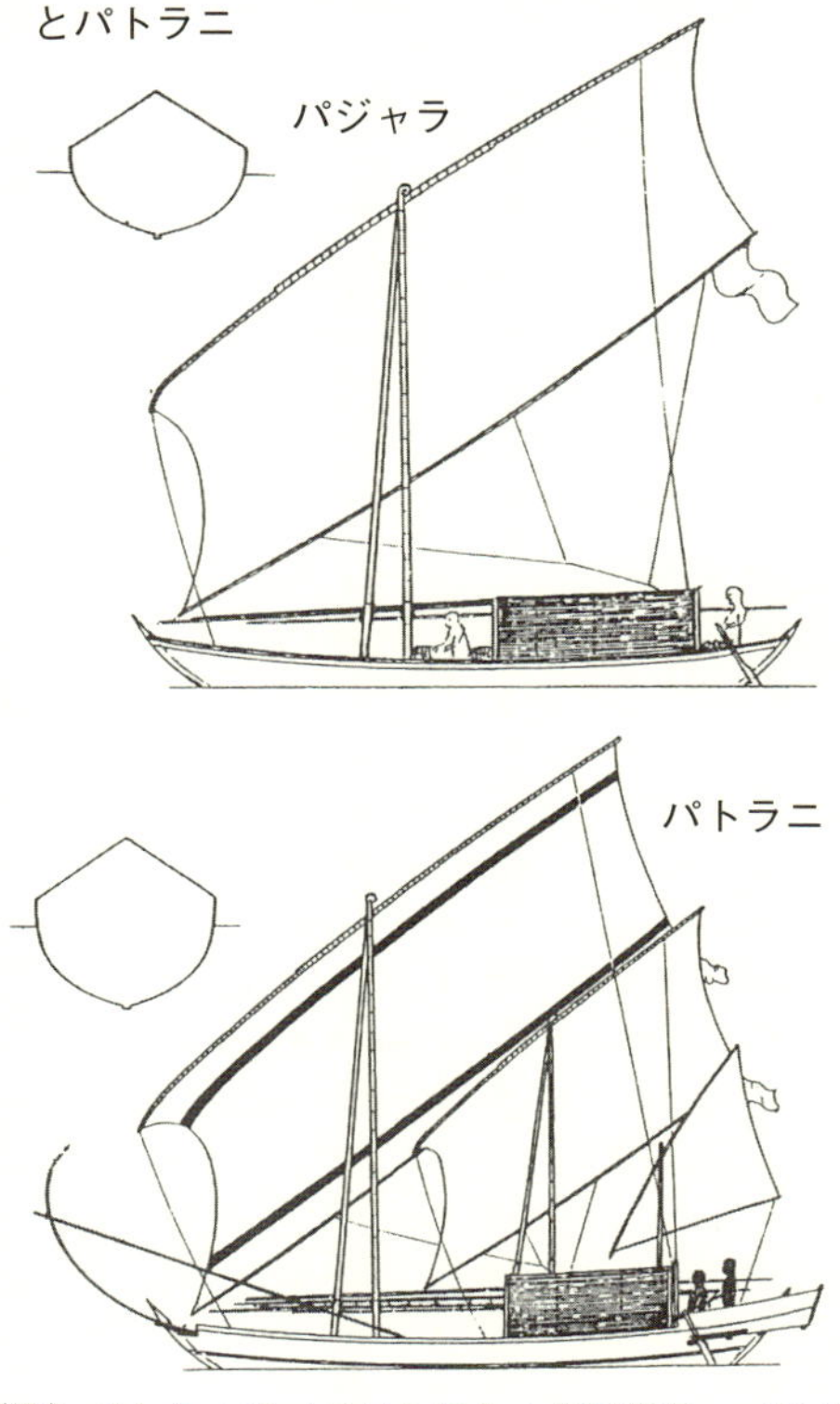

（注）パトラニはパラリとほとんど同構造、パラリは帆が2枚であった。
（出典）Hawkins, Clifford W., *Praus of Indonesia,* Macmillan, 1982, pp.130–131.

船は二〇～六〇トン位の（平均二五トン位）の帆船で、小型のパジャラ（pajala）、パドゥワカン（paduwakang）ないしはパラリ（palari, これがパトラニ（patorani）型になったと考えられる）と呼ばれる型のものだった（図I―1―2参照）。マカッサルを出港する船の数は年によって変動があるが、その最盛期と考えられる一九世紀前半期には、少なくとも三〇隻、多い年には六〇隻が北オーストラリアに向かった。一隻の船には約三〇～四〇人の船員が乗った。たまに女性が乗ったこともあったが、たいていは男ばかりで、しかも低年齢の青少年が多かった。船員たちは船長（プンガワ）に対してタテマエ上はすべて平等であり、彼らはサウィ（sawi）と呼ばれていた。しかし、実際上は年功や役割による位階があったようだ。

資金・装備提供者によって出港前に船に積みこまれるものには、米、椰子（ないしニッパ）の屋根カジャン（kajang）［アタップ］（船での日除けないし加工場の作業小屋の屋根に用いられたものと思われる）、籐、椰子の葉の帆布（カロロ）、ナマコを茹でる大釜、建築用の竹パルリン（parring）、その他の竹パットゥン（pattung）、タマリンド（Tamarindus indica）の果実（調味料とりわけ魚料理によく使われる）、バスケット、錨綱、カジャンを補修するための椰子の葉kuwal（クワル）、貢納用（アボリジニへの）米、金貨などがあった。[29] このほかに現金が船長、船員に前貸しされるのが常であった。[28]

さらに、持ち帰ったナマコと交換するという条件でタバコと、ナマコ漁用のカヌーであるレパレパ（lepa-lepa）も積みこまれた。レパレパはアボリジニとの間の交易にも使われたようだ。資金提供者が恐らく準備しなかったが、船長や船員が個人的に必要な、あるいはアボリジニとの交易として利用した衣類、砂糖、甘いもち菓子ワジク（wajik）、キンマの葉・ビンロウジュ・石灰（噛みタバコ用）、酒類（アラク（arak）、ブランデー、オランダのジンなど）なども船に持ちこまれた。

こうして帆船はマカッサルを出港し、北西モンスーンに乗ってバンダ海、アラフラ海を越え北オーストラリアへと、およそ一五〇〇キロの航海に出る。メルヴィル島までの所要日数は平均二週間ほどであった。平均時速三ノット弱であるが、中には四ノット以上のスピードで、一〇日でマカッサルからポート・エシントン（図I―1―3参照）まで航海した船もあるという。

マカッサンが訪れた北オーストラリア地域（メルヴィル島以東、カーペンタリア湾西岸以西）はマレジェ（Marege'）と呼ばれていた。マカッサンがアボリジニの土地を称してマレジェと呼んだとも言われるが、語源は明らかではない。一方、ダーウィンより西のキンバリー地方はカユ・ジャワ（Kayu Jawa）と呼ばれ、マレジェとは区別されていた。ナマコ船が訪れたのは主としてマレジェであり、カユ・ジャワやケープ・ヨーク半島、トレス海峡、さらにはオーストラリア東海岸にまで出向くことは少なかったようだ。[31]

メルヴィル島あたりで船は分散して、それぞれ平均三〜四隻、船員総数一〇〇人位が一グループになってナマコ漁と加工の適地に向かった。図Ⅰ—1—3（三二〜三三ページ）に見られるように、これまで発見されているナマコ加工場はメルヴィル島の向かい側のコーバーグ半島からカーペンタリア湾の奥深くサー・エドワード・ペリュー諸島まで一二〇〇〜一三〇〇キロに分散している。マカッサンたちは自分たちで地名を名付けている。たとえばポート・エシントンはリムバ・ミトラ（宝湾）と呼ばれ、リムバ・バンドリア（グローブ半島の近くで古いオーストラリア地図に出ている）のバンドリアはパン・レ（鍛冶屋）からきた語であり、フローテ・エイラント（Groote Eylandt, 現在はグルート・アイランドと呼ばれる）はダエルムブと呼ばれた。これらはいずれもマカッサル語である。リムバ・バンドリア（鍛冶屋湾）は、実際に、損傷した船を修理するための港として利用されていたという。[32]

ナマコはウニやヒトデと同じ棘皮動物である。その形状から英語圏では sea cucumber とか sea slug、ポルトガル語で bicho damar（海のウジ虫）、それがフランス語に転じて bêche-de-mer などと呼ぶ。中国語で海鼠とか海参あるいは海男子、沙蒜、沙噀、塗荀などと名付けられている。[33] ナマコは北の海から南の海まで広く分布し、その種類も多い。

中国料理で干しナマコ（イリコ）がいつ頃から食され、どの程度の需要が各時代にあったのかは分からない。オ

メルヴィル（H. S. Melville）が 1845 年に描いたナマコの加工風景
（出典）Macknight, C. C., *The Voyage to Marege' : Macassan Trepangers in Northem Australia*, Melbourne Univ. Press, 1976.

ーストラリア国立大学のウォード（R. G. Ward）によれば、インド―太平洋地域から数世紀にわたってナマコは中国に輸出されていたという。しかし、それは宋の時代に遡ることはない。その後の輸出地域としては日本、インドネシア、フィリピン（とくにスルー諸島）、フィジーなど南太平洋、オーストラリア東岸グレート・バリア・リーフなどが挙げられている。(34) ともかく、中国人の胃袋が東インド諸島民を北オーストラリアまで行かせたのである。

ナマコは南海の海の浅瀬に広く分布している。しかし、どこでも獲れるわけではないし、まして加工に適した場所はどこでも良いというわけではない。

マカッサンがマレジェの地で選んだナマコ加工場の場所は、まず、ナマコが附近でたくさん獲れることが基本条件である。そのほかに、モンスーンの風が避けられる場所、ナマコの獲れる浅瀬から遠くない所、ナマコを茹で、着色し、さらに燻蒸するための素材として利用できるマングローブ林が近くにあること、安全で容易に見分けのつく所、などが重要な条件であっ

ナマコ加工場（●印）

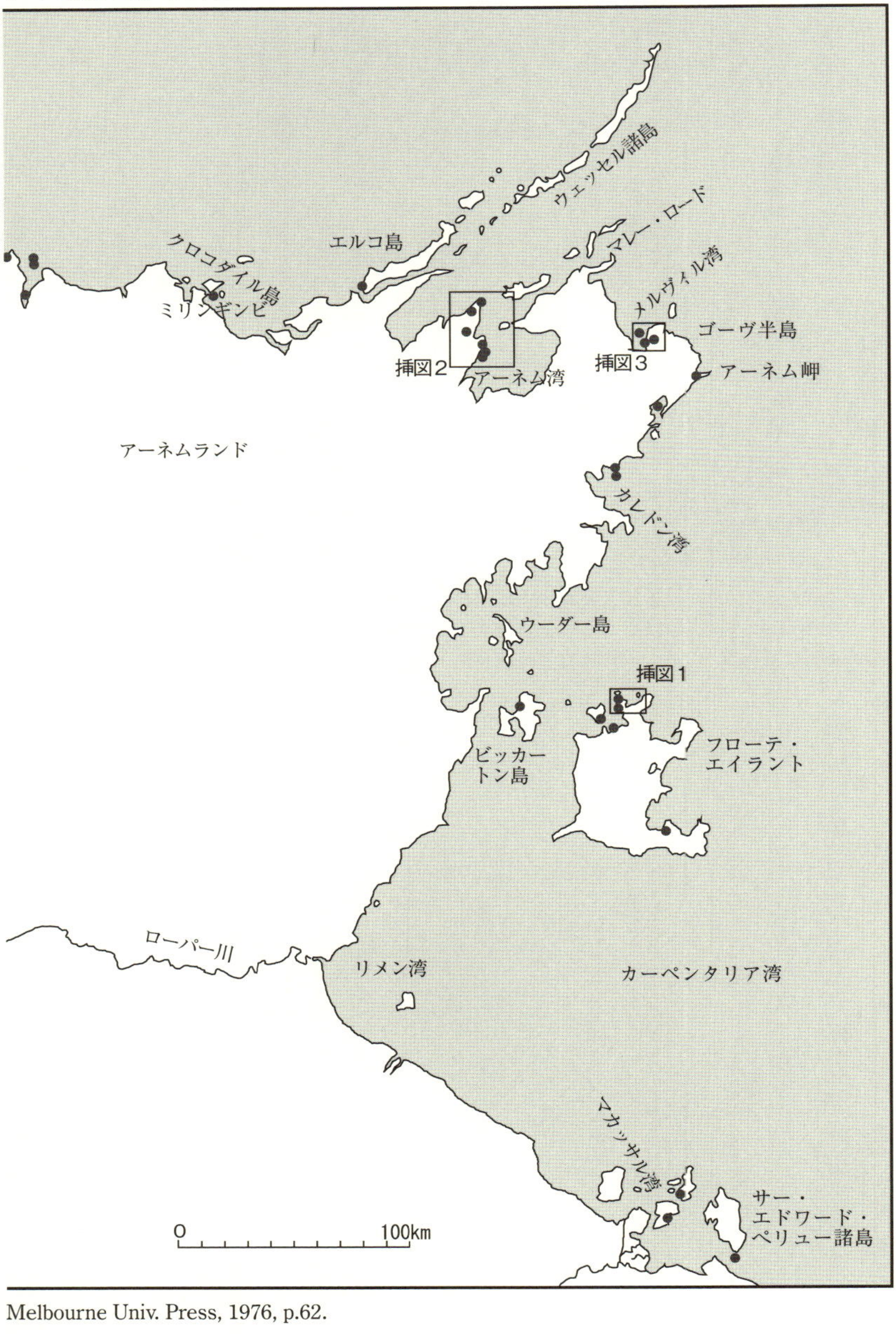

Melbourne Univ. Press, 1976, p.62.

図Ⅰ—１—３　北オーストラリアの

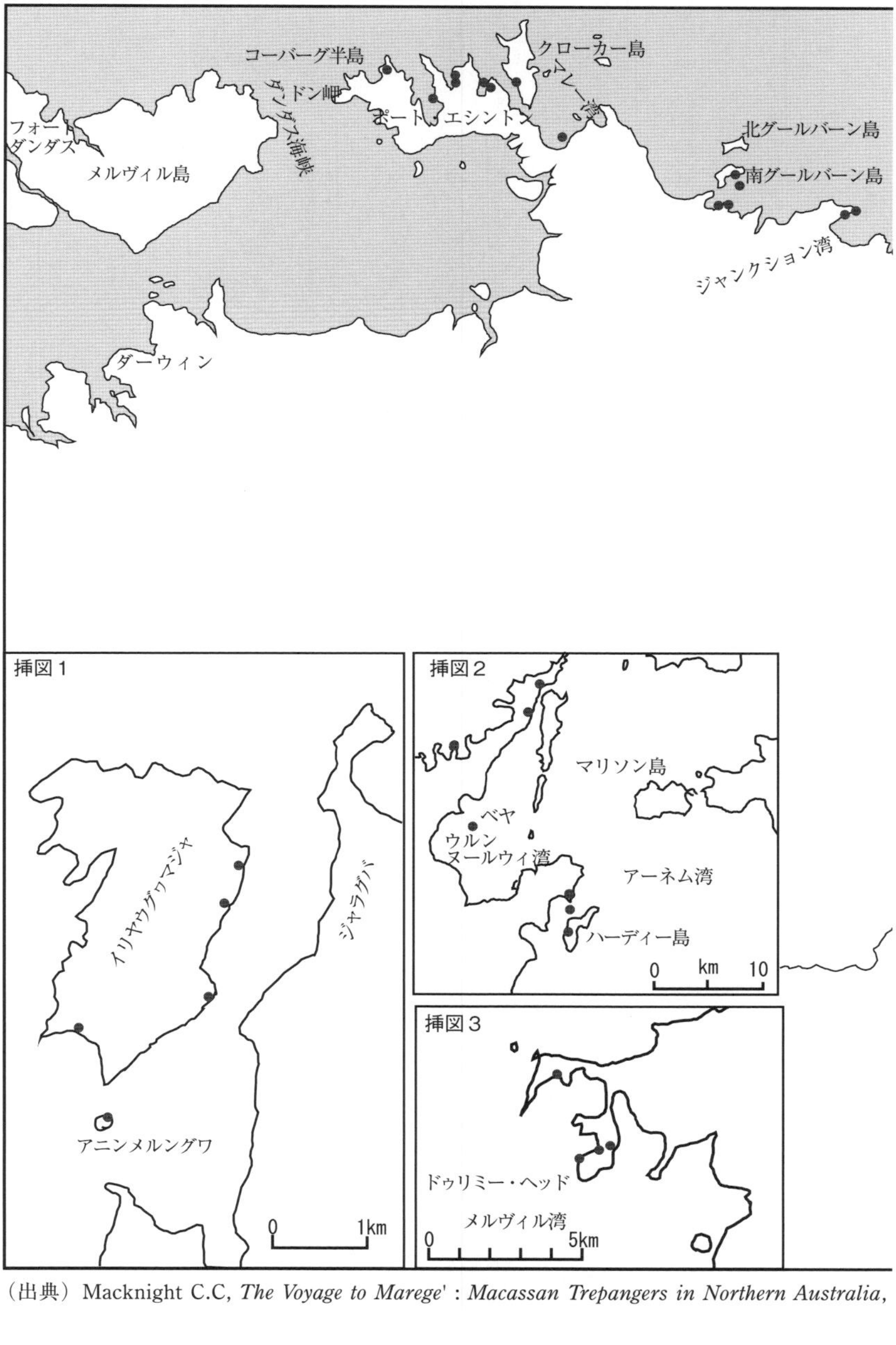

（出典）Macknight C.C, *The Voyage to Marege' : Macassan Trepangers in Northern Australia*,

た。

ナマコの捕獲から、干しナマコ(イリコ)を作り上げるまでは、かなりの労働である。ナマコを捕獲するには浅瀬を歩き回って手で拾い集めるのが最も簡単な方法だが、それ以外の時は、帆船で運んできたカヌー、レパレパ(lepa-lepa)が利用される。捕獲にはモリも用いられる。少し深い所のナマコは潜って素手ないしモリで捕獲する。稀には何隻かのカヌーを利用して、底曳きのような漁法を利用していたという。

加工は手のかかる仕事である。一般的な方法としては、海水を入れた大釜でナマコを茹でる。この海水の中にはマングローブの樹皮も入れる。茹でる時間は証言した人によって二分から一〇時間とかなりの幅がある。入れる樹皮はマングローブではないとの証言もあるが、いずれにしても樹皮から出るタンニンを利用しての保存技術と考えられる。もちろん着色効果も持っている。茹でたのちに、ナマコは縦に切開され、内臓が取り出される。茹でる前に内臓を取り出すという証言もある。

茹でられ、内臓を取り出されたナマコは、つぎに砂の中に埋められる。穴の深さ、埋める時間については、一定した証言はない。マックナイトがインタビューしたオーストラリア人ナマコ業者によれば、一時間半ほど茹でたナマコを穴の中に入れ、上から湯をかけ、その後三〇センチほどの厚さの砂で埋め、一昼夜ほどおき、取り出したのちに白くなった皮膚を海水で洗い流すというものである(35)。なぜ砂の中に埋めるのか。ナマコには小骨があり、そのカルシウム分を取り除くために、砂に埋めて弱酸性の状態に置くと、マックナイトは解釈している。

つぎに弱火で燻蒸し、乾燥させる。これは海辺近くに造った竹と屋根を椰子の葉でふいた小屋の中で行われる。短期の保存のためなら日干し乾燥という手もあるが、長期保存のためには一~二日に及ぶ燻蒸が欠かせないプロセスらしい。燻蒸したのち、さらに乾燥状態を保つために日干しされることもある。

こうしてイリコ加工されたナマコを積んで、船はマカッサルに戻る。一二月頃に来て、翌年の四~五月に戻るま

干しナマコ、ここにもさまざまなナマコの種類がある(南スラウェシのバジョエ)

での数カ月、マカッサンたちはこの遠隔の地で過ごすのである。持参してきた米やタマリンド、砂糖などのほかに、マレジェの地で魚を獲ったり、椰子の実を調達したり、あるいはアボリジニの持ってくる食糧(貝類、ジュゴン、カンガルーの肉など)を交易で手に入れたりして生活していた。病死する者もあり、難破する船もあった。マカッサンがマレジェの地に残した足跡は多岐に及んでいる(次節で述べる)。

マカッサンがマレジェで採取・加工したナマコは、トゥレパン(trepang)マレジェと呼ばれ、マカッサルから中国に輸出された。キンバリー地方のナマコはトゥレパン・カユ・ジャワ(ジャワの木)と呼ばれた。一八一〇年代にクロファードは、マカッサル市場で取引されたイリコについて記述している。それによれば、イリコは海産品の中では最も取引額の大きな商品で、三〇種類ほどの品種があり、一ピクル(約六〇キロ)当たり安いもので五スペイン・ドル、最高値はその一四倍にもなっていたとしている。彼はそのうちの一九品種と価格をリストアップしているが、その中にマレジェ(Mărēje と記されている)種のイリコもあり、価格は一九スペイン・ドルである。最高値はタチェリタン・コストと呼ばれるもので六八ドル、ついでバトゥ・ブサール(「大きな石」という意味)五四ドル、イタム・ブサール(「大きな黒」という意味)三〇ドル、ジャポンは一二ドルとなっている。そして、マカッサルから中国への年輸出量は七〇〇〇ピクル(四二三トン)としている。[36]

トゥレパン・カユ・ジャワ(ジャワの木)とかトゥレパン・マレジェというのは産地に因んだ銘柄ともいうべきもので、ナマコの種類そのものではない。種名ではトゥレパン・コロとかトゥレパン・バトゥ(石ナマコ)と呼ばれる白、灰色系統の種が北オーストラリア産イリコであったようだ。

クロファードが一八一〇年代に年四〇〇トン以上の輸出量があるというのは、北オーストラリアやカユ・ジャワ(ジャワの木)だけのイリコではなく、その他の地域も含まれている。一九世紀前半には、北オーストラリアから三五〇トン以上のイリコがマカッサルに運ばれていたといわれる。だが一九世紀後半、とりわけ南オーストラリア州政府が関税を徴収し、ライセンス制に踏み切った一八八〇年代以降、生産量、輸出量は漸減し、一八九〇年以降は二〇〇トンを超えることはなかった。

一つの船でどの位の収益をあげ、それはどのように配分されたのだろうか。きわめて控え目に計算した場合、一船が一五〇ピクルのイリコを持ち帰り、一ピクル一〇ドルで売るというケースが考えられる。この総収入は六等分して利益配分される。船主、資金・装備提供者にそれぞれ六分の一ずつが配分される。両者を兼ねている場合は三分の一を獲得できる。残り三分の二の中から、次期航海用の食糧・装備資金がリファンドされる。そして、その残りが船長に渡される。船長は船員が資金提供者から前借りした金などをその中から返す責任を負っている。船長は各船員の三倍の配分を受ける。以上が配分原則である(37)。

その配分原則によれば、この場合一五〇〇ドルの総収益の六分の一、二五〇ドルが船主および、資金・装備提供者に渡る。残り一〇〇〇ドルの中から、約三分の二、六〇〇ドルほどは、次期航海用食糧、装備費として控除される。この船が船長一人、船員三〇人の構成だとすると、船長三七・五ドル、船員一二・五ドル(三一ギルダー)ということになる。かりに一船が二〇〇ピクルのイリコを持ち帰り、それが一ピクル一五ドルで売れたとすると、船員への配分は一挙に四四ドル(一一〇ギルダー)となる。ほとんど半年間の間、食住が保障されているうえ、かりに一〇〇ギルダーを得ていたとしたら、一八八〇年代の水準でいえば決して悪くない仕事だったと、マックナイトは結論づけている(38)。

船が持ち帰ったものはイリコだけではない。べっ甲、鉄木、白檀、真珠、真珠母貝、鱶鰭、竜涎香、水牛の角、胃石(bezoar)などで、これらはアボリジニとのバーターで入手したり、自分たちで採取・加工したりして持ち帰った。したがって、船員たちの賃金も、イリコの収益だけではなかったのである。

四　タマリンドの樹の下で――アボリジニとインドネシア諸島民

「『私たちはマカッサンの人たちが好きだった』。ある日、ジャワ(Djawa)は私に言った。私たちはミリンギンビ(Milingimbi)[39]の浜のタマリンドの樹の下に座っていた。『マカッサンは私たちに食べものや斧をくれた。だから好きなんだ。時には着る物もくれた。あそこは彼らがナマコを茹でたところだよ』と、ジャワはいつもタバコをくゆらせるマカッサンの長いパイプでその場所を示した。……ラミラミ(Lamilami)も同じように言った。『マカッサンの人たちは良い人だと言われている。彼らは親切で、たくさんアボリジニの友だちをつくった。女だから友だちにしたっていうんじゃないよ。そうではなく、アボリジニと友情をつくったんだ。仕事を通じての友情だよ。私たちと彼らは一緒に働いた。そして友だちになったんだ[40]』」

アーネムランドに住むアボリジニの中には、まだマカッサンのことを覚えている老人もいた。語り継がれた〝古き良き時代〟を口にするアボリジニもいた。少なくとも二〇〇年間にわたって、毎年少なくとも一〇〇〇人、多い年には二〇〇〇人を超えるマカッサンが北オーストラリアの海岸に来て、数カ月ずつ滞在していった。そこには友情も生まれただろうし、あるいは争いもあっただろう。影響を及ぼしあわずにはありえない、長い広範な接触がそこにはあった。アボリジニの物質文化、精神文化に対する影響は、これまでかなり研究が進んできている。その逆の影響について書かれたものは、ほとんどない。ここでは、アボリジニへのマカッサンの影響について簡単に紹介してみたい。

白人が入植する前にオーストラリア大陸には、およそ三〇万人の先住民(アボリジニ)が住んでいた。一つの集団はおよそ六〇〇人からなり、五〇〇ほどの民族小集団が狩猟、採取の生活をしていた。彼らは白人による虐殺によって、あるいは広大な生計の場を白人に占拠されることによって、急速な人口減少を体験した。タスマニア島の先住民は〝絶滅〟させられた。白人入植後一三〇年経った一九二一年の推計(ラドクリフ・ブラウンによる)では、アボリジニの数はたった六万人だった。実に五分の一にまでその数が減らされたのである。

しかし、その後、人口は徐々に回復し、現在(一九八〇年ごろ)では二〇～二五万人といわれている。その多くは〝居留地〟なる所に囲い込まれ、古くからの狩猟、採取の生活を放棄せざるを得なくなっている。かなりの数のアボリジニ(おそらく六～七万人ないしそれ以上)は都市居住者となっている。(41)

アーネムランドには九万㎢のアボリジニのフリーホールド(自由保有地)がある。そこに住むアボリジニの数は一九七六年の推計で約六七〇〇人であった。(42) マカッサンが接触したのは、現在のアーネムランド居留地だけに限定されるわけではないが、主要にはオーストラリア中央部北端に大きくつき出たこの土地のアボリジニとであった。アーネムランドのアボリジニも、言葉と親族関係によって多くのグループに分かれていた。

ラミラミは西アーネムランドのマウン(Maung)というグループに属していた。のちに彼は牧師になり一九七七年に死んだ。そのラミラミはマカッサンとの接触について多くのことを語っている。西風(baraはマカッサル語と同じ。表Ⅰ—1—1〔四〇～四一ページ〕を参照)が吹き出すとみんな喜ぶ。マカッサンが戻ってくるからだ。彼らは約束していった物を持ってきてくれる。斧(lidburruk)や大きなナイフ(badi)を持ってくることもある。着物やキャラコ、米、大きな袋(djungulu)、マット(djabiri)などを持ってくる。彼らは、カヌーに着ける帆の織み方をアボリジニに教えてくれる。帆は椰子の葉からつくる。

マカッサンのナマコ採取と加工の場所の近くに、アボリジニもキャンプする。彼らがアボリジニをナマコの労働者として雇用するからである。ときには女性の〝利用と支払い〟および、労働に対する支払いをめぐっていざこざが起きることもあった。アボリジニを殺した仕返しで、マカッサンが殺されたこともあった。性的関係はあったにしても、そんな頻繁なものではなかった。混血自体が少ない。アボリジニでマカッサルにつれていかれ、次の西風で帰ってきた者もいれば、帰ってこなかった者もいる。いやなことがあったにしても、マカッサンが来た時代は〝古き良き時代〟だった。(43)

踊るアボリジニ（シドニーにて）

アボリジニとマカッサンは交易をした。アボリジニはべっ甲、真珠、真珠母貝などを採取してきて、マカッサンの持ってきたタバコ、食糧（米など）、アルコール、衣類、斧、ナイフなどと交換した。またマカッサンは、アボリジニの土地と海を使用するのであるから、何らかの貢納のようなことをしていたとも言われる。つぎにアボリジニはナマコの採取、加工に労働者として働いた。厳密な意味での賃金労働者といった地位ではなかったかもしれないが、対価としてタバコや食糧を支給されていたようだ。

こうした、いわばフォーマルな関係と、性的関係、技術を教える関係などインフォーマルな関係との間には、あまり画然とした境界はなかったのではないだろうか。マカッサンは確かに組織的労働を営む技術的に進んだ側の人間には違いないが、そうではあっても、白人のように、あるいは、のちに真珠やナマコを獲りに来る日本人のように、産業社会に

類比するアボリジニの語

	マカッサル語	アボリジニの語	意　味
社会経済生活	duit	twa	カネ
	juragang	jarija、jirica	船長
	baine	bayini	昔、海の向こうから来た人(女神)
	jera	jira	墓
	baca	baca-baca、badsa-badsa	コーランを読む、祈る
	baju-baju	baitu-baitu、bayu-bayu	シャツ
	cincin	jinjing	指輪
	saluara	saluara、yalwara	ズボン
	sigera	jigara	帽子
動詞	bicara	bicau	話す
	lanjing	lanji	米をとぐ
	nyomba	nyumba	あいさつする
その他	balla	bala	家
	bendera	bandira	旗
	bungung	bongu	井戸
	sura	diura、siura	手紙
	rakki	raki	綱
	guba	guba	はりがね
	bela-bela	bella-bella	友だち
	lemba	limba	湾
	Lemba Jawa	Limbajaua	ジャワ湾
	Batulumpu	Battulumba	Groote Eylandt の地名(大きい石の意味)
	Kampung Renggang	Kamburinga	Caledon Bay の近くの地名

(出典) Wirjosuparto, Sutjipto, Pengaruh Bahasa dan Kebudajaan Makasar di Australia Utara, *Manusia Indonesia* Vol.3, 1969, pp.,140-159.

どっぷり身を置いた人間ではない。それゆえに関係そのものには牧歌的な香りが漂っている。[44]

こうした関係の中で、さまざまなマカッサンの足跡が北オーストラリアの地に残された。アーネムランドの海辺には今日もタマリンドの木が生い茂っている。この地にはもともとなかった木だが、マカッサンが毎年調味料として運んできたその豆果が芽を出し、喬木となったのだろう。マカッサンは鉄器も運んできた。斧、ナイフ、山刀、銛《もり》、釣針、鍋釜などである。アボリジニは石や木の道具しか持たなかった。鍛冶技術がアボリジニに残った形跡はみられない。農耕技術も伝わっていない

表Ⅰ—1—1　マカッサル語に

	マカッサル語	アボリジニの語	意　味
航海、船	pelayaran	paliara、balyara	帆柱
	tumbala	tumbala	甲板
	sombala	tumbrilla、tumbala	帆
	kappala	kapala、kabala	船
	lepa-lepa	liba-liba、lippa-lippa	カヌー
	amora	amora	錨
	patti	pati	ロープ
	bombang	buambang	波
	bara	bara	西風
	tunggara	timburu	北風
	sallatang	jalatang、jalatal、jeladang	南風
	anging	angin	東風
動植物、食べもの	karabu	carapo	べっ甲
	jarang	jarang	馬
	mutiara	mutiara	真珠
	bembe	bimbi	山羊
	tedong	didung	水牛
	berasa	birada、birata、bireja	米
	biralle	biraji	トウモロコシ
	jambu	jamba	果物の名前
	roti	roti	パン
	gula	kula	砂糖
	lama kayu	lami kayu	シンコン芋
武器	lading	ladi	ナイフ
	dari	duri-duri	ウミガメ銃
	banuwana	banuwana	山刀(parang)
	berang	burang	刀

ようだ。(45)とくに必要がなかったからだろう。

しかし、カヌーの造船技術と航海術とは確実に定着した。アウトリガーを持たないカヌーだが、帆は用いる。たとえばフローテ・エイラントの島民はカヌーを導入することによって、島の経済のあり方そのものを大きく変化させたという。陸上の狩猟から海の漁への転換があり、もともと漁をしていたものは、より遠くに、より速く行けるようになった。このほか、米やタバコや酒、パイプ、陶磁器も入ってきた。タマリンドのシロップのように、食習慣として定着したものもある。マカッサンとの接触でアルコール中毒

アボリジニが洞窟に描いたマカッサルから来るナマコ船の絵
（出典）Cole, K., *Groote Eylandt: Changing Aboriginal Life Styles*. Victoria: Keith Cole Publications, 1983, p.38.

が生まれたという話は伝わっていない。量が少なかったこともあるだろう。白人との接触ではアボリジニの生産型が根本的に崩壊してしまい、そのなかでアルコール依存症が増えていったが、マカッサンとの接触はそのようなものではなかった。

外来者が来て、新しいものが運ばれれば、言葉も新しいものが入ってくる。表Ⅰ―1―1はマカッサル語に類比したアボリジニの語の一部を表にしたものである。ものにまつわる語だけでなく、地名、方位、あるいは動作に至るまで、かなり広範に新しい言葉が取り入れられ、定着した。マカッサル語だけでなくジャワ語で定着した語もある。船員のなかにジャワ人がいたか、マカッサル語の中にジャワ語が定着していたのかもしれない。

W・ウォーナーは、アラフラ海に面した諸種族の多くがピジン・マレイ(pidgin Malay)を話すことができ、それは異なった諸言語集団間のリンガ・フランカになっていると述べている[46]。このピジン・マレイなるものはマカッサル語なのかどうか分からないが、アボリジニの異なった集団の間で、マレー系の言葉が、一つの重要なコミュニケーションの手段として定着していったということは十分に考えられることである。

マカッサンの人や船やナマコは、アボリジニの歌、絵画のなかにも取り入れられた。家(小屋)を建てる歌、船出の歌、泳いでナマコを捕る船長の歌、ナマコの絵、船の絵などが残っている。〝錨を上げる〟というのは、マカッサンとの別離であった。アボリジニは錨を別離にシンボライズした。一つの爪の木製の錨のミニチュアが死者を葬うときに用いられるようになった。[47] このようにマカッサンの来訪は、アボリジニの精神文化にも深い影を落としている。しかし、このような関係も〝国家〟の都合で一九〇七年以降、表舞台からは姿を消してしまったのである。

五　国境に封じ込められる歴史

インドネシアの輸出統計によれば、一九八一年のナマコ（イリコ）の輸出量は五四五トン、金額は二六万ドルとなっている。輸出先は香港二六六トン、シンガポール一四七トン、台湾一三一トンで、輸出港はウジュン・パンダン（マカッサル）が三一一トン（以下スラバヤ一五五トン、タンジュン・プリオク三九トンなど）で、総輸出量の六割近くがマカッサルから出ている。[48] 一九八一年のインドネシア総輸出額は二二三億ドルに達する。全輸出額からすれば、ナマコの輸出などゼロに等しい。

だが、かって、帆船に乗り一〇〇〇マイルの海を渡って北オーストラリアまでナマコを獲りに行った東インドネシア諸島民の営みは、歴史から抹殺してよいとは言えない。少なくとも二〇〇年間にわたって、毎年一〇〇〇人から二〇〇〇人が遥か異境で数カ月の生活をしていたという意味は、インドネシアの歴史にとっても、オーストラリアの歴史にとっても、決してゼロではない。二〇万人から四〇万人、否、それ以上の人びとの生きてきた生活史がそこにはあった。アボリジニにとっては、もっと大きな意味がそこにはあったに違いない。

いま歴史は国境線の枠の中に封じ込められようとしている。国家の役割がますます肥大化しつつある。そこにももともと住んできた人びとの長い歴史をもった〝普通の営み〟は、外から、上からの力で、ますます身を小さくしているように、私には見える。インドネシアは〝海のくに〟でありながら〝陸〟の国家のような、中央集権国家が生

アボリジニの帆つきカヌーは東インドネシア諸島民との交流の歴史によってもたらされた（1965年、フローテ・エイラント島）
（出典）Macknight, C. C., *The Farthest Coast; A Selection of Writing to the History of the Northern Coast of Australia,* Melbourne Univ. Press, 1969, p.154.

まれようとしているように、私には思える。

だが、オランダが交易路を奪っても、なお海にしぶとく生き続けてきた人びとの営みの歴史はあった。いまも、その歴史は継承されている。一九八四年の七月に私はブトン島の南の鍛冶屋列島を訪れた。その一つのワンギワンギ島(Pulau Wangiwangi)には海に生きるバジャウ人の部落があった。[49] 村長は言った。

「私たちはいまでもオーストラリアの近くに行くし、マリアナにも行く。ナマコや大きな海亀や鱶《フカ》を獲って暮らしている。お望みなら琉球にも連れていってあげるよ」

目にも眩しい白い帆船が珊瑚の海の水上カンポンの至る所に繋留され、子どもたちはカヌーで遊んでいる。舷側を削る手斧のひびきも聞こえている。

島々に生きてきた人びとにとって、海はお互いを隔ててはいなかった。海はお互いをつなぎ合わせる力であった。

しかし、海に線が引かれ、海は領土の延長のように考える外からの思想が入ってきた。この不自然さは、マカッサンとアボリジニの歴史的交流を見ることによっても明らかになる。本小論がその不自然さを照らし出す一助になれば幸いである。

（1）Flinders, Matthew, *A Voyage to Terra Australis: Undertaken for the Purpose of Completing the Discovery of that Vast Country and Prosecuted in the Years 1801, 1802 and 1803, in His Majesty's Ship the Investigator, and Subsequently in the Armed Vessel Porpoise and Cumberland Schooner with an Account of the Shipwreck of the Porpoise, Arrival of the Cumberland at Mauritius, and Imprisonment of the Commander during Six Years and a Half in that Island,* Vol.II, London: G. and W. Nicol, Booksellers to His Majesty, Pall-Mall, 1814, pp.228-233. ただし、引用は Warner, W. L., Malay Influence on the Aboriginal Culture of North-Eastern Arnhem Land, *Oceania* 2, 1931-1932, p.477 より。

（2）Hall, D. G. E., *A History of South-East Asia,* London: Macmillan, 1968, p.351.

（3）Macknight, C. C., *The Voyage to Marege, Macassan Trepangers in Northern Australia,* Melbourne Univ. Press, 1976, p.128.

（4）Warner, *op. cit.*, Thomson, Donald F., The Story of Arnhem Land. *Walkabout,* 1 August, 1946, pp.5-22. Arnhem Land: Explorations among an Unknown People, *Geographical Journal,* 1948-1949, Vol.112, p. 146, Vol.113, pp.1-8, Vol.114, pp.53-67. Early Macassar Visitors to Arnhem Land and their Influence on its People, *Walkabout,* 1 July, 1957. Berndt, Ronald M., External Influences on the Aboriginal. *Hemisphers,* Vol.9, No.3, 1965, pp.2-9. *Djanggawul: An Aboriginal Religious Cult of North-Eastern Arnhem Land,* London: Routleage and Kegan Paul, 1972. Wirjosuparto, Sutjipto, Pengaruh Bahasa den Kebudajaan Makasar di Australia Utara. *Manusia Indonesia,* Vol.3, 1969, pp.140-159.

（5）Macknight, 1976, *op. cit.* p.123.

（6）van Leur, J. C., *Indonesian Trade and Society*. Bandung: Sumur Bandung, 1960, pp.159-160.

（7）Mulvaney, 1966, p.29.

（8）Flinders, *op. cit.* 引用は（1）に同じ。

（9）Yamin, Muhammad, *Atlas Sedjarah,* Jakarta: Djambatan, 1956, p.17.

（10）Departemen Pendidikan dan Kebudayaan, *Sejarah Nasional Indonesia*, Jilid II, PN Balai Pustaka, 1976, pp.116–117.

（11）Macknight, 1976, *op. cit.*, pp.11-14.

（12）フォレストは〝swallo つまり seaslug〟と書き記しているが、セレベスでは süalla と呼ばれ、それが swallo ないし swalloe に転嫁したと考えられる〔Crawfurd John, *Descriptive Dictionary of the Indian Islands and Adjacent Countries.* London: Badbury &

Evans, 1856, pp.440をも参照）。

（13）Forrest T., *A Voyage to New Guinea and the Moluccas from Balambangan... during the Years 1774, 1775 and 1776*, London, 1979, p.106.

（14）Wallace, A. R., *The Malay Archipelago*, 2 Vols, London, 1869（A・R・ウォーレス著、内田嘉吉訳『馬来諸島』南洋協会、一九四二年、四六三〜五五五ページ）.

（15）Crawfurd, John, *History of the Indian Archipelago*, Vol.III, Edinburgh: Archibald Constable, 1820, p.441.

（16）Macknight, C. C. 1969. *The Farthest Coast; A Selection of Writing to the History of the Northern Coast of Australia*. Melbourne Univ. Press, 1969, pp.181-182.

（17）オリジナルのテキストは以下のとおり。Cense, A. A., Makassaars-Boeginese Prauwvaart op Noord-Australië, *Bijdragen tot de Taal-Land-en Volkenkunde*, Vol.108, 1952, pp.248-264.

（18）Macknight, 1976, *op. cit.*, p.123.

（19）Blainey, Geoffrey, *Triumph of the Nomads: A History of Ancient Australia*（2nd edition）, Melbourne: Sun Books, 1983（越智道雄・高野真知子訳、『アボリジナル』サイマル出版会、一九八五年、二七一・二七二ページ）.

（20）山田憲太郎『南海香薬譜——スパイス・ルートの研究』法政大学出版局、一九八二年、九七ページ。

（21）山田憲太郎『香料の道——鼻と舌　西東』中公新書、一九七七年、四七ページ。

（22）マカッサンというのはマカッサル人（Macassarese）だけを指すのではなく、その地を訪れたブギス人（Bugis）、バジャウ人（Bajau）など、すべてのインドネシア（マレー）系住民を総称した呼び方であったと考えられる Berndt, *op. cit*, 1965, p.4。

（23）Berndt, 1965, *op. cit.*, p.5. Capell, A., Early Indonesian Contacts with North Australia, *Journal of the Oriental Society of Australia*, Vol.3, 1965, p.68.

（24）Berndt, 1965, *op. cit.*, p.9.

（25）これまで、この分野の研究では中国語文献はほとんど調査されておらず、今後、中国語文献の資料発掘が新事実を明らかにするかもしれない。

（26）Macknight, 1976, *op. cit.*, p.97.

（27） Warner, *op. cit.*, Thomson, 1957, *op. cit.*, Berndt, 1965, *op. cit.*, Macknight, 1976, *op. cit.*
（28） マメ科で一属一種の高木。豆果は酸味に富み、豆肉は柔らかく、いずれも調味料や薬用、清涼飲料として用いられる。インドネシアではasam（酸っぱい）と呼ばれ、酸味を出したり魚臭さを消す調味料として多用されている。
（29） 以上の品目は、一八八四年に実際に航海した船の記録で、積みこまれた物資の全費用は一三六五・七六ギルダー（米六一七・七六ギルダー、金貨二五〇ギルダー、貢納用の米一四四ギルダー、大釜八四ギルダー、カジャン六八ギルダーなど）となっている〔Macknight 1976, *op. cit.*, p.22〕。
（30） Cole, Keith, *The Aborigenes of Arnhem Land*, Adelaide: Rigby Ltd., 1979, p.55.
（31） 一九世紀の初めにインドネシア人はヨーク岬西岸からトレス海峡にまで出かけていった形跡があるというが、トレス海峡でナマコ漁業が盛んになったのは一九世紀中葉以降で、ここでのインドネシア人は白人業者の労働者として働いていたらしい。大島襄二編『トレス海峡の人々――その地理学的・民族学的研究』古今書院、一九八三年、二八〇、四〇九、四八四ページ。
（32） Wirjosuparto, *op. cit.*, p.141.
（33） 鶴見良行『マラッカ物語』時事通信社、一九八一年、八六ページ。
（34） Ward, R. Gerard, The Pacific Beache-de-mer Trade with Special Reference to Fiji, in R. G. Ward (ed.), *Man in the Pacific Islands*, Oxford Univ. Press, 1972, pp.92-99.
（35） Macknight, 1976, *op. cit.*, p.53.
（36） Crawfurd, 1820, *op. cit.*, pp.442-443.
（37） Macknight, 1976, *op. cit.*, p.21.
（38） ibid., p.23.
（39） ミリンギンビはアーネムランド北岸にあるアボリジニ居住地の地名。図I―1―3を参照されたい。
（40） Cole, 1979, *op. cit.*, p.54.
（41） 詳しくは、中野不二男『アボリジニーの国――オーストラリア先住民の中で』中公新書、一九八五年、参照。
（42） Cole, 1979, *op. cit.*, p.25.

（43）ibid., pp.58-61.
（44）日本の真珠採取者は、一九三五年にアーネムランドでアボリジニの女性との間でトラブルを起こしているし、その二年前には日本人ナマコ業者がアボリジニに殺されている。その調査を依頼されたD・トムソンは「……アーネムランドを誤って取り扱ったのは白人である。……彼らは招かれざるキャンプにまぎれこみ、日本の真珠船がやったように強姦までしようとした」と述べており、白人および日本人は、マカッサンに比べて、その接触の仕方に非常に問題が多いとしている（Thomson, 1946, *op. cit.*, p.5）。
（45）McCarthy, 1976, *op. cit.*, p.253.
（46）Warner, *op. cit.*, p.490.
（47）Thomson, 1949, *op. cit.*, pp.36-37.
（48）二〇一二年のインドネシア水産物輸出入統計によると、ナマコ（生・冷凍）の輸出量は九〇五・二トン、輸出金額は四六一万三一二〇ドルで、水産物全輸出量一二二・九万トンの〇・〇七％、輸出金額三八・五億ドルの〇・一二％である。
（49）村井吉敬「鍛冶屋の島――スラウェシ島フィールドノートから」早稲田大学社会科学研究所編『アジア学への視角』早稲田大学社会科学研究所、一九八五年、一九九ページ。

第2章　アボリジニの大地と海——北オーストラリアでの出会い

村井吉敬

一　「普通の」アボリジニ

日本に輸入されるエビを追いかけていたら、オーストラリア先住民(アボリジニ)と出会った。こじつけっぽくみえるかもしれないが、それなりのストーリーがある。そのストーリーの一部をここに書いてみたい。

オーストラリアから日本に輸出されるエビの量は約一・二万トン(一九八五年)、インド、インドネシア、台湾につぐ数量だ(1)。このエビは北の方の熱帯に近い海でとれる。カーペンタリア湾でとりわけたくさんとれる。こんな情報をシドニーで水産関係者から聞いて、バスを乗り継いで六〇〇〇キロあまりの旅をした。エビとの出会い、アボリジニにとってのウラニウム採掘、アボリジニとインドネシア諸島民との歴史的交易(ナマコなど)を知るようになった旅だ(これは次節で詳しく述べる)。エビを求めて東インドネシアの島々を歩いてきたあとだったので、さまざまなことがつながってきた。いまの時代の国際関係、アボリジニの苦悩や闘い、古い時代の人びとのつながり方が、歩いたり、人と出会ったりするなかで、少しずつみえてきたように思う。

さて、グレイハウンドというアメリカ大陸を走っているのと同名のバスは、ケープ・ヨーク半島のつけねのケアンズの町を出ると、オーストラリアでは珍しい熱帯林の山あいを通り抜け、マリーバ(Marereba)という集落に着いた。一九八五年一月末、雨季の暑いさなかのことである。ピーナツやトウモロコシの貧弱な畑地が周囲に広がり、高原野菜集積地といった感じの小さな町だ。

アボリジニの子ども二人(男女)がバスに乗ってきた。長いバスの旅だが、アボリジニが同乗したのは初めてのことだ。バスの外には親類縁者たちが一〇人ほど見送りに来ている。子どもたちは、夏休みで別の所にいる親戚の家に遊びにでも行くのだろうか。ピーナツの袋やほかの土産品を持っている。二人ともバスの後部座席に腰かけ、あとは知らんふりをしている。バスが走り出しても騒ぐわけでもなく、おし黙ったままだ。同乗の二〇人ほどの白人も知らん顔だ。こののちダーウィンまでの旅で、しばしばアボリジニの人びとの移動に出会ったが、白人たちとの会話はほとんどなかった。

私には「普通のアボリジニ」が珍しかった。四カ月ほど住んでいたシドニーの町には一万三〇〇〇人ほどのアボリジニが住んでいる。しかし、そこで出会ったのは意識的にアボリジニの権利を主張している活動家とおぼしき人びととか、公園の隅や駅の近くにたむろしているとらえどころのない人びとが多かった。この人たちが「普通」でないわけでもないだろうが、私の観念のなかでは、草原や海辺を渡り歩く、昔ながらのアボリジニを「普通」だと思っていた。

一九八〇年の統計ではシドニー、メルボルン、タウンズヴィル、ブリズベン、パースの五つの都会に住むアボリジニの数は四万二〇〇〇人ほどである。これにキャンベラやその他の都市の居住者を加えると、六万～七万人になる。つまり、アボリジニ全人口の三分の一以上は、かなり大きな都市の居住者ということになる。ちなみに八〇年の推計ではアボリジニの人口は一七万五〇〇〇人となっているが、実数は二〇万～二五万人くらいであろうといわ

図I―2―1　オーストラリア北東部

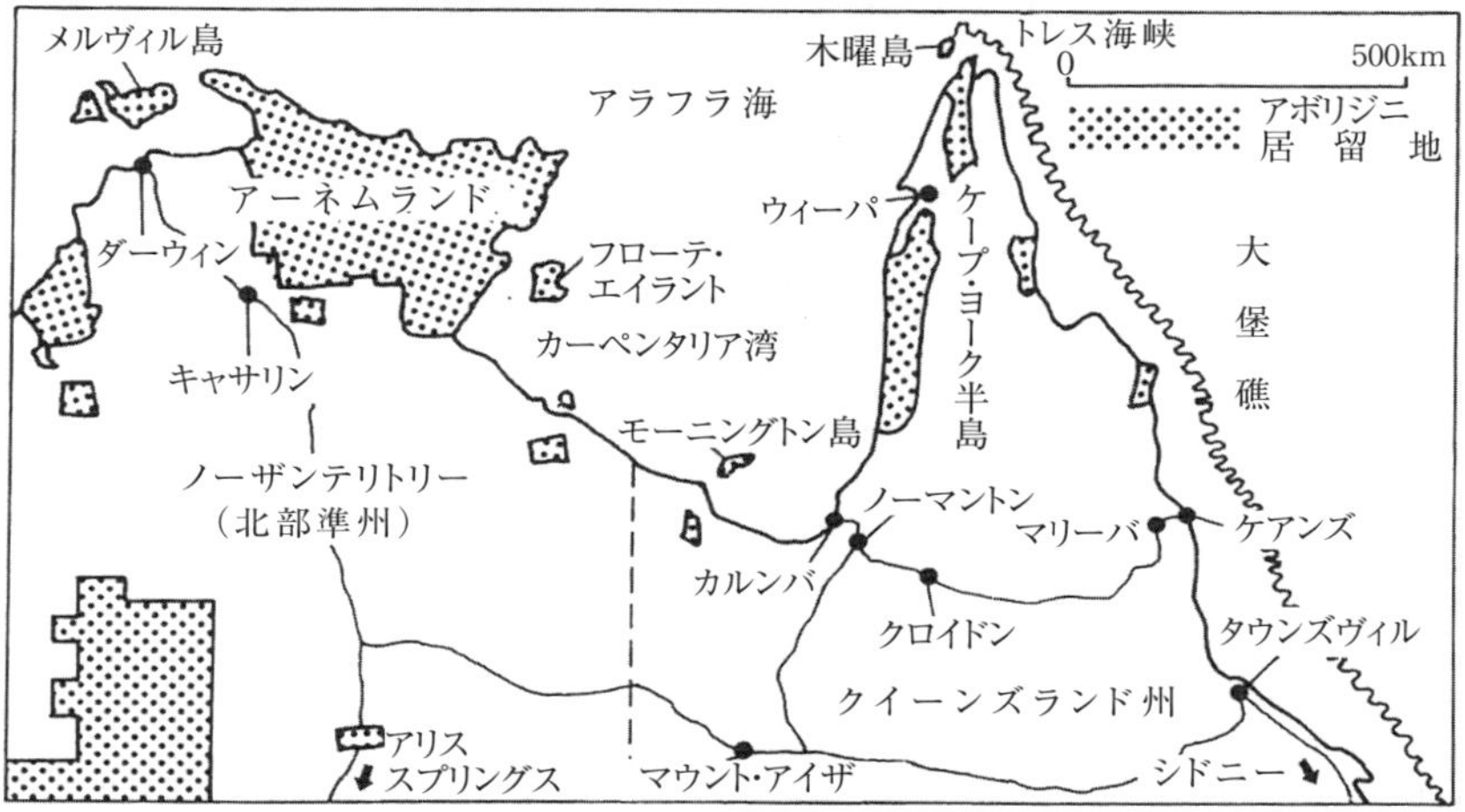

れている。(2) だから都会の活動家であれ、公園にいるアルコール依存症のアボリジニであれ、いまの時代では「普通」のアボリジニなのかもしれない。だが、マリーバの光景は、私にはより「普通」のように映った。

目ざすはカーペンタリア湾最深部、エビの町カルンバ（図I―2―1参照）。赤い土、ユーカリの木、蟻塚、こんな光景が果てしもなくつづく。ときおりバスの前をワラビー（小型カンガルー）やエミューがおおあわてで横切る。注意して道路の両脇をみると、ほとんど鉄条網や鉄線が張ってある。牧場なのである。全オーストラリアに張りめぐらされた鉄線は一六〇〇万キロという。白人が二〇〇年間で囲い込んだ土地、先住民が追い出された土地である。

きれいなクリークの流れる町クロイドンに着いた。猛烈な暑さ、四〇度を超えている。ハエがたくさん眼にまとわりつく。白人の牧場のせいでオーストラリアじゅうハエだらけ、アボリジニにトラコーマがやたらに多いのはこのハエのせいだという。この小さな、鉱《ヤ》山《マ》師がたむろするような町には、アボリジニが多い。岩であれ小高い丘であれ、ヤマのような所はアボリジニの聖地が多い。

ところが、白人鉱山師は入植して以来、カネになりそうな鉱山を掘りに掘っている。ケープ・ヨーク半島には石炭、ウラニウム、ボーキサイトなどがあった。とりわけウィーパはボーキサイト産地、またカーペンタリア湾西部のフローテ・エイラント（大きな島、現在はグルート・アイランドと呼ばれる）はマンガンの産地として名高い。ノーザンテリトリー（北部準州）のアーネムランドはウラニウムの産地だ。日本が輸入するアルミナは一〇〇％、粘結炭は五〇％がオーストラリアからのものである。そして、ウィーパもフローテ・エイラントもアーネムランドも、エビの大産地なのである。このあたりでとれるタイガー（ウシエビ、クルマエビ科）、バナナ（クルマエビ科）などのエビは、ほぼ一〇〇％が日本に向かう。

アボリジニが生活してきた大地、川、海、そこに鉄線が張られ、羊や牛（とくに北部地域は牛）が飼われ、鉱山が掘られ、トロール船が走りまわっている。ほとんどが日本直結の輸出産品となっている。

赤い土、ユーカリの木、蟻塚、カンガルーやエミュー、クリーク、そこにはアボリジニが三万年、四万年の昔から住んでいた。鉄条網も鉱山もトロール船もない二〇〇年前まで、そこは彼らの生活の場であった。だが、いま「普通」のアボリジニはバスに揺られ、おし黙ったまま、どこまでもまっすぐなアスファルト道を移動している。

二　エビの町カルンバ

アボリジニが四〇〇～五〇〇人は住んでいると思われるノーマントンの町、西部劇に出てくるような二階建てホテルの一階がパブになっている。夕刻、カウンターでアボリジニのおっさんたちがビールを飲んでいる。白人も三～四人、おし黙ってビールを飲んでいる。パブを出ると、老アボリジニがぬっと手を出してきた。カネの要求だ。生きる場を奪われたアボリジニに、職でなくカネ（鉱山採掘権料、生活保護費、失業手当てなど）がある程度落ちてくる。アル中がやたらに多いのは、このためだ。

オーストラリアでとれるエビのほとんどは日本に輸出される（シドニーの魚市場）

ノーマントンからエビの町カルンバまで約四〇キロ、木が一本もない大湿原。地平線に大きな太陽が落ちる。アボリジニの旗は中央に黄色い太陽、上半分は肌の色ブラック、下半分は血の、大地の赤。鶴や鴨の群が太陽にシルエットで浮かぶ。鳥を追い、ワラビーとともに駆け、カヌーに乗り、ジュゴンや青ウミガメを追ったアボリジニが四万年も生きてきた自然を垣間見る思いがした。

だが、四〇キロ先の港町カルンバにはアボリジニの姿はほとんどない。完全なエビ・タウン、ほぼ一〇〇%日本に輸出されるエビをとるトロール船の補給港、冷凍工場、その関連会社とそれに携わる人びとがいるのがこの町、一九六〇年代末に突如として生まれた町である。日本が冷凍エビを大量に輸入しはじめた時期と符合する。

オーストラリア最大の水産会社ラプティス&サンズの本拠地がカルンバ。会社はギリシャ人系である。アングロ・サクソンは漁業にあまり関心がないせいか、オーストラリアの水産会社や漁民は、ほとんどが移住してきたギリシャ人やイタリア人によって占められている。日本の大手水産三社も北部オーストラリアでエビをとっていたが、ここの人びとを「使いこなせず」撤退してしまった。ラプティス&サンズは二〇〇トンクラスのトロール船二七隻を所有し、四月から一二月までの漁期に、カーペンタリア湾で三〇〇〇トン以上のエビをとっている。この船の機関士は驚いたことに、ほとんどが出稼ぎ韓国人だった。

町で唯一の酒場はホテルに付属している。二週間前に五二度を記録した町だけに、また禁漁期ということもあって、このパブは昼間からビールを飲みに来るむくつけき大男や、連れ合いもどきの女性でにぎやかだった。入れ墨のにいさんみたいなのもいる。まさに海の西部劇タウンといった感じである。そんななかで、韓国人たちは固まって、静かに飲んでいた。

カーペンタリア湾では、白人たちがスポーツ・フィッシングとしてバラマンディ（オーストラリア産肺魚、大型のスズキのような魚）漁を楽しんでいる。バラマンディとエビは、カルンバの町のシンボルマークにもなっている。

ワニ、トカゲ、エミューなどが描かれたアボリジニの絵
（出典）Cole, Keith, *Groote Eylandt : Changing Aboriginal Life Styles*, Victoria : Keith Cole Publications, 1983, p.31.

カルンバの船着場にはエビ・トロール船にまじって、バラマンディを釣る船もたくさん横づけになっていた。バラマンディは海辺に生活するアボリジニやトレス海峡諸島民にとっては、昔から親しんできた魚で、重要な蛋白源でもある。アボリジニの描く絵のなかには、カメ、エイ、サメ、カンガルー、ワニ、舟などにまじってバラマンディがよく登場する。マングローブ林を生育の場とするのはエビと同じである。しかし、アボリジニがエビをどの程度食べていたのか、あるいは食べていなかったのかについては、よくわからない。

エビがいなくなれば、カルンバの町はなくなるかもしれない。カーペンタリア湾ではバナナが実際に一九七〇年代中ごろからそれほどとれなくなり、もっと深いところにいるタイガーが主力になってきた。そして、オーストラリア政府・第一次産業省は禁漁期間まで設定しなければならなくなった。カルンバではアボリジニは輸出エビには関係していないが、フローテ・エイラントのアボリジニはエビに巻き込まれたことがある。

フローテ・エイラントは、その名も示すようにオランダ人の命名になる。オーストラリアにしろ「新」大陸にしろ、白人が「発見した」という歴史上の嘘がある。フローテ・エイラントにはポルトガル人、のちにオランダ人、イギリス人が一六〜一八世紀に来ているが、それ以前にインドネシア諸島民や中国人(たぶん)も来ている。そもそも、アボリジニは大昔から住んでいた。この島の命名者はアベル・ヤンスズーン・タスマンである。あのタスマニア島「探険」のタスマンである。タスマンが「タスマニア」にたどりつかなくても、いずれ白人によってその島のアボリジニは皆殺しにされてしまっただろう。しかし、「タスマニアのアボリジニ絶滅」とはいわれなかったはずである。

三　白人の囲い込み・アボリジニの閉め出し

フローテ・エイラントは先にも述べたように、マンガン鉱とエビの大産地である。白人にとって利益になる産業である。一方、アボリジニにとって、そこはウミガメ、バラマンディ、白蝶貝(真珠の母貝にもなるが、もともとは装飾用として加工したり、肉を食べたりしていた。パプア人やインドネシア諸島民との交易品でもあった)、サメ、エイ、海草、ヤムイモ、ヤドカリ、ジュゴン、エリマキトカゲやほかのトカゲ、ワニ、カンガルーなど、食べるに困らない熱帯の島だった。

マンガン、エビが「開発」される一九六〇年代後半まで、島への闖《ちん》入者はキリスト教ミッション(伝道師)くらいだった。ミッションとはずいぶんおせっかいなものだ。オーストラリア最大の会社ＢＨＰ＝Broken Hill Pty Companyが進出してきたのが六〇年代中期、エビ会社が六九年にできたが、この会社はエビがうまくとれなかった。七二年に日本の極洋が資本参加してゴリン・キョクヨー漁業会社＝Gollin Kyokuyo Fishing Co. Pty Ltd. になって、島のエビ漁は活況を呈した。日本の水産関係者の話では「オーストラリアのエビを開発したのは日本」だそうだ。フローテ・エイラントでは、多いときは三〇人ほどのアボリジニの女性が日系エビ会社に雇われていた。しかし、七〇年代末にここでのエビ冷凍加工は中止になった。アボリジニの女性は突然失職してしまったのだ。

フローテ・エイラントは、法的にはアボリジニのフリーホールド(自由保有地)ということになっている。鉱山会社は採掘権料として、アボリジニ・トラストに約一億円、北部準州政府に二億円(一九八〇年)ほど支払っている。このアボリジニへの一億円がどう使われているかはわからない。アボリジニが一〇〇〇人いれば一人一〇万円、ビール三〇〇本くらいなら飲める額だ。それだけのことである。

アボリジニはこうしてカネに呪縛されてしまう。大地や海は自分たちのものでありながら、自分たちのものではなくなってしまう。ミッションはアボリジニに教えたがる。神のこと、科学について。アボリジニは全生涯の三分の一を信仰生活に費やすといわれるほど信心深い人たちであるのに、ミッションはなお神のことを教え込もうとした。どんな動物も、どんな植物も、季節のことも、地形のことも知りぬいていた生活者に、科学を教えたがった。四万年も自然と仲良くバランスをとりながら生きてきた人びとを「ホモ・サピエンス」より劣る「動物」とみなしたのである。

アボリジニは松明《たいまつ》をもった「放火魔」であると、初期の白人たちは考えた。実際、アボリジニはよく火を放った。しかし、この「放火」には深いわけがあった。野焼きをして土を肥やし、動物たちの牧草を増やす。そして、その動物たちを狩猟する。草や木がぼうぼうでは狩りもしにくい。こうした管理放火は、実はとてつもない自然大火を防ぐ手だてでもあった。白人が来てから、むしろ自然の大火が増え、アボリジニの知恵を拝借し、管理放火をしたというほどだ。

ミッションにとって気が気でないのは、アボリジニたちの「勝手な」移動である。教育効果が上がらない。そこで、ミッションの人びとは彼らをむりやり定住化させた。白人との「混血」(強姦された者が多いといわれる)は、とりわけ、閉じ込めてでも教育訓化しようとした。オーストラリア全土にあるアボリジニの〝居留地〟は七三万㎢(日本の二倍、オーストラリア全土の一〇分の一)である。広そうだが、大半は中央部の乾燥した「土漠」地域だ。結局、アボリジニは不毛の地に閉じ込められ、定住化を強いられたにすぎない。そして、その地でボーキサイトやウラニウムなどが出ると、こんどは邪魔だという。

一九七〇年代からアボリジニの土地権闘争が燃え上がったのは、当然のことである。とりわけ多国籍資本による鉱山開発がその元凶であり、鉱物が欲しくてたまらない日本は元凶中の元凶といえよう。

アボリジニにとって、大地はたんに彼らに属するものではなく、彼らこそが大地に属している(土地の一部)のである。その土地に鉄のフェンスを張りめぐらせたのは白人である。勝手に資源を掘っているのは国際資本である。勝手に海を荒し、川を汚しているのも国際資本である。

四　ナマコ交易

エビ・タウンのカルンバからダーウィンまで二二〇〇キロ、点々とアボリジニの小集落がある。マウント・アイザという「土漠」のど真中の町では銅、鉛、亜鉛を掘っている。黒煙がもうもうと上がり、澱んだ川は真っ黒。オーストラリア資本以外に米英資本が加わり、多大な利益をあげている。この町でも、アボリジニたちは「はずれに住むもの」(fringe-dweller)である。華やかで巨大なウールワースという全国チェーンのスーパーマーケットの脇を、アボリジニの一団が避けるように歩いていたのが印象的だ。

緑がしだいに濃くなってきた。バスのフロントガラスに野生の七面鳥がぶつかり、ガラスが大破した。棒や布団で応急修理してバスはノロノロ運行。やがてキャサリンという小さなアボリジニの集落に到着した。同乗していたアボリジニがここで降りた。この北に広大に広がるアボリジニ居留地にはアーネムランド、ウラニウム鉱山レンジャーがある。関西・九州・四国の三電力会社に伊藤忠が資本参加している会社だ。一九八三年に日本に来たアボリジニ全国土地評議会連合のショーティー・オニールさんは、このウラン鉱山による河川の放射能汚染を警告していた。しかし、この広大な土地でウラン鉱山まで立ち入って調べるのはとても難しいので、ともかくも今回は素通りする以外にない。

カルンバを出て三三時間、やっとダーウィンに着いた。日本軍に爆撃されたオーストラリア唯一の都市がダーウィンだ。その爆撃時にアボリジニの集落にも爆弾が落とされたことは、あまり知られていない。一〇年前(一九七五年)のサイクロンでこの町の家屋の半数以上が全壊、停泊中の日本のエビ・トロール船も大被害を受けたという。いまは静かな、しかし暑い熱帯の町だ。

ダーウィンの向いのメルヴィル島、そしてアーネムランド、さらにフローテ・エイラントはいまやエビの産地、また国際資本にがっちりからめとられた土地だ。しかし、この地はアボリジニの土地であり、海であり、川であった。彼らは四万年の営みを自然とともになしてきた。白人の来る以前から「マカッサン」(Macassan)と呼ばれる東インドネシア諸島民と交流していた。白人と異なってインドネシア諸島民との交流は、彼らには「古き良き夢の時代」でもあったようだ。強いられたつき合いではなく、自主的な交易の時代だったのかもしれない。

このつき合いは、ナマコが核になっている。いつ始まり、いつ終わったのか、まだわからない部分が多い。オーストラリア国立大学のC・C・マックナイトは一七世紀後半から一九〇六年(入漁の禁止[3])までとしているが、最近の考古学調査は、それよりもっと古い時代に始まったともいう。そして最近までやっていたといわれる。ともかく

ブレトン（L, Le Breton）が 1839 年に描いた、ラッフルズ湾に入るナマコ船
（出典） Macknight, C. C., *The Voyage to Marege': Macassan Trepangers in Northern Australia,* Melbourne Univ. Press, 1976.

も、白人入植よりはるか以前からアボリジニとインドネシア諸島民の交易があったのである。

東インドネシア、とりわけスラウェシ島を本拠とするブギス人、マカッサル人、バジャウ人などは、毎年北西モンスーンに乗って、一二月から一月ごろに北オーストラリアにやって来た。四、五月の大陸から吹き出す南東モンスーンで帰った。ナマコ船団は二五トン級の船三〇〜六〇隻からなり、ひとつの船に三〇人からの人びとが乗り込み、レパレパと呼ばれるカヌーも積んできた。船団の本拠地はマカッサル（ウジュン・パンダン）で、オーストラリアで加工されたナマコが中国人と取り引きされた。

船団はマカッサルを出て、サラヤール島、ティモール島の北のウェタール島、その南のキサール島、レティ島を通過し、メルヴィル島まで来る（二〇〜二一ページ図Ⅰ—1—1参照）。そして、そこでいくつかの小船団がアーネムランドやフローテ・エイラントに散った。西オーストラリアのブルーム（真珠養殖で有名）やケープ・ヨーク半島の東までも行っていたという記録もある。毎年一〇〇〇人としても、二〇〇年で二〇万人にも達するマレー系の人びとが来ていたことになる。

マングローブの繁った海岸に彼らは上陸し、持って来たカヌーを利用し、浅海でナマコをとった。それを大釜で煮て、さらにマングローブの薪木で燻蒸する（詳しくは三四ページ参照）。アボリジニはこの加工労働に加わっていた。アボリジニがとったカメや白蝶貝は、ナマコ船に乗って来た人びととの交易に使われた。この何百年もの交易は、アボリジニ社会に、さまざまな影響を与えている。彼らが使うカヌーはリッパリッパと呼ばれるが、明らかにマカッサル語のレパレパからきたことばだ。船を表すコペラ、ブラウも、カパル、プラフからきている（四一ページ表Ⅰ—1—1参照）。北オーストラリアに繁茂するタマリンドの木も、インドネシア人が持って来たものである。この木の果実は魚料理に使われる。鉄器や陶器も運ばれてきた。ビールももたらされたが、昔はアボリジニはアル中にはならなかった。

喧嘩や戦闘、ときには女性を奴隷として連れ帰ることもあったらしい。だが、彼らの関係は概して友好的、平和的だったようだ。宗教や科学を無理に教えたり、そこいらじゅうを鉄線で囲ったり、鉱物を掘ったりしない季節滞在者だったからだろうか。人類学者D・トムソンはつぎのように書いている。

「アーネムランド人を誤って取り扱ったのは白人である。白人はアーネムランド人も、他のアボリジニと同じだと思い、手ひどく扱った。招かれざるキャンプにまぎれこみ、日本の真珠船がやったように強姦までしようとした。しかし、アーネムランドの人びとが、遠隔地にあるために未開であると考えたとしたら、それは、彼らの長いあいだのインドネシア人との接触を見過ごしていることになる(4)」

白人はまちがっていたのである。たとえアーネムランド以外の、外の人びととの接触がないとされる「未開人」といえども、アボリジニが大陸を四万年にわたって、縦横に移動していたことを考えれば、彼らの間にはさまざまな情報、知識、知恵の交換があったと考えねばならない。三〇万人のアボリジニ（白人入植直前のアボリジニの人

「白豪主義には暗い歴史がある」と
書かれたアボリジニ週間のポスター

口といわれる)が一〇〇〇年間の歴史をもっただけでも、三億人の人びとの生死がそこにはある。否、実際には何十億人ものアボリジニの生死がこの大陸にはあり、何十万、何百万人ものインドネシア人の渡来があったのだ。白人二〇〇年の「開発」史など、アボリジニ全歴史の一%にもならない。

　日本人も似たりよったりの貧しい関わりしか築いていない。コアラ、エリマキトカゲ、ウラニウム、エビ、羊毛、牛肉、鉄鉱石のオーストラリアでしかない。

「ここの白豪主義は根強いですよ。あるとき飛行機に乗ったんですけど、私が白人じゃないことがわかったんで、アボ〔ママ〕と同席させたんですよ。クセーのなんの、本当にまいったなあ。……ここでもエビ養殖の話が始まってきていてね。台湾人が入って来てますよ。だけど、問題はアボ〔ママ〕のランド・ライツ(土地権)ですよ。連中はうるさいからね。エビをトロールでとってても、うるさいから入って来るな、なんていうんですよ」

オーストラリアに駐在する、ある日本人の発言である。いったい誰の土地だというのだろう。白豪主義を批判するその裏返しに、アボリジニ蔑視が同居している。

アーネムランドに思い入れたトムソンは書いている。

「美しい公園のようなスウォンプが日の前に広がり、水の上に太陽が昇ってまた沈むところを台の寝ぐらに座って眺めたこと、また夕暮には獲物(カササギガン)を積んだカヌーが一列につながって、あらかじめ決めておいたキャンプ地めざして帰ってくる光景は実に忘れがたい経験だった。……キャンプで焚く火が樹上にちらちらとまたたき、あるいは黒いスウォンプの水に映っている。そしてガンの羽根をむしったり火に焙りながら、アボリジニたちが交わす会話(5)」

オーストラリア滞在最後の日、私はダーウィンのコミュニティ・カレッジに行った。新しいキャンパスに、新しい図書館があった。そこには、インドネシア諸島とアボリジニの交流についての資料がきれいに整理されていた。白豪主義史観を乗り越えようとする努力が白人のなかでもなされている。アボリジニの苦しい闘いにすぐに応えられるほどの力はないかもしれない。だが、ゆっくりとした確実なうねりを感じないわけにはいかない。

(1)一九八五年に一・二万トンだった日本への輸出量はしだいに減少し、二〇〇六年に四九一一トン、一〇年は二六四八トン、一四年には一一〇四トンである。日本への輸出国ベスト五はベトナム、インド、インドネシア、アルゼンチン、タイ。オーストラリアの順位は大幅に下がり、二〇一四年は一五位である(「財務省貿易統計」二〇一四年)。

(2)二〇一一年の統計では、先住民(アボリジニおよびトレス海峡諸島民)は約六七万人。そのうち五六・七%が大都市あるいはかなり大きな都市に居住している。

(3)一九〇六年に北部準州を管轄していた南オーストラリア州政府は、マカッサンに対して入漁ライセンスの発給を最終的に停止することを決めた。したがって、一九〇七年以降のナマコ漁は「不法」とされたのである(Macknight, C. C., *The Voyage to Marege': Macassan Trepangers in Northern Australia*, Melbourne Univ. Press, 1976, p.125)。

(4)Thomson, Donald F., "Early Macassar Visitors to Arnhem Land and their Influence on its People," *Walkabout*, 1 July, 1957.

(5)Blainey, Geoffrey, *Triumph of the Nomads : A History of Ancient Australia* (2nd edition), Melbourne : Sun Books, 1983(越智道雄・高野真知子訳『アボリジナル』サイマル出版会、一九八五年).

第Ⅱ部

真珠（貝）産業の興亡

ダーウィンにあるガーデンズ・ロード墓地。左奥にあるのが「鮫船遭難者の墓」（2007 年 8 月、鎌田真弓撮影）

第1章　アラフラ海の日本人ダイバーたち

鎌田真弓

一　ダーウィンの墓標

ダーウィン(1)の中心街からほど近い公園区域に、ガーデンズ・ロード墓地がある。公園から望む海にはヨットが浮かび、夕日が美しいミンディル・ビーチやカジノは観光客の人気スポットだ。一九一九年から七〇年まで利用されていたこの墓地には、二一基の日本人の墓碑が現存する。そこに刻まれた名前は二七人で、うち二六人が男性、大半は和歌山県東牟婁《むろ》郡あるいは西牟婁郡の出身者である(2)。その中でひときわ目立つ二基は、後述するアボリジニに殺害された日本人漁師のものだ(3)。

ガーデンズ・ロード墓地の東、スチュアート・ハイウェイ沿いには、ダーウィンの入植開始時に開設された古いパーマストン墓地があり、ここにも一〇基の日本人の墓碑がある。やはり東牟婁郡と西牟婁郡の出身者が多い。墓碑銘から読み取れる最古の墓は、一八九三年二月八日、濱浦ソウヘイ(Sohei Hamaura)。同じ墓地に眠るマーティンとともに(4)、当時ダーウィンで真珠貝採取業を営んでいた濱浦イスヘエ(Isuhe Hamaura)と妻オフジの息子たちであろ

図Ⅱ－１－１　真珠貝採取業が行われた海域

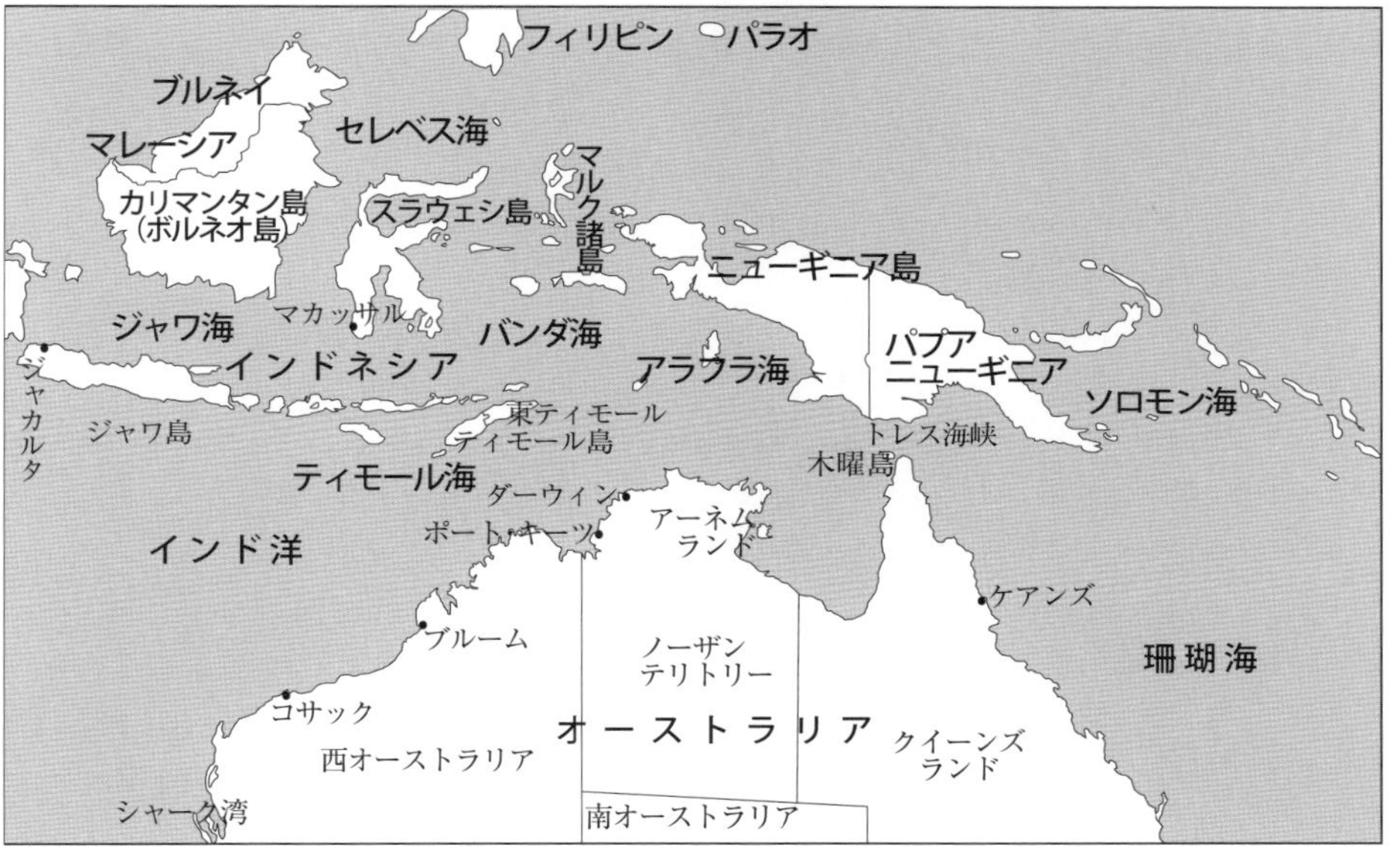

う。[5] 没年が読み取れないが、ひときわ大きい林田知津《ちづ》女の墓碑も目をひく。

　オーストラリアで一九世紀半ばごろから始まった真珠貝採取業は、北部地域の重要な産業となっていく。一九二〇年代の生産量は二二五〇トンで、世界の八五％を占めていた。[6] インド洋からティモール海、アラフラ海、珊瑚海にかけての広大な海域で採貝漁が行われ、その拠点となったのが、西オーストラリアのブルーム（一九〇〇年の人口は四〇〇〇人、現在は一万五八五七人）、ダーウイン、木曜島（面積三・五㎢、一八七八年に入植が始まり、八一年の先住民を除く人口は九七人、現在は二六〇〇人）であった。

　この採貝漁で働く契約労働者の中で、もっとも多かったのは日本人である。最大の生産量を誇ったブルームでは、ピーク時の一九一七年には一四〇〇人以上が働いていた（七一ページ表Ⅱ－１－２）。ブルームの日本人墓地にある墓碑は七〇七基で、九一九人が眠り、木曜島でも六〇〇基あまりが確認されている。[7] 毎年九月に開催されるブルームの「シンジュマツリ」や、司馬遼太郎の短編

『木曜島の夜会』[8]など、これらの地での日本人ダイバーの足跡は耳にする機会はあるものの、ダーウィンを拠点とした真珠貝漁は規模が小さく、日本人が働いていたことはあまり知られていない。

こんにち、乾季には観光客で賑わうダーウィンやブルームは、メルボルンやシドニー、キャンベラなどのオーストラリアの「中心部」から見れば「僻地」にある。日本からの直行便もない。そこで日本人の名前が刻まれた墓碑を見ると、こんな「辺境の地」でかつて日本人が働いていたのだ、という思いにとらわれそうになる。しかし、ダーウィンは長い間オーストラリアの玄関港であったし、人びとは生活の糧を求めてオーストラリア北部や蘭領東インド(現在のインドネシア)の町を移動していた。海や島々のつながりからは、船で行き交う人びとの姿が見えてくる。[9]本章では、かの地で働いた日本人真珠貝漁師たちの軌跡を追う。

二　オーストラリアに渡った日本人ダイバーたち

真珠貝は、プラスチックが発明されるまでボタンの材料として使われていた。ごく稀に真珠が入っていて、大きな収入を得る幸運に巡り合うこともある。ただし、採貝の目的はその二枚貝の貝殻だ。オーストラリア北部沿岸では、ボタンの材料となる高瀬貝やナマコ漁も行われていたが、輸出額は真珠貝の一～二割程度であった。

オーストラリアでの真珠貝採取は、一八五一年に西オーストラリア植民地[10]のシャーク湾で採貝ライセンスが付与されたのが始まりである。[11]しかし、水深の浅いこの地域に生息する真珠貝は小さく品質も劣っていた。採貝業が北部沿岸の中心産業として発展を遂げるのは一八六〇年代以降で、南回帰線以北の暖かい水域で白蝶貝(*Pinctada maxima*)の広大な生息地が発見されてからである。一八六七年にはブルームの近くで真珠貝漁が始まり、[12]ブルームはオーストラリアの最大拠点となる。そもそもブルームは、真珠貝漁のために開設された町である。西オーストラリア南部の真珠貝が枯渇したために、ローバック湾(Roebuck Bay)に拠点が開設され、一八八三年にブルームと名付けられた。[13]

クイーンズランドでは一八六八年にトレス海峡諸島のワリア島(Warrior Island)で採貝が始まり、[14]その後木曜島が真珠貝漁の中心地となる。当初は素潜りで採貝し、潜水服や潜水夫に空気を送るポンプの開発とともに、深い海底で採貝されるようになった。コサック(六九ページ参照)やブルームでは五尋《ひろ》(約九メートル、一尋＝一・八メートル)であったが、後のアラフラ海では二〇尋以上の深さで操業されている。

ブルームや木曜島に比べるとダーウィンの真珠貝採取業は格段に小規模で、一九世紀初頭の生産量はブルームや木曜島の一〜二割、生産量がピークに達した一九三七年でも八〜九割程度であった(表Ⅱ—1—1)。また、蘭領東インドのアル諸島にも白蝶貝の漁場があり、英国やオランダの企業が進出し、太平洋からニューギニア島にかけてはドイツの企業が展開していた。ダーウィンでは、一八七〇年代に真珠貝漁場の探索が行われたものの成功せず、本格的な採貝が始まったのは一八八四年二月、英国の宝石商ストリーター(E. Streeter)所有の船団(一一二トンの母船と八隻の小舟、スルー諸島(フィリピン)とクパン(ティモール島の東端の港町)で雇われた六四人のダイバー)によってである。初期の採貝はダーウィン湾内が中心で、ポート・エシントン(Port Essington)[15]やアラフラ海に面したアーネムランドも試みられたが、十分な収穫量には至らなかったという。[16]

オーストラリアの真珠貝産業を支えたのは、日本人やマレー人、フィリピン人、クパン人などのアジア系契約労働者だ。木曜島の場合は、それに加えて先住民であるトレス海峡諸島民とパプア人であった。一九世紀後半のクイーンズランド北部では、主にサトウキビ農場で働かせるために、ブラックバーディング(blackbirding)と呼ばれる誘拐によって、太平洋諸島や当時オーストラリア領であったパプア(ニューギニア島の東南地域)から現地人を集める業者が暗躍していた。トレス海峡諸島の採貝漁でも、こうして集められたメラネシア人、ポリネシア人、パプア人

表Ⅱ－1－1　オーストラリアの真珠貝生産量(1890～1940年)

	西オーストラリア(ブルーム)		ノーザンテリトリー(ダーウィン)		クイーンズランド(木曜島)	
年	重量(t)	価格(ポンド)	重量(t)	価格(ポンド)	重量(t)	価格(ポンド)
1890	702½	70,250	—	—	632	—
1891	749	89,880	—	—	769	—
1892	781	78,471	10	1,705	931	—
1893	541	57,997	45	5,995	1,214	—
1894	423	35,499	111	8,618	1,190	—
1895	353	26,258	172	12,935	873	—
1896	362	30,160	189	18,362	1,089	—
1897	366	38,630	137	15,666	1,223	—
1898	538	76,586	193	18,563	1,061	—
1899	610	87,346	211	29,509	1,200	—
1900	607	84,921	174	22,674	1,060	—
1901	832	95,568	141	17,168	924	105,403
1902	970	142,615	138	20,497	961	129,267
1903	996	128,589	126	28,391	970	165,551
1904	1,340	129,099	133	18,536	798	108,130
1905	1,155	119,786	115	14,352	543	62,736
1906	1,246	132,065	57	7,835	444	47,423
1907	1,393	169,815	65	8,805	577	70,495
1908	1,286	161,006	58	7,578	424	50,514
1909	1,196	189,666	58	10,085	516	70,505
1910	1,227	206,461	55	10,030	571	82,652
1911	1,189	227,233	71	15,666	457	84,545
1912	1,596	**421,609**	45	16,113	462	92,576
1913	1,489	240,776	59	13,661	466	92,000
1914	1,461	220,733	25	6,110	303	63,382
1915	1,026	118,760	42	6,135	112	18,512
1916	1,490	222,995	—	—	6¼	125
1917	**2,007**	238,344	30	4,951	155	21,000
1918	1,326	167,919	40	12,000	250	44,196
1919	1,453	265,778	30	5,500	817	115,756
1920	1,664	268,417	22	3,500	440	66,000
1921	1,227	161,958	7	1,106	188	26,212
1922	1,312	177,222	7	1,106	952	125,124
1923	1,433	183,549	12	1,500	847	103,640
1924	1,525	241,830	14	2,070	1,245	200,334
1925	1,409	210,201	43	7,800	1,150	144,284
1926	1,113	169,904	63	11,500	922	121,444
1927	922	145,460	119	19,808	1,202	167,471
1928	923	148,487	204	37,238	1,085	161,502
1929	933	158,120	750	84,000	**1,429**	**213,458**
1930	671	104,299	225	33,750	399	113,399
1931	616	98,690	225	45,000	469	76,197
1932	733	97,664	270	48,000	416	69,083
1933	799	85,373	269	40,800	607	76,582
1934	815	86,502	474	40,300	818	86,502
1935	434	45,543	730	71,000	1,111	123,409
1936	825	102,817	781	**88,000**	1,174	149,427
1937	919	125,447	**804**	67,000	1,131	118,208
1938	1,015	90,415	410	27,240	1,118	104,626
1939	807	70,392	131	11,434	1,211	116,438
1940	700	73,903	131	11,434	1,186	160,335

(注1)太字は各地域の最大生産量(重量)および最大取引価格。
(注2)オーストラリアでは、1966年までポンドを用いていた。
(出典)Northern Australia Development Committee, *Pearl Shell, Beche-de-Mer and Trochus Industry of Northern Australia, Sydney*, 1946, pp.43-44より作成。

が働いていた。

西オーストラリア植民地では、ブラックバーディングで集められたアボリジニ労働者が素潜りで採貝を行っていた。しかし、その奴隷状態での労働が問題視され、一八七〇年代にはシンガポールやバタビア（インドネシアの首都ジャカルタの蘭領東インド時代の名称）やクパンで募集したアジア系の契約労働者が使用されるようになる。[17]以後西オーストラリアでは、アボリジニに代わってアジア系労働者が真珠貝産業を支えた。なかでも日本人ダイバーは勤勉で、深水の危険な場所でも長時間潜ったため、真珠貝業者に重宝された。

第一次大戦前の真珠貝産業のピーク時には、ブルームでは一三〇〇人以上、木曜島では七〇〇人近くの日本人が働いていた。規模が小さかったダーウィンでも、一時期は一〇〇人近くにのぼる。真珠貝漁が最盛期を迎えていた一九二五〜二六年の木曜島では、真珠貝漁に従事する契約労働者の約半分（表Ⅱ―1―2）、ダイバーの九九％が日本人であったという。[18]その多くを占めたのは、和歌山県の東・西牟婁郡出身者である。

オーストラリアに渡った最初の日本人ダイバーは島根県広瀬町（現在は安来市）出身の野波小次郎で、一八七六年に二五歳でトレス海峡諸島に渡ったという。外務省公認で、真珠貝漁のために日本人の契約労働者を雇い入れたのは、採貝会社の支配人ジョン・ミラー（John Miller）が最初で、一八八三年に横浜で契約を交わした三七人を香港・ダーウィン経由で木曜島へと引率した。その後、香港のギブ・リビングストン社（Gibb, Livingstone & Co.）やフィーロン・ロー商会（Fearon, Low & Co.）を介して、横浜や神戸から多くの日本人が木曜島、コサック、ブルーム、ダーウィンへと海を越えていく。[19]コサックは西オーストラリア州の州郡パースから北に一五〇〇キロにあり、インド洋に面した真珠貝漁の町として栄えたが、真珠貝の枯渇とともに採取業者が撤退して人口が減少し、一九五〇年代には廃墟になった。

ダーウィンへは、一八八四年六月に一二人、七月に三人が上陸している。[20]和歌山県串本町の岡田甚末（善次郎）らが一八八四年四月に契約移民でポート・ダーウィンに渡り、この最初のグループであったと推察される。その二カ月後には三人が串本町から木曜島に渡り、そのうちの一人の前田兵次郎が三年後の一八八七年に約二〇〇〇円(当時一〇〇円もあれば立派な家が建てられた)の大金を携えて帰国したため、紀南(旧東牟婁郡と旧西牟婁郡、現在の串本

における有色人契約労働者数

ィン)		クイーンズランド(木曜島)						
アボリジニ	有色人計	日本人	マレー人	フィリピン人	太平洋諸島人	パプア人	アボリジニトレス海峡諸島民	有色人計
		227	25	51				
3	130	486	105	86	214			955
	169	531	43	45	143	161		986
	99	605	18	45	79	260	178	1185
	232	507	32	42	58	352	326	1317
	152	523	49	33	41	310	365	1321
	172	517	44	26	34	375	309	1311
	173	535	143	19	47	251	355	1357
	180	567	135	24	46	96	435	1312
	135	625	92	22	45	84	429	1305
	127	722	97	20	54	135	407	1392
	51	210	43	19	45	80	451	854
	93	301	36	21	31	101	518	1017
	123	499	36	18	18	136	393	1107
	129	576	32	14	10	44	426	1107
	120	613	31	13	19	130	486	1297
	72	687	72	12	16	46	446	1285
	40	398	51	7	20	110	421	1012
	10	407	70		27	289	176	966
	7	492	50		23	201	273	1039
	6	409	42	2	7	252	271	984
	27	487	29	3	26	278	211	1060
	31	525	36	1	28	290	279	1195
	51	510	65		35	335	362	1319
	150	563	59	1	32	346	349	1350
	228	580	58	2	30	377	624	1673
	279	498	38	2	31	270	598	1439
	168	293	38	2	32	264	660	1292
		339	20	2	32	190	728	1312
	113	328	16	3	30	201	754	1331
	126	352	31	3	28	200	1016	1631
9	202	294	32	3	28	231	1335	1926
4	244	335	73	3	28	229	763	1433

表Ⅱ—1—2　オーストラリアの真珠貝産業

	西オーストラリア(ブルーム)						ノーザンテリトリー(ダーウ			
年	日本人	マレー人	フィリピン人	ティモール人(クパン人)	アボリジニ	有色人計	日本人	マレー人	フィリピン人	ティモール人(クパン人)
1901	271	680	312		51	1314				
1905	826	1109	278	*81	4	2353	88	19	11	
1906	859	1081	263	*119	3	2391	105	32	20	
1907	975	989	232	*143	3	2406	62	24	10	
1908	1066	862	195	*139	3	2314	97	91	31	
1909	1149	787	186	*127	3	2301	63	65	11	
1910	1200	841	186	*128	3	2392	73	64	20	
1911	1254	767	159	*121	8	2340	72	73	18	
1912	1320	797	151	*121	16	2439	96	61	16	
1913	1348	696	110	*105	3	2280	96	34	2	
1914	1278	637	91	269	3	2310	94	2		30
1915	801	214	64	110		1197	26			25
1916	1114	283	64	88		1563	30			63
1917	1406	314	56	75		1864	52			71
1918	1099	257	51	22		1441	60			69
1919	1152	483	43	42		1628	53			67
1920	1113	435	28	367		2017	24			48
1921	835	217	28	267		1385	17			23
1922	743	186	40	413		1422	9			1
1923	721	163	38	562		1529	6			1
1924	669	121	23	533	20	1436	5			1
1925	712	150	20	558	9	1537	16	1		6
1926	691	173	26	462	14	1461	22		1	12
1927	510	125	17	279	7	994	40		1	10
1928	467	111	16	225		869	96	16		38
1929	413	106	16	247	2	836	163	24		38
1930	436	119	12	203		815	195	18	1	64
1931	224	93	12	278		653	128	9	1	31
1932	274	158		253	1	741	統計資料なし			
1933	304	165		211	4	733	65	36	2	10
1934	279	163		211	10	710	88	16	1	16
1935	183	81		93		425	110	47		36
1936							131	103	1	2

(注1) 毎年6月30日の統計。ただし、1905年は9月30日。
(注2) * はジャワ人。
(出典) 1901年は、*The Pearling Industry of Australia: an account of its social and economic development,* pp. 277-279。1905年以降は、オーストラリア国立公文書館 A39 'Register of coloured labour in the Pearling Industry' より筆者作成。

町および田辺市)ではにわかに渡豪熱が高まった(21)。大工の日当が二一銭の時代に、貧しい紀南の地に三年間の契約で二〇〇〜五〇〇円もの大金を持って戻ってくるのだから(22)、困苦労働に耐えることを厭わずに多くの人びとが渡航した理由が理解できよう。

明治初期に渡豪したダイバーは月給制であったが、中ごろからは歩合制になり、一トンあたり約二五ポンドであった。たとえば、二〇世紀初頭のダーウィンでは、テンダー(tender、命綱持ち)は月四ポンド、ダイバーは水揚げ量一トンにつき二五ポンドに加えて月給二ポンド、水夫は月給五〇シリングであった(23)。ダイバーの水揚げ量は年間約四〜五トンだったので、年収一八〇〇円、テンダーで四三〇円、水夫でも一六二円と、非常な高給である(24)。とはいえ、同時期のオーストラリア人の一般的な労働者の週給が二ポンド強だから、オーストラリア国内では低賃金であったといえる(25)。

三　危険と隣り合わせの潜水

真珠貝採取のダイバーは、潜水服をつけて一〇〜三〇メートルの海底で作業する。「潜水」といっても、実際には海底を歩いて貝を集める(図II—1—2)。潜水服、ヘルメット、ブーツ、錘《おもり》などを含めると、装備は一〇〇キロを超える。一九三〇年代になると、ヘルメットと地下足袋、軍手という軽装の「裸もぐり」と呼ばれる潜水法が考案されて、深水(三〇〜四〇尋、五四〜七二メートル)では一般的になったようだ。ときには、上半身だけの半袖の潜水服を着ていた。

いずれにしても、海底はでこぼこで、石や砂が堆積して海藻が生えている。大きな穴が隠れていることもあったし、ワニやサメやシャチもいた。空気を送るホースが岩や珊瑚で切れることもあった。海底は視界も悪く、強い潮

図Ⅱ－１－２　潜水の様子

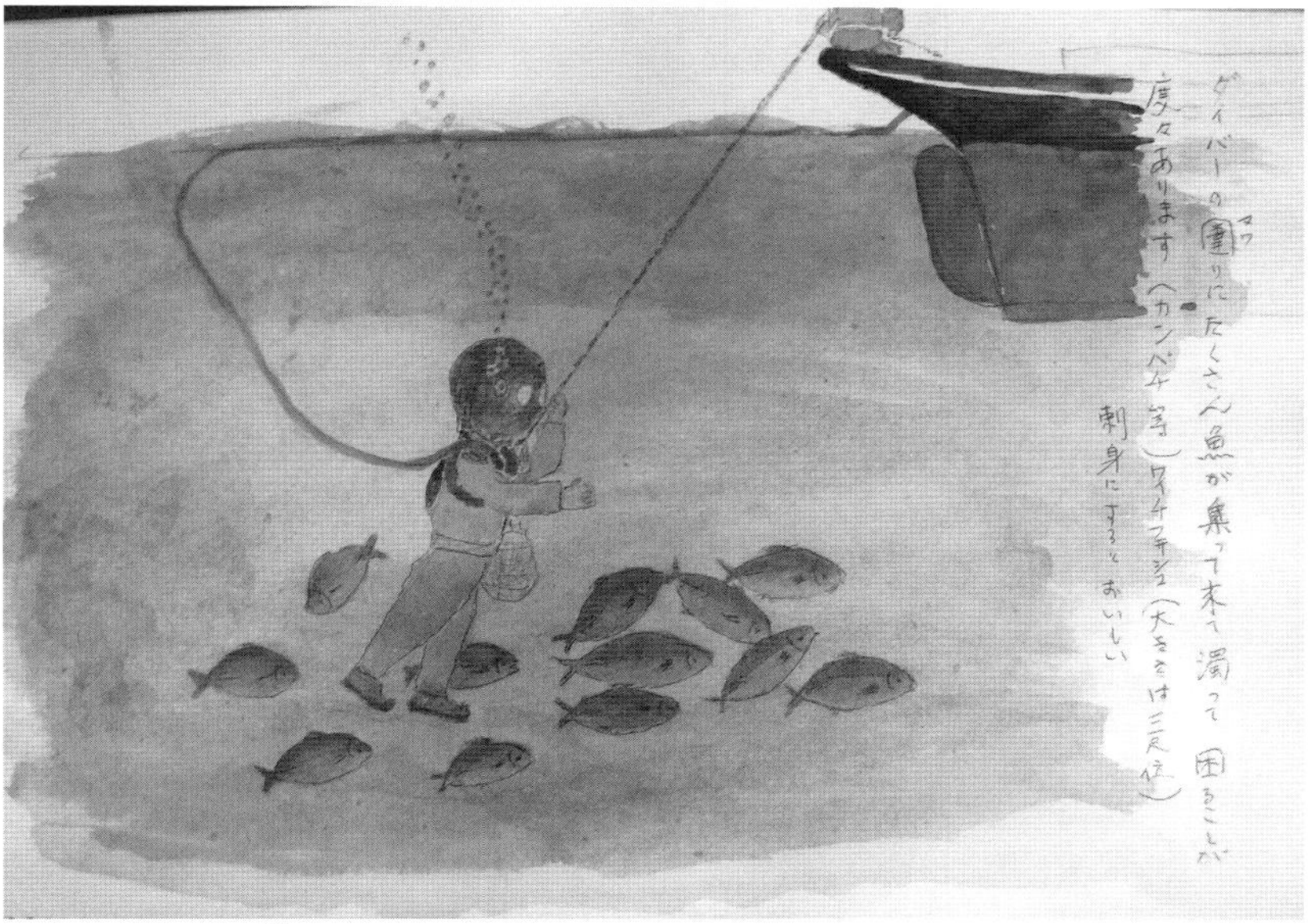

（注）「ダイバーの圍《まわ》りにたくさんの魚が集って来て濁って困ることが度々あります（カンパチ等）ワイチフィッシュ（大きさは三尺位）刺身にするとおいしい」と書かれている。
（出典）藤田健児氏のスケッチブック。

流の中で作業しなければならない。とくに一面貝を敷いたように重なり合っている穴場の漁場は水深三〇～四〇尋にあり、ときには五〇尋にまで達した。ダイバーが賭博で大負けしたときなどは、危険を侵してでも潜ったらしい。

潜水の際に命を託すのは、船上で命綱を預かるテンダーである。ダイバーは、命綱を引いたり振ったりして、綱を緩めたり引いたりする、船のスピードや進行方向を変える、貝の入った袋を引き揚げる、ダイバー本人を水面に上げるなどの指示を船上に送った。テンダーは、船の航行の全責任を持つ船長の役も兼ねていた。採貝船の乗組員は通常、ダイバー、テンダー、機関士、水夫、炊事係など六～九人で構成されている。二人は手動ポンプを操作してダイバーに空気を送り、残りは舵をとったり、貝を開けたり、炊事を担当したりした。とりわけダイバーとテンダーの信頼関係は重要であるため、同郷の出身者で構成されることが多かった。

ダイバーの仕事は危険と隣り合わせだから、誰でもなれるわけではない。また、採貝船一隻に一〜二人に限られていたので、年少者は水夫として見習い仕事をしながら、年配のテンダーやダイバーに教えられて技術を身につけていった。真珠貝の漁期は、ブルームやダーウィンでは四〜一〇月、木曜島では三〜翌年一月で、漁の期間中漁師たちは、採った真珠貝の水揚げ時以外は船上で暮らす。

多くのダイバーが潜水病で命を落としたり、手足がマヒする障害を負った。長期にわたる船上での食生活では十分な栄養がとれないため、脚気を患ったり、腐った水で赤痢にかかることもあった。サイクロンや突風で船が沈没して、乗組員全員が命を落とすこともあった。七〇人以上の漁師が死亡した大きなサイクロンにも、何度か襲われている。西オーストラリアでは、一八六六〜一九五七年に約一一〇〇人が、クイーンズランドでも一八七八〜一九四一年に約七〇〇人が死亡している(26)。

休漁期は陸に上がって生活をする。その間に賭博に収入を費やして多額の借金を負う者もあれば、大儲けをする者もあった。また、異なるエスニック・グループからなる漁師の間で、けんかや暴動も起こった(27)。ブルームや木曜島やダーウィンには、日本人漁師が寝泊まりする下宿屋が開設されたほか、雑貨屋や娼館もあり、日本人会も組織された。

真珠貝漁で日本人の存在が目立つようになると、白人の業者による反発が顕著になる。その反発は船主に向けられ、契約労働者を排除するわけではないものの、一八九〇年代には、西オーストラリア、クイーンズランド、南オーストラリアの各植民地で相次いで、アジア人が真珠貝漁のライセンスを取得することを禁止する法令が施行された。また、連邦結成にともなって一九〇一年に制定された「移民制限法(Immigration Restriction Act)」はアジア系(Asiatics)の入国を規制したが、当初は真珠貝採取に関わる日本人労働者は規制の対象からはずされていた。

四　ダーウィンの真珠貝産業

真珠貝採取業を営むには、それぞれの植民地(後の州)の法令に基づき、真珠貝漁のライセンスを取得し、ライセンス料、船や乗組員の登録料を行政府に支払わなければならない。一隻あたりの採貝量や乗組員数・ダイバー数が制限された場合もあったし、特定の人種に偏らないように乗組員の人種構成に規制が設けられた場合もあった。また、船を真珠貝漁以外に使用したり、売買したり、修理に出したりするときは、それぞれの政府の許可を得なければならない。

一九一一年にノーザンテリトリーの管轄権が南オーストラリア州から連邦政府に委譲された際に、「漁業条例(Fisheries Ordinance 1911-1924)」が施行され、三一年にはそれに代わる「真珠貝採取漁条例(Pearling Ordinance 1930-31)」が成立した。ダーウィンの真珠貝漁はこうした法規に基づいて管理され、ノーザンテリトリー行政府の真珠貝漁業主任監査官(Chief Inspector of Pearling)が業務を担当した。ダーウィンの真珠貝産業がもっとも活況を呈したのは一九二〇年代から三〇年代にかけてで、三七年のピーク時の生産量は八〇四トンに達している。それでも、生産量が減少傾向にあった木曜島や、最盛期の一九一七年の生産量から半減していたブルームには及ばなかった(六八ページ表Ⅱ―1―1)。

二〇世紀の半ばまでは、ダーウィンと南オーストラリア植民地／州の首都アデレードをつなぐ陸路は整備されておらず、ダーウィンは大陸を半周した遥か彼方の町であった。クイーンズランドや西オーストラリアで真珠貝漁が盛んになっても、南オーストラリア植民地政府は遠隔地での当産業をさほど重視していなかったようだ。そのため、北部の真珠貝産業を支援する政策はとられなかった。ダーウィンの常駐行政官(Government Resident)は、真珠貝漁の発展のためにライセンスの無料化や、新規漁場を発見した場合の特別手当の支給を訴えたが、アデレードの植民地政府は積極的な姿勢を見せなかった。行政の中心部から見ればあまりにも遠い周縁部の産業には、大きな関心がよせられなかったといってよい。

一八八四年、ストリーター社の採貝成功の報がもたらされると、木曜島を拠点とする採貝船二三隻がダーウィン沖で漁を始めた。当時、香港やシンガポールからシドニーまでの航路は、ダーウィンと木曜島を経由していたので、両者は近い関係にあった。しかし、ダーウィン沖での採貝量は期待ほどではないうえ、船の登録料が高かった。クイーンズランドの一〇トン以下の船のライセンス料は三ポンド、一〇トンを超える場合は一トンごとに一〇シリングで、最高でも三〇ポンドだったのに対して、ダーウィンでは船一隻(二トンまで)につき五ポンド、二トンを超える場合は一トンごとに一〇シリングが加算され、最高は五〇ポンドである。そのため、これらの船はクイーンズランド籍のまま資源の豊富な西オーストラリア沖で操業するか、クイーンズランドへと戻っていった。[28]

しかも、真珠貝の生息地が見つかると、そこで競って採貝する。だから、すぐに資源が枯渇して収穫量が激減した。一八九三年にはヴァン・ディーマン湾(Van Diemen Gulf)の四～一六尋の水深で生息地が見つかり、一九〇四年にはバサスト島(Bathurst Island)からゴルバーン島(Goulburn Islands)にかけてのアラフラ海で漁場が発見されたが、一九世紀末からの真珠貝価格の低迷を受けて真珠貝産業は停滞した。その後ダーウィンで活況を取り戻すのは、新しい漁場が発見された一九二〇年代後半である。

一九二九年にブルームの真珠貝業者のケパート(V. R. Kepert)所有の船がダーウィン沖で、三三年にはグレゴリー(A. C. Gregory)の船がバサスト島の南東に、それぞれ大規模な生息地を発見した。アーネムランド沖でも漁場が発見された。このころ、真珠貝採取船はディーゼルやガソリン・エンジンに、エア・ポンプは手押し型からコンプレッサー型になるなど、沿岸から遠い海域での操業が可能となっていく。一方で後述するように、日本船籍(パラオ

図Ⅱ－１－３　オーストラリア北部（アーネムランド）

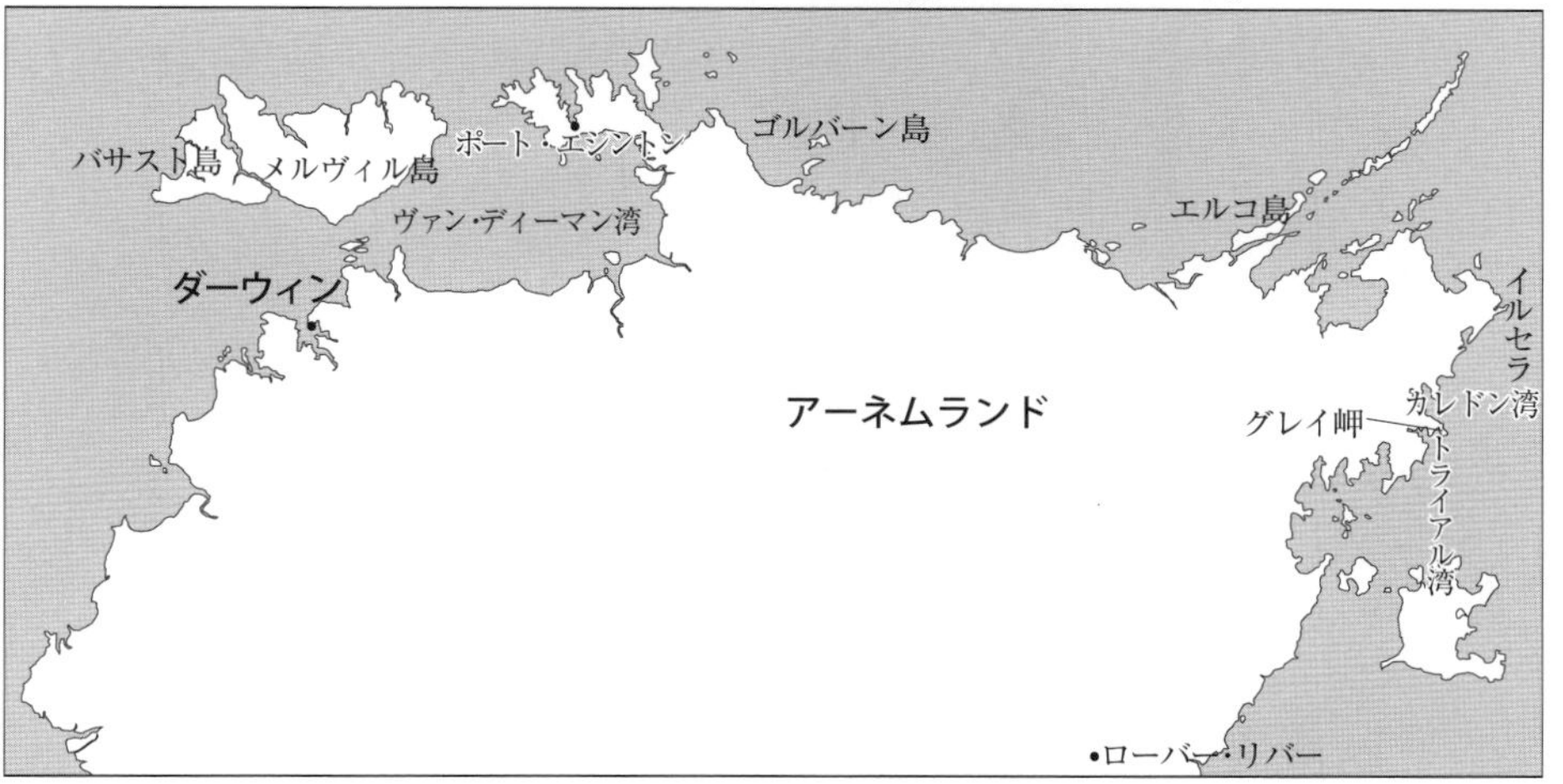

を根拠地としていた）やオランダ船籍（蘭領東インドから出漁）の採貝船との競合も激しくなっていた（八四ページ表Ⅱ―１―３）。

船主でもある真珠貝業者（pearler）は白人が大半であった。木曜島ではダイバー船主となった日本人がいたが[29]、ダーウィンではそうしたケースはほとんどない。その珍しいケースが長崎県出身の濱浦イスヘエである。

濱浦イスヘエは一八八〇年に外国船の船員となって日本を離れ、八三年ごろからコサックで真珠貝漁に関わり、九二年二月にダーウィンに移住した。最初はダイバーとして雇われたが、一八九二年後半に自分の船を手に入れて、西オーストラリアから日本人の出稼ぎ者を雇い入れた。彼の成功は、他の日本人をダーウィンに招き寄せていく。一八九三年には、日本人男性二一人、女性一二人がダーウィンに居住していた。そのうち三人は船主で、ダーウィンで操業していた真珠貝採取船六隻のうち、三隻は日本人の所有であった。また、ダーウィンには三軒の娼館があり、日本人女性も働いていた。その後、濱浦は事業を拡大したようだ。娘のクレオパトラは、真珠貝採取業、農場や牧場の経営、製パン業、製氷業などを幅広く営んでいたダーウィンの実業家ホームズ（Felix Ernest Holmes）と結婚している[30]。本章の冒頭で紹介したパーマストン墓地の墓は、濱浦

1930年代のダーウィンの目抜き通り、カバナー通り(Cavenagh Street)
(出典) 浜口弘治氏のアルバム。

の子どもたちであろう。

　ダーウィンで真珠貝漁が始まった当初は、日本人の存在は問題視されていない。だが、一八九五年に、「真珠貝漁のライセンスはヨーロッパ人に限定し、アジア人が取得している既存のライセンスの更新を禁止すべきである」という署名簿が南オーストラリア植民地議会に提出された。一八九九年には「真珠貝漁に関する法規(Pearl-shell Fishing Regulation)」(南オーストラリア法)が制定されて、アジア系の船の所有は禁止され、真珠貝漁のライセンスも許可されなくなった。濱浦は他人名義で船を所有したようだが、彼が事業を辞めて以降の日本人船主は、一九二九年に西オーストラリアから移住した村松次郎だけである[31]。

　村松次郎は一八九四年に父親の作太郎を追ってコサックに到着。ヴィクトリア植民地のフランシス・ザビエル・カレッジで教育を受け、一八九九年にヴィクトリアの市民権を取得した。作太郎の突然の死にともない、彼がコサックで経営していた商店を一九〇〇年に継ぎ、真珠貝採取業にも事業を拡大していく。西オーストラリアでは、一八九二年以降、「有色外国人(coloured aliens)」は採貝船の所有を禁止されていたが、次郎は市民権を持っていたためライセンスを取得できたのである。一九〇六年に最初の船を得た後、J & T Muramatsとして一〇隻のラガー船(約一五メートルの小型帆船で、二本マストに帆が三枚。一七一ページ参照)を所有し、コサックを拠点に、その南二五〇マイル(約四〇〇キロ)から北一〇〇〇マイル(約一六〇〇キロ)の海域で母船型の採貝漁を行った[32]。

村松はダーウィンでも宿泊所や商店を経営し、コサックとダーウィンを行き来していたが、一九二九年に妻ハツとともにダーウィンに居住地を移し、採貝船も移籍する。[33] 西オーストラリアは小規模な真珠貝業者が多かった。一九〇九年には一一三人の船主がいたが、八隻以上所有していたのは六人、大半は一隻を所有するのみなので、村松がかなり大規模に事業展開していたことがわかる。村松の会社はコサックの自由保有地（＝私有地、オーストラリアの土地の多くは政府からの借地となっている）の五〇％、港で雇われる契約労働者の五〇％を保有していると言われ、その存在は白人社会への脅威として認識されていた。なお、ダーウィンに移住したのは、ダーウィンが村松に対して好意的だったからである。[34]

ダーウィンの初期の真珠貝産業は一八九九年にピークを迎え、その後は低迷が続く。一九一二年には五人の真珠貝業者が採貝漁のライセンスを取得しており、三一隻が操業していた。第一次世界大戦中はヨーロッパ市場が閉鎖され、オーストラリアの真珠貝産業は多大な影響を被ったが、一方でこの時期に、アメリカや日本の真珠貝市場に活路を見出す。日本への輸出は、第一次世界大戦を境に六％から四二％に激増した。[35] ダーウィンの真珠貝産業は瀕死の状態が続いたものの、西オーストラリアの生産量に大きな変化はなく、クイーンズランドの場合は一九一七年から概ね上向きに転じている（六八ページ表Ⅱ―1―1）。ニューヨークの仲買業者であるオットー・ガードー（Otto Gerdau）がオーストラリア産の真珠貝の大半を買い付け、絶大な影響力を持った。

一九三一年にダーウィンで登録されていた真珠貝業者（船主）は、ケパート、[36] クラーク[37]（V. J. Clark）、グレゴリー、[38] R・エドワーズ（R. M. Edwards）、村松、E・マケイ（E. McKay）の六人である。採貝船の所有数は、ケパートが九隻、クラークが一一隻、グレゴリーとエドワーズが四隻、村松が二隻、マケイが一隻だ。[39] 彼らはまた、クラークやグレゴリーのように牧場を所有したり、村松のように商店や下宿屋を経営したりと、多角的な経営を行う実業家たちであった。このうち、ダーウィンに居住していたのはエドワーズと村松のみである。真珠貝業者は、豊富な漁場や安い労働者を求め、また輸出税やライセンス料などの諸費用を抑えるために、州間や植民地間で船や乗組員をしばしば移籍していた。さらに船主たちは、真珠貝漁の低迷期には、船や乗組員をナマコ漁やフカヒレ漁に転用した。

大恐慌後の一九三一年にかけて、真珠貝価格は暴落する。オーストラリアの採貝業者や連邦・州政府の間で、価格を維持するために漁獲制限の是非が議論となった。ケパートやクラークは漁獲制限を主張したが、村松は反対し、パートナーのマケイとともにアル諸島のドボで水揚げをしてニューヨークに輸出していると非難された(40)。ノーザンテリトリーを管轄する連邦政府も村松には批判的で、非ヨーロッパ系の船主を認めないという連邦法に反するとして、彼の採貝船の購入申請を拒絶する(41)。

労働組合から船主への圧力もあった。雨季の休漁期の作業にも採貝船の乗組員を使いたいと考える船主たちに、労働組合が強く反対したのである。とくにダーウィンは港湾労働者組合の影響力が強く、一九三七年に改正された「真珠貝採取漁条例」では、真珠貝採取業の契約労働者が、休漁期に真珠貝採取船に直接関わる作業以外の仕事に就くことが禁じられた。「北部オーストラリア労働者組合」(North Australian Workers' Union)の書記長は、グレゴリーに雇われている採貝船の契約労働者が、休漁中に違法に真珠貝の計量・選別作業を行っているという抗議の手紙を、連邦内務大臣に送っている(42)。

五　アボリジニによる日本人漁師殺害事件

ダーウィンでは、真珠貝漁に先住民はほとんど雇用されていない。ノーザンテリトリー行政府は、真珠貝産業よりも内陸部の牧畜業での雇用を奨励していたからである。二一歳以上のアボリジニに対しては、雇用主は賃金を支払う必要があり(ただし、本人に支払われるのではなく、行政府に納められた(43))、真珠貝業者にはそのような余裕はないと判断されていた。とはいえ、以下に述べる事件でアボリジニの乗組員が殺害されたり負傷したりしているので、不法な雇用はあったようだ。また、真珠貝の荷揚げ作業などには雇用されており、ダーウィンの公文書館の入り口の展示でそうした作業の写真を目にしたことがある。

アラフラ海で働いていた日本人とアボリジニの関係は、良好ではなかったようだ。とりわけ、浅瀬のナマコ漁で事件が起きている。地元のアボリジニにとっては貴重な飲料水をめぐる衝突であったかもしれないし、女性をめぐる争いだったのかもしれない。あるいは、アボリジニ集団に対する謝礼（たとえばタバコや食料など）が十分でないと判断されたのかもしれない。おそらく、最大の理由は、日本人漁師たちが、資源（飲料水や薪）や漁場の利用の可否に関して、地元のアボリジニ集団の合意を得なかったからであろう。かつてオーストラリア北部でナマコ漁を行っていたマカッサンは、地元のアボリジニ集団と交渉を行い、漁場や飲料水・薪の入手に関して合意を得たうえで漁をしていたといわれる。(44)

国内ですら激しい差別の対象であったアボリジニに対して、日本人漁師がそうでなかったとは到底考えられない。しかも、日本人漁師たちは相当にアボリジニを恐れていたようで、紀南ダイバーとのインタビューをもとに書かれた小川平の著作にも体験談が紹介されている。(45) そのアボリジニ観は差別と偏見に満ちたもので、「未開人種ブッシュマン」と題された節では、こんな記述がある。

「未開の人食い人種という全くの原始生活者」「山から山へ移動しているブッシュマンは男女共一糸まとわぬ丸裸で、他の集団と女や食料の争奪戦を行い、同族に死者が出た場合には、親族間でその肉を分け合って食うといわれていた」「女にはサカリ（発情期）がある」

ノーザンテリトリーでのアボリジニによる日本人漁師殺害事件は四件報告されている。そのうち二件の犠牲者の墓が、本章の冒頭で述べたガーデンズ・ロード墓地にある「鮫舩《さめぶね》遭難者の墓」と「ナマコ採集者遭難記念碑」である。

一九三一年七月にポート・キーツ(Port Keats)で、クラーク所有のウィーダ号(*Ouida*)[46]でフカヒレ漁を行っていた日本人三人(尾鷲輿左衛門、吉田龍吉、長田義清)[47]が、薪と飲料水を求めて上陸した際にアボリジニに殺害された。逮捕された五人のアボリジニは死刑判決を受けたが、その後終身刑に減刑。また、主犯格のネマラク(Nemarlak)は脱獄し、警察は彼を逮捕するために妻二人を拘束してダーウィンの居住区に強制収容し、再逮捕にこぎつけた。この再逮捕に至るまでの経緯はキャンベラやメルボルンなど南部の都市でも報道されて世論の関心を集め、減刑嘆願運動が起こった。[48] 南部ではアボリジニの権利要求運動が緒についた時期であったからでもある。

ガーデンズ・ロード墓地の「ナマコ採集者遭難記念碑」(2007年8月)

一九三二年九月には、アーネムランド東海岸のカレドン湾(Caledon Bay)で、ケパートが所有する二隻のラガー船(*Raff, Myrtle Olga*)で働く日本人五人が殺害された。船には六人の日本人漁師(リーダーの君島輿蔵、機関士の東由太郎、炊事係の稲盛庄助、および芝崎菊松、田中保一、金城安太郎)と、ティウィ諸島(ダーウィンの北八〇キロ)のアボリジニが四人、ゴルバーン島のアボリジニが四人乗船していた。現場近くでナマコ漁をしていて、事件をダーウィンに通報したグレイ(Fred Gray)によれば、[49] 日本人はこの地域のヨルング族のアボリジニをかなり警戒していたらしい。この事件以前にも、現場近くのグレイ岬(Cape Grey)やトライアル湾で日本人漁師が殺害される事件が起きていた。[50]

グレイは地元のアボリジニとも親しく、彼らによれば日本人が先に発砲した、とインタビューで証言している。[51]日本人がアボリジニの女たちをじろじろ眺めていたので、止めるよう長老が日本人に近づいた。ところが、日本人側は贈り物をねだりにきたと思い、彼を乱暴に追い払い、発砲したというのだ。このとき、君島、東、稲盛、芝崎、田中の五人が殺害される。[52]金城と八人のアボリジニは無事に逃げ出し、数週間後に地元のアボリジニに助けられて、ミリンギンビ(Milingimbi)のミッション(キリスト教会が運営していたアボリジニのための福祉施設)に連れて来られた。グレイは襲撃後の現場を撮影し、死者を埋葬後二隻のラガーをダーウィンまで曳航、途中ミリンギンビに立ち寄り、事件についてダーウィンに打電した。[53]この事件にはダーウィンの日本人会が関心を示し、在シドニーの日本総領事がオーストラリア首相に苦情の手紙を出している。[54]

こうした日本人殺害事件は、アボリジニの女性をめぐる問題だと理解されていた。物との交換のために女性を貸し出すという行為は実際にあったようだが、事実以上に誇張されていたとオリバー(P. Oliver)は主張する。[55]しかも、真珠貝漁やナマコ漁の漁船では、日本人以外のアジア系労働者も働いていたはずなのだが、南進する日本への警戒感を反映してか、世論では「日本人」が批判の対象となっていた。この時期のノーザンテリトリー行政府はアボリジニに対する管理体制を強化し始めており、アボリジニと、やはり差別の対象となっていたアジア人との接触を阻止しようとしていたし、オーストラリア北部でミッションを開設してアボリジニを感化しようとしていたキリスト教の宣教師たちは、売春のような不道徳な行為を強く批判した。

行政府は「アボリジニ条例(Aboriginal Ordinance 1918)」を適用して、採貝船の乗組員とアボリジニ女性の接触に対する取り締まりを強化していく。アボリジニ条例では、アボリジニ保護長官の書面による許諾なしにアボリジニ女性を乗船させることは違法とした。[56]この条例違反で多くの日本人乗組員が逮捕され、罰金を科されている。とく

表Ⅱ－１－３　オーストラリア周辺の真珠貝採取量の船籍別内訳（トン）

年	オーストラリア領海（域外水域を含む）		オーストラリア海域内計	オーストラリア海域以外のアラフラ海		総計
	オーストラリア船籍	日本船籍		蘭領東インド船籍	日本船籍	
1932	1,419	—	1,419	572	8	1,999
1933	1,675	—	1,675	765	20	2,460
1934	2,107	50	2,157	841	150	2,148
1935	2,275	250	2,525	1,363	500	4,388
1936	2,780	750	3,530	1,385	1,100	6,015
1937	2,854	3,300	6,154	959	540	7,653
1938	2,543	2,950	5,493	537	509	6,539
1939	2,148	443	2,591	702	450	3,743
1940	2,018	587	2,905	633	750	3,988

（出典）*The Pearling Industry of Australia: an account of its social and economic development,* Canberra : Department of Commerce and Agriculture, 1955, p.299.

に、次節で述べるように、アラフラ海での日本漁船との競合が激しくなると、ノーザンテリトリー行政府はアボリジニ条例を使って日本漁船の閉め出しを試みたのである。

六　日本船のアラフラ海出漁とオーストラリアの警戒

一九三〇年代半ばに最盛期を迎えたダーウィンの真珠貝産業だが、アラフラ海で操業する日本や蘭領東インドの船が急増して競合が激しくなり（表Ⅱ―１―３）、一九三一年と三八年には真珠貝価格の暴落にみまわれるなど、厳しい環境におかれていた。さらにこの時期、ダーウィンでは、日本や日本人に対する警戒感も高まりをみせていた。一九世紀末から白豪主義が形成されるなかで、南下する日本による侵略の脅威はオーストラリア人の間で広く共有され、満州事変以降ますますそうした認識が強まっていく(57)。ノーザンテリトリー行政府はアラフラ海に出現した日本船籍真珠貝漁船の多くに日本軍のスパイが乗り込んでいると警戒していた(58)。

アラフラ海での日本の真珠貝漁の端緒を開いたのは丹下福太郎である。丹下は日本郵船の操縦士で、オーストラリア航路で採貝船の日本人契約労働者の存在を知り、自ら採貝業に乗り出した。一九二一年に日本郵船を退社して中古の鰹船を買い求め、三一年に一〇名の乗組員とともにアラフラ海に出発。最初の出漁で丹下を助けたのが、ドボの日本人会とダーウィンの村松次郎であった。途中で船の故障など危機一髪の状況におかれながら、ダーウィン沖の漁で八トンを採取し、七八八〇円を売り上げた。当時、大学卒業生の初任給(月給)は六〇円、一〇トンの漁船の建造費が二〇〇〇〜三〇〇〇円であるから、一度の漁で十分な収益を得たといえる。その後二年間で丹下は所有船を三隻に増やし、一二万七八八四円を売り上げ、さらに事業を拡大していく。[59]

丹下の成功で、自らの船でアラフラ海に乗り出す日本人が急増する。そこにはかつてのダイバーも多く含まれていた。アラフラ海での真珠貝漁のために建造あるいは改修された船は、一九三四年の一三隻から三八年には一六七隻に急増する一方で、採貝量の増加は価格の低落を招く。当初日本の採貝業者は、アル諸島や木曜島やダーウィンに水揚げして、白人の業者に安い値で買いたたかれていた。そこで和歌山出身の山見嘉志郎が和歌山組を一括して三井物産と委託販売の契約を行い、三井はニューヨークのガードー社との販売契約を行った。三井物産は他の日本船の販売も一括すべく交渉を行い、一九三六年には日本船すべてが三井物産に委託販売することが決まった。

アラフラ海に出漁した日本人ダイバー(1938年9月)
(出典) 浜口弘治氏のアルバム。

さらに、大手・中堅の企業体も真珠貝事業に乗り出していく。一九三七年にはパラオで、南洋興発が海洋殖産を設立して真珠貝漁に着手。一九三八年には海洋殖産と大洋真珠が共同出資して日本真珠を設立し、アラフラ海出漁漁船はここに買収された。その結果、パラオを根拠地とする日本の真珠貝船は一七〇隻、従業者二三〇〇人となり、世界の真珠貝供給量の半分を日本漁船が供給するに至った。神戸に集積して行っていた貝の選別も、パラオで行われるようになる。(60)

こうしたアラフラ海での日本船の操業は、ダーウィンでは警戒感をもって受けとめられた。当時のオーストラリアの領海は海岸から三海里(約五・五キロ)だったので、日本船の操業は域外水域や公海上ではあったが、ダーウィンから出漁する船と競合していたし、日本船のほうが大型だ。ドボやパラオで登録すればオーストラリア国内のような規制はなく、各船に六人のダイバーが乗り込んで一度に二人ずつ交代で操業していた。(61)しかも、アラフラ海で操業する採貝船とパラオを数隻の母船と運搬船がつなぐという、大掛かりな操業方式である。こうして、一九三〇年代後半には、アラフラ海での真珠貝の採取量・利益ともに日本がオーストラリアを凌駕したのである。一九三四年にダーウィンで登録されていた採貝船は二七隻であったのに対し、ノーザンテリトリーの沖合で操業する日本船は六〇〜七〇隻、三七年には一〇〇隻を超えた。(62)

真珠貝の生産量も、一九三七年はオーストラリア船籍が二八五四トン(ダーウィンでは八〇四トン)であったのに対し、日本船籍は四二六六トンに達した。(63)さらに、ドボやパラオから出港する日本の採貝船は操業ライセンス料、船や乗組員の登録料や輸出関税も課せられておらず、食料や水の確保のためにダーウィン港への片道入港が許可され、オーストラリア海軍から無課税で燃料を仕入れられる。(64)その結果、真珠貝の価格が下落しても利益を生み出すことができた。前述のように、真珠貝価格の下落を防ぐために漁獲制限が導入されて、真珠貝業者間で対立を引き起こしていたのだが、(65)国内での漁獲制限が海外船籍の採取量を制限できるわけではない。かえって国内の業者に不利を招くため、一九三五年に廃止された。

アラフラ海での採貝が増加するにつれて密漁者も増加し、オーストラリア政府と蘭領東インド政府は取り締まりを強化していく。領海侵犯による拿捕事件もしばしば起こった。これは日本船の漁師たちにも非があったようである。日本船の漁師たちは、主要採貝地は我が家の庭同然に考え、領海侵犯にも無頓着であった。人気のない場所に接岸上陸し、自由に飲料水や薪や魚を取り、現地人と物々交換を行った。さらに都合のよいことに、オーストラリア側の情報は木曜島やダーウィンで登録されていた採貝船の日本人漁師たちが教えていたという[66]。

ノーザンテリトリー政府はオーストラリア海軍に沿岸警備を要請したが、余力がないという理由で断られたため、一九三六年に巡視船ララキア号(*Larrakia*)を購入し、北部沿岸の警備を始めた。さらに同年、アボリジニ条例が改正されて、アボリジニの居留区に入る船の拿捕・押収が可能となった。つまり沿岸警備には、領海侵犯や不法操業の取り締まり、採貝船の乗組員(とくに日本人)からアボリジニ(とくに女性)を保護する、という二つの役割が課されており、どちらも日本漁船が対象だったのである。ララキア号の船長として任命されたホルテイン(C. T. G. Haultain)は、日本の脅威を強く認識するとともに、採貝漁師による「悪行」にも怒りを覚えていたため、積極的に任務を遂行した[67]。一九三七年には、第三高千穂丸、第五日本丸、第一東京丸が採取した真珠貝とともに拿捕・押収され、日本側は船の返還や損害賠償を求めて提訴するという事件が起きた[68]。

七　太平洋戦争と真珠貝産業の終焉

一九四一年一一月、R・エドワーズからニューヨークのガードー社への一四六箱の真珠貝の輸出を最後に、ダーウィンの真珠貝産業は一旦幕を閉じた。真珠湾攻撃とともに、オーストラリア国内の日本人は強制収容される。村松の船もオーストラリア政府によって接収されてダーウィン港に曳航され、乗組員全員が抑留された。村松は家族とともにヴィクトリア州のタツラ収容所に抑留され、一九四三年に収容所内で肺炎で亡くなった。

その前年の二月一九日にダーウィン港は日本軍の空襲を受け、二五〇〇人以上が死亡し、四〇〇〇人以上が負傷した。人的被害が比較的小さかったのは、一九四一年一二月以降ダーウィン市民に退避命令が出ており、残っていた市民は二〇〇〜三〇〇人程度であったからである。死者の大半は港湾労働者とダーウィン港に停泊していた米軍艦船の乗組員であった。ダーウィンは、この最初の空襲から一九四三年一一月一二日までに六四回の空襲をうけた(69)。なお、グレゴリーは一九四三年一二月にパースで亡くなっている(70)。

終戦直後からオーストラリア北部で採貝が再開されるが、一九六〇年代にはプラスチック製のボタンが普及し、真珠貝産業の衰退に追い打ちをかけた。ダーウィンでの採貝も細々としたものにとどまっていた。一九四八年に開催されたオーストラリア商務農業省による真珠貝産業に関する会議では、ダーウィン採貝協会の会員として、メイル(S. Male)(71)、マン(E. Mann)、フート(Foote)、パスパリー(N. Paspaley)の四人の名前がある。採貝業の復興のために、日本人ダイバーの導入も検討されたが、強い反日感情のもとでは断念せざるを得なかった。一九五一年には、インドネシア人二二人、マレー人九人、中国人二人、フィリピン人一人、混血(half-caste)アボリジニ五人が、二人のパスパリー(M. Paspali および N. Paspaley)に雇用されていた(72)。しかし、かつての隆盛を取り戻すことはなく、パスパリーは真珠養殖へと事業を転換していく。

他方、アラフラ海での日本の真珠貝漁は日豪間の重要な外交課題となった。戦後の国際社会への復帰にともない、日本にアラフラ海の真珠貝漁再開の熱が高まり、日本政府もその旨オーストラリア政府に通報した。だが、一九五二年にオーストラリアはアラフラ海・ティモール海の大陸棚の管轄権を宣言。日本に漁業協定締結のための交渉を提案し、漁船の出漁延期を要請した。日本政府はオーストラリア政府の主張を批判、国際司法裁判所に本件を付託することを提案し、オーストラリア政府も合意する。その間、オーストラリア側が提案した暫定取極に従って真珠貝漁が再開された。しかし、真珠貝産業の衰退の波は日本にも押し寄せ、アラフラ海への出漁は一九六二年に中止され、日豪交渉そのものも自然消滅した(73)。

今日のブルームや木曜島やダーウィンでは、日本人墓地のみが、かの地の真珠貝漁の残映をとどめている。戦前のダーウィンは、中国人や日本人などのアジア系がその発展を支えたといっても過言ではないが、今日ではその面影はほとんど残っていない。戦後は、アジア系移民に代わってギリシャ系移民がダーウィンの発展を支えた。彼らの貢献を記念した石碑が中心街に建てられている。太平洋戦争を境として、アラフラ海を行き交った人びとのネットワークは断ち切られてしまったのである。

（1）一八三九年にビーグル号によって「発見」され、パーマストンと命名された。植民が始まったのは一八六九年で、一九一一年にポート・ダーウィンと改名された。「発見」時には乗船していなかったが、かつてビーグル号で探検をしたチャールズ・ダーウィンにちなんでいる。当初から南オーストラリア植民地の行政区で、北部開拓の玄関港となった。一八八〇年以降、金鉱の発見やオーストラリア大陸の南北をつなぐ電信線の設置のために、内陸部の開拓が進み、南オーストラリア植民地下でノーザンテリトリーの行政区が整備されていく。ただし、入植者の人口密度はきわめて低く、先住民族との接触も限定的であった。ノーザンテリトリー全体の人口（先住民は含まない）は、一八七六年は七四三人、一九〇一年は四〇九六人である（Historical Census and Colonial Data Archives, http://hccda.anu.edu.au）。ノーザンテリトリーは、オーストラリア連邦結成（一九〇一年）以降も南オーストラリア州の行政下にとどまっていたが、一九一一年一月一日に管轄権が連邦政府に委譲され、ポート・ダーウィンと改名された。一九七八年に自治権を獲得、ダーウィンは北部準州の首都となった。現在の人口は約一三万八〇〇〇人。

（2）ダーウィン市のウェブサイトによれば、当墓地に埋葬されているのは、おとな八四八人と子ども八三人である。そのうち日本人名は一九人だが、筆者のリストとは異なる名前もあり、実際に埋葬された数ははるかに多いと考えられる。シソンズも、一九七三年の時点でガーデンズ・ロード墓地に二一基、パーマストン墓地には七基の日本人の墓碑があったと記している（D.C.S. Sissons, 'The Japanese in the Australian Pearling Industry', *Queensland Heritage*, Vol.3, No.10, 1979, p.25.）。

（3）この墓地は、鶴見良行の『ナマコの眼』（ちくま学芸文庫、一九九三年）でも言及されている（二〇七～二〇八ページ）。

(4) 筆者が現地調査をした折(二〇一一年八月)、パーマストン墓地の入り口に建てられていた表示には、「Martin Hamaura が一八九一年九月一二日に、Sohei Hamaura が一八九三年二月八日に死亡」とある。マーティンは生後七週間で、ソウヘイは七歳で死亡。英語圏では genealogy(系図学)が盛んで、アマチュアの研究者らが調査報告や多くの写真をインターネット上で公開している(http://www.australiancemeteries.com/nt/palmerstonhs_images/)。

(5) Bev Phelts, *Felix Ernest Holmes: Darwin 1890-1930, racehorse owner, pearler, agriculturalist, pastoralist, butcher, baker, icemaker and the first to switch on Darwin*, Palmerston: Hollands Print Solutions, 2011, p.15. なお、イスヘエはチャーリー・ジャパン(Charley Japan)と呼ばれていた。

(6) Regina Ganter, *The Pearl-Shellers of Torres Strait: Resource Use, Development and Decline, 1860s-1960s*, Ringwood: Melbourne University Press, 1994, pp.211-212.

(7) 久原脩司「アラフラ海へ出漁した日本漁民」薮内芳彦編著『漁撈文化人類学の基本的文献資料とその補説的研究』風間書房、一九七八年、六一六〜六一七ページ。また、シソンズによれば、一九七九年当時は、ブルームに七八八基、木曜島には五六二基の日本人の墓があった。Sissons, *op. cit.*, p.19.

(8) 司馬遼太郎氏が、和歌山県熊野古座川筋に住む元ダイバー宮座鞍蔵老人の話に触発されて、一九七六年に木曜島に旅したときの体験を綴った短編。オーストラリアの先住民政策やダイバーの仕事の様子など不正確な描写も散見されるが、木曜島滞在中の夜会で出会った人びとを通して、木曜島の社会や生活が具体的に、たおやかな筆致で描かれている。夜会の主人公として登場する藤井富三郎氏とその家族に関しては、Linda Miley, *Tomitaro Fujii: Pearl Diver of the Torres Strait*, Southport: Keeaira Press, 2013 に詳しい。

(9) 第Ⅳ部第1章を執筆している松本博之も、「海洋交易民にとってアラフラ海やオーストラリア北部は、辺境どころかエスノ・ネットワークをはりめぐらした幹道沿いの地域であった」と指摘している(松本博之「アラフラ海と真珠貝―世界システムの視点から―」小長谷有紀・中里亜夫・藤田佳久編『アジアの歴史地理3林野・草原・水域』朝倉書店、二〇〇七年、二一一ページ)。

(10) 一七七〇年にジェームズ・クックがオーストラリア大陸の東海岸を英国国王の領有と宣言し、ニューサウスウェールズと命名した。一七八八年に初代総督アーサー・フィリップが率いる、流刑囚七八〇人を含む一二〇〇人を乗せた第一次船隊がシドニーに到着、ニューサウスウェールズ植民地が開設された。その後、一八〇三年にタスマニア、二九年に西オーストラリア、三四年に南オーストラリアに植民が始まり、五一年にヴィクトリアが、五九年にクイーンズランドが分離して成立、それぞれが憲法を制定してオーストラリア大陸に六つの自治植民地が成立した。一九〇一年には、この六つの植民地が連邦を結成、オーストラリア連邦が成立し、それまでの植民地は州となった。南オーストラリア植民地に帰属していたノーザンテリトリーはそのまま南オーストラリア州の行政下に置かれたが、一九一一年に同州は管轄権を連邦政府に委譲。以後ノーザンテリトリーは、一九七八年に自治権を獲得するまで連邦政府直轄の行政区となった。なお、現在もノーザンテリトリーは、州憲法がなく州議会も置かれていないため準州の地位にあり、連邦法が適用され、財政的にも連邦に依存している。オーストラリアの法制度を理解するためには、連邦のみならず、それぞれの植民地の歴史や州ごとの法制度を知る必要がある。また、州政府の権限が大きいのも、こうした歴史的な経緯による。

（11）J. P. S. Bach, *The Pearling Industry of Australia: an account of its social and economic development*, Canberra: Department of Commerce and Agriculture, 1955, p.4.

（12）Alan Powell, *Northern Voyagers: Australia's Monsoon Coast in Maritime History*, North Melbourne: Australian Scholarly Publishing, 2010, p.181.

（13）Val Burton, *General History of Broome, Broome: Broome Historical Society*, 2000, p.6.

（14）Bach, *op. cit.*, p.14.

（15）一八一八年に「発見」され、英国政府は大陸北部の植民・貿易の拠点とすることを期待して、一八三八年に小規模な入植が開始された。しかし、建設資材や労働力の不足、サイクロンが襲来する厳しい自然条件や熱帯性の病気などに阻まれて、一八四九年に植民は放棄された。

（16）Shirley Shepherd, *100 Years of Pearling in the Northern Territory, 1869-1969*（unpublished paper）, 1997, pp.7-9.

（17）メアリー・アルバータス・ベーン著、足立良子訳『真珠貝の誘惑』勁草書房、一九八七年、一七〜一九ページ。

（18）Sissons, *op. cit.*, p.17.

（19）Sissons, *op. cit.*, 前掲（7）、五八七〜五九三ページ。

（20）D.C.S. Sissons, 'Japanese in the Northern Territory 1884-1902', *South Australiana*, Vol.16, No.1, 1977, p.4.

(21) 小川平『アラフラ海の真珠——聞書・紀南ダイバー百年史』あゆみ出版、一九七六年、四九ページ。

(22) 前掲(7)、五九七ページ。一九一八年の段階では、教員の初任給が一七円のときに、学歴がなくても水夫の月給は二五円からスタートし、テンダーは四五円であった(Sissons, *op.cit.*, p.15.)。

(23) Phelts, *op. cit.*, pp.15-16.

(24) しかしながら、この収入が彼らの実収入ではなかったようだ。なぜなら、渡航費用は約一〇〇円で、その借入金の支払いがあり、ときには法外な利子も支払わなければならなかったようである(前掲(21)、六七ページ)。

(25) Australian Bureau of Statistics, 'Prices in Australia at the beginning of and end of the 20th century', http://www.abs.gov.au/ausstats/abs@.nsf/Previousproducts/1301.0Feature%20Article482001?opendocument&tabname=Summary&prodno=1301.0&issue=2001&num=&view=(二〇一二年一〇月三一日アクセス)

(26) 前掲(21)、五四〜七三ページ。前掲(17)、九六〜一一〇ページ。Sissons, *op.cit.*, pp.19-20. および Linda *op. cit.*, pp.23-24.

(27) クリスティン・チュウ「ノースウェストの日本人——他のアジア人および先住民との関係　一九〇七年、一九一四年、一九二〇年の暴動」デイビッド・ブラック／曽根幸子編著『西オーストラリア—日本交流史——永遠の友情に向かって』日本評論社、二〇一二年、一五〜三二ページ。

(28) Bach, *op.cit.*, pp.21-22, p.26.

(29) たとえば一八九三年時点では、木曜島で登録されている一五〇隻の個人所有の船のうち、八九隻は日本人の所有であった(Bach, *op.cit.*, p.96)。

(30) Phelts, *op.cit.*, p.15. Sissons *op.cit.*, pp.8-14.

(31) Shepherd, *op.cit.*, p.14.

(32) D.C.S. Sissons, 'Muramats, Jirō (1878-1943)', in *Australian Dictionary of Biography* (http://adb.anu.edu.au/biography/muramats-jiro-7689). 二〇一五年七月三〇日アクセス。

(33) ノリーン・ジョーンズ著、北條正司他訳『第二の故郷——豪州に渡った日本人先駆者たちの物語』創風社出版、二〇〇三年、二二一〜二二九ページ。

(34) Pam Oliver, *Empty North: The Japanese Presence and Australian Reactions 1860s to 1942*, Darwin: Charles Darwin University

Press, 2006, pp.42-47.

（35）Bach, *op.cit.,* p.124.

（36）V・R・ケパートは元は船乗りで、第一次大戦の退役軍人である。ブルームで一七年間真珠貝業を営んだ後、一九二八年にダーウィンに進出した。

（37）V・J・クラークはトレス海峡でも操業していたようであるが、一九二五年にブルームから船を移籍し、ダーウィンでの操業を始めた。一九二七年には二隻を、二九年にはさらに一七隻を移籍している。その後ダーウィンで最大の真珠貝業者となり、ダーウィン真珠貝業者協会の会長を務め、一九三六年にはTerritory Pearling Co. を設立した（Bach, *op.cit.,* p.123. および *Commonwealth of Australia, Report of the Administration of the Northern Territory, 1924-1925*（以下、*NTR* と略記）. NTR, 1927, 1930.

（38）A・C・グレゴリーは元海軍軍人で、コサックやブルームを拠点に真珠貝業を展開し、アル諸島のドボでも操業をしていた。村上安吉（和歌山県串本町田並出身）と親しく、一九二〇年代に共同で真珠養殖を試みたが、地元の真珠貝業者の反発が大きく、結局中止された。

（39）*NTR* 1928, *NTR* 1932.

（40）オーストラリア国立公文書館（NAA）, A1 1931/1339.

（41）Sissons, *op.cit.,* 'Muramats, Jirō（1878-1943）.

（42）NAA, F1 1936/220.

（43）当時ノーザンテリトリーではアボリジニを雇用するためには雇用許可が必要であり、雇用ライセンス料と賃金を政府に支払う義務があった（NAA, A1 1933/2419）。

（44）Denise Russell, 'Aboriginal-Makassan interactions in the eighteenth and nineteenth centuries in northern Australia and contemporary sea rights claims', *Australian Aboriginal Studies*（1）, 2004, pp.3-17.

（45）前掲（21）、一九〇〜一九六ページ。

（46）クラークが一九二八年にブルームで購入し、ダーウィンに移籍した船。クラークはこの時期の真珠貝価格の下落にともない、所有する船の一部と契約労働者をフカヒレ漁に転用することを申請し、許可を受けていた。

（47）「鮫船遭難者の墓」には、三人の名前がある。尾鷲輿左衛門（四五歳、和歌山県西牟婁郡汐岬村字出雲）、吉田龍吉（三七

歳、愛媛県南宇和郡西外海《とうみ》村)、長田義清(三三歳、長崎県南高来郡南有馬村)。

(48) NAA, A1 1933/2852 および NAA, A1 1935/187 (McLaren, *op.cit.*, McLaren, W. J., *The Northern Territory and its Police.* Manuscript held by the NT Archives, c1978(cは推定という意味)), *NTR*, 1932.

(49) このときグレイがナマコ漁に使っていたラガー船は、ダーウィンの村松から賃借したものであった。

(50) 一九二三年、アーネムランド東海岸のグレイ岬でナマコ漁をしていたR・エドワーズ所有の二隻の船がアボリジニに襲われた。日本人二人(イソナキ、イグチ)とアボリジニ三人が殺害され、二人(イソサキ、カワバタ)が負傷し、残りの二人(コシカワ、ウキ)とアボリジニ三人はエルコ島へ逃げたという(NAA, A452 1953/104.)。おそらく、エルコ島のミッションに助けを求めたのであろう。この事件の犠牲者、井口儀太郎と磯崎亀吉の墓は、ダーウィンのパーマストン墓地にある。二人とも和歌山県西牟婁郡有田村(現在の串本町)の出身であった。また、一九二六年一二月にも、アーネムランド東海岸のトライアル湾(Trial Bay)で日本人漁師の浅利が、乗船していたアボリジニに殺害された。ローパー・リバー(Roper River)に駐在する警察官が派遣されて調査が行われ、事件の全容が明らかにされたが、浅利の殺害に関係したとされるアボリジニは全員別のアボリジニに殺害されており、起訴には至らなかったようである(McLaren, *op.cit.*)。トライアル湾の事件に関しては、オーストラリア連邦政府の内閣官房省から日本領事に連絡をしたとのオーストラリア側の記録はあるが(NAA, A1 1927/1298.)、日本側の史料では確認できていない。

(51) オーストラリア国立大学図書館が所蔵するインタビューの記録テープ。

(52) ガーデンズ・ロード墓地にある「ナマコ採集者遭難記念碑」には、五人の名前が刻まれている。君島輿蔵(四五歳、和歌山県西牟婁郡周参見《すさみ》町)、東由太郎(三四歳、東牟婁郡高池町池ノ山)、稲盛庄助(四四歳、鹿児島県姶良《あいら》郡清水村姫城)、芝崎菊松(四二歳、西牟婁郡和深村字和深)、田中保一(三三歳、東牟婁郡西向《にしむかい》村字姫)。

(53) 当事件に関しては、以下が詳しい。Ted Egan, *Justice All their Own: The Caledon Bay and Woodah Island Killings 1932-1933,* Carlton South: Melbourne University Press, 1996. および Keith Cole, *Fred Gray of Umbakumba.* Bendigo, Vic.: Keith Cole Publications, 1984.

(54) 事件と裁判の経緯が、シドニー総領事から日本の外務大臣にも報告されている(アジア歴史資料センター、B0904223950 および B09042243300.)。

(55) Oliver, *op.cit.*
(56) 一九三六年には、二隻のラガー船に三人のアボリジニ女性が乗船していたとして日本人乗組員が逮捕されている。また、同年八月二五日の *Northern Standard* 紙には、ニシムラとナカムラがこの条例違反で五〇ポンドの罰金が科せられた、と書かれている(NAA, A1 1936/9564)。一九三九年にもメルヴィル島のアスプレー海峡(Aspley Strait)でアボリジニ女性が乗船しているとして船長が逮捕され、クスモトの容疑は却下されたが、カナシロには二〇ポンドの罰金が言いわたされた(NAA, A432, 1939/237)。
(57) オーストラリアにおける日本や日本人に対するイメージは、文学作品にも現れている(加藤めぐみ『オーストラリア文学にみる日本人像』東京大学出版会、二〇一三年)。
(58) 一九四〇年にはオーストラリア北部近海で日本海軍の神鷹《しんよう》丸が巡回警備を行っており、一三隻のラガー船の活動とともに、オーストラリア海軍がその活動を追っていた。乗船員の一人であるウオシマ・シゲルは元陸軍軍人で、木曜島ではヤマシタとフクシマに、ダーウィンではムラカミに会うであろうという報告も含まれている。友信孝『アラフラ海と私』日宝真珠株式会社、一九七七年、一二二ページ、および NAA, A1 196 22/501/24.
(59) 前掲(58)、五四ページ、七〇ページ。
(60) 前掲(58)、五四ページ、七〇ページ、前掲(21)、二三七〜二三九ページ、海外漁業協力財団『海外漁業発展史年表』海外漁業協力財団、一九八五年、一七三〜一七四ページ。
(61) 前掲(17)、一二〇ページ。
(62) *NTR*, 1935, *NTR* 1938.
(63) 前掲(58)、一四三ページ。なお、表Ⅱ—1—3では三八四〇トンだが、オーストラリア海域以外の採取量は推計と思われる。
(64) Shepherd, *op.cit.*, p.25.
(65) NAA, A1 1931/1339 および NAA, A1 1933/938 PART2.
(66) 前掲(21)、二三九〜二四〇ページ。
(67) C. T. G. Haultain, *Watch off Arnhem Land*, Canberra: Roebuck Society Publication, 1971.

(68) 一九三七年四月、ゴルバーン島に停泊していた一八隻の日本船がララキア号に発見され、公海上に逃げようとしたところを発砲されて、一七隻が拿捕された。乗船員は釈放されたが、船を押収されたため、日本側は船の返還を求めて裁判を起こした。罪状は領海侵犯であったが、密漁の事実はなかったからだ。このときに日本側の代理として活躍したのはダーウィン日本人会会長のピーター・ナカシバ(中芝岩松)である(前掲(58)、一一九～一二〇ページ、およびNAA, A132 1938/146)。さらに、六月にはボーコート湾(Baucaut Bay)で第三高千穂丸がララキア号から発砲を受けて停船を命じられ、同日ニューギニア丸も拿捕された。ニューギニア丸の船長は、病人をパラオに運ぶ必要があるので、第十生長丸をニューギニア丸の代船にするようホルテインに依頼し、船長とともに移乗してダーウィンに連行された。八月には第五日本丸とパラオ丸が拿捕されて、パラオ丸の乗組員は現場で釈放されたものの、第五日本丸の乗組員はダーウィンに拘留された。九月には第一東京丸も拿捕された。これらの船の乗組員全員は第十生長丸に乗せられて漁場に引き返したが、第三高千穂丸、第五日本丸、第一東京丸は漁獲物とともに押収された。日本側は押収された船と漁獲物の返還を求めて訴訟を起こし、押収船の船長やパラオ日本真珠の所長をダーウィンに送った。大洋真珠と海洋殖産は三井物産のシドニー支店が代理を務めた。判決は、三隻の返還とその一年間の出漁不能による損害の賠償、および船長一人につき二〇〇ポンドの賠償という原告日本側の勝訴であった。しかし、ノーザンテリトリー行政府側は第十生長丸のダーウィンまでの航海費用と採貝不能であった期間の弁償の免責を求めたため、日本側は船と漁獲物の返還および個人賠償を得ることで妥協した(NAA, A432 1938/146)。

(69) 拙稿「国防の最前線――ダーウィン空襲を追悼する」鎌田真弓編『日本とオーストラリアの太平洋戦争――記憶の国境線を問う』御茶の水書房、二〇一二年、八〇～九六ページ。

(70) Shepherd, *op.cit.*, pp.26-27.

(71) ストリーター&メイル(Streeter & Male)社は、一九三〇年代後半に六一隻の採貝船をブルームからダーウィンに移籍している(NAA, F1 1936/471)。

(72) NAA, F1 1945/147.

(73) 小田滋「定着漁業の法理――アラフラ海の真珠貝採取をめぐる問題」『ジュリスト』四五号、一九五三年一一月、一九～二三ページ、小田滋「アラフラ海真珠貝漁業紛争」『ジュリスト』六四八号、一九七七年九月、七〇～七一ページ。

第2章　ボタンから宝石へ——オーストラリアの南洋真珠養殖の始まり

田村　恵子

一　赤道を越えて

一九五六年六月二日、全長二一メートル、約六五トンの大球丸《おおたま》が、四日市港(三重県)を出発した。乗っているのは二〇代が大半を占める一三人の男たち。満載した積荷で喫水線が極端に下がり、水面から甲板まで三〇センチしかない。船は遥か西オーストラリア州のブルームを目指して、進路を南に取った。男たちは、船員と真珠養殖の専門技術者や潜水夫の寄り合い所帯。オーストラリア北西部のキンバリー地方で南洋真珠養殖を開始するパイオニアとしての意気込みにあふれていたが、成功の見通しは定かではなかった。見送る家族たちには、二〜三年後に帰国するであろうとしか知らせていなかったという。

大球丸は乗員の出身地である志摩半島の大王崎(三重県志摩市大王町)と和歌山県串本に別れを告げて、太平洋に乗り出した。ミンダナオ島を一〇日後に通過し、ハルマヘラ島西を南下後、赤道を通過してバンダ海を渡る。ティモール島の西からインド洋に入り、スコット・リーフの西約一〇マイルを通過して、ようやく六月二一日にブルームに到着した。一九日間の無寄港航海である。ブルームには飛行機で一足先に到着していたリーダーの岩城博《いわきひろし》と通訳の松沢満《みつる》が待っていた。岩城は戦前に蘭領東インド(現在のインドネシア)のブートン島で南洋真珠養殖に携わり、前年の一九五五年にはオーストラリアで養殖場を設置するための予備調査をブルーム周辺で実施していた。

図Ⅱ—2—1　クリベイとオーガスタス島

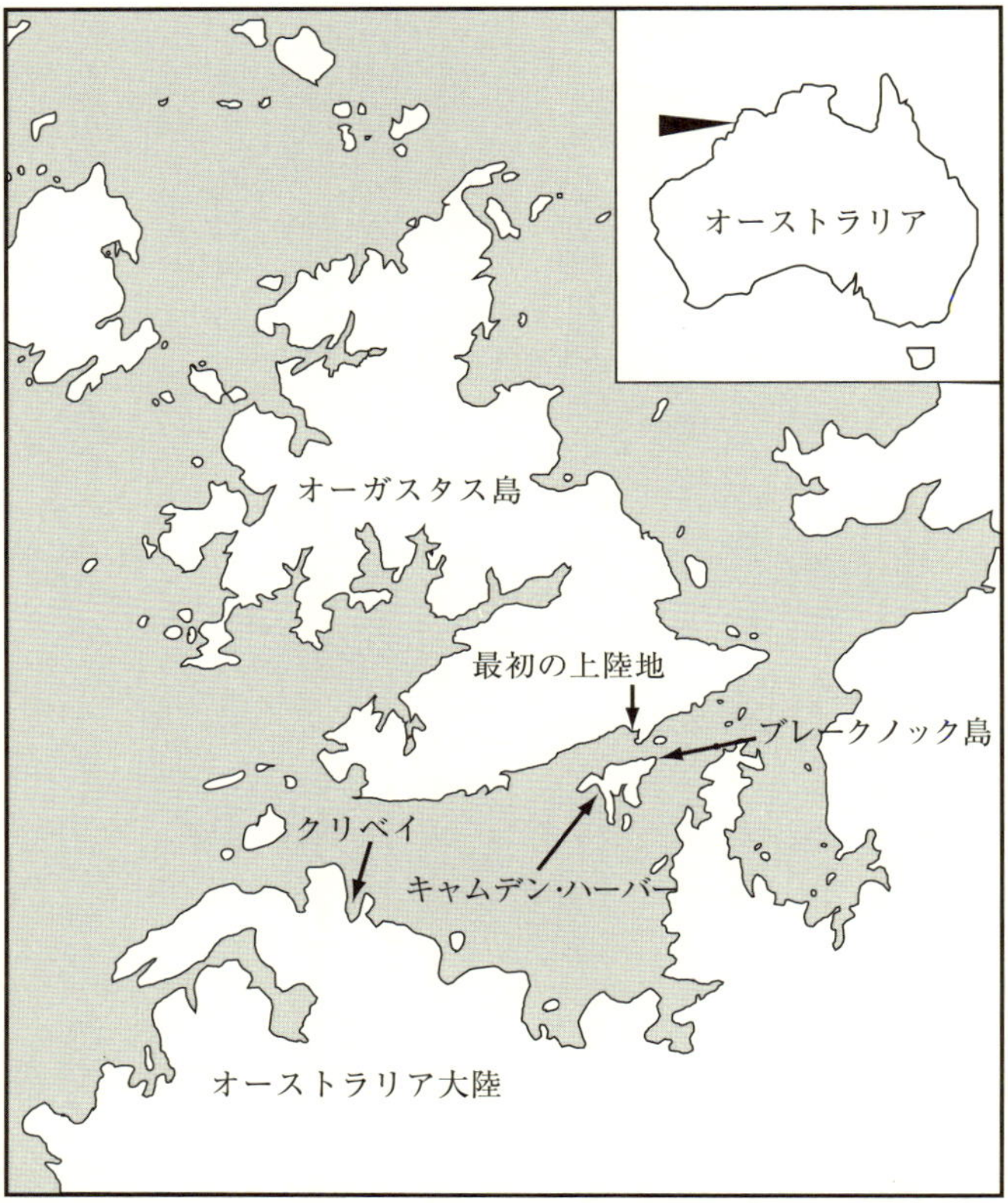

(出典) 室井忠六『たくましき男たち——戦後の南洋真珠』真珠新聞社、1994年、63ページ。

岩城たちを乗せた大球丸はブルーム港から北へ針路を取り、養殖場設置予定地であるキンバリー地方のオーガスタス島に向かう。船には現地案内役のアボリジニの古老ロング＝ジャック(生年不明)も加わり、総勢一六人になった。海岸沿いに約三〇時間の航海後、船はオーガスタス島と対岸の小島のブレークノック島に挟まれた狭い水道に到着し、オーガスタス島側に作業員宿泊所を設営する(図Ⅱ—2—1)。

上陸した場所には、キンバリー地方特有の積み木を積んだように見える赤茶けた岩肌に灌木が茂り、波打ち際はごろごろとした岩でおおわれていた。人が住んだ形跡はないが、設営地にとって不可欠な真水は、岩城がロング＝ジャックと行った事前調査で見つけた泉で確保されていた。

こうして始まった南洋真珠養殖は、六カ月後に養殖場を本土側の小さな湾に移し、その後大きく発展を遂げていく。養殖場が設置された湾はまもなく、クリベイと名付けられた。その名称は、この養殖事業に大きな貢献をした日本人実業家・栗林徳一《とくいち》（一八九六年生まれ）の苗字 Kuribayashi をアルファベット表記した際の最初の七文字を取っている。日本人の名前がついた地名は、オーストラリア国内では非常に珍しい。それは、オーストラリアでの南洋真珠養殖が日本人とオーストラリア人の共同作業の成果であることを象徴しているといえる。

私は二〇一一年一〇月にクリベイを訪れた。船で三〇時間かかった距離を、第二次世界大戦時代から使用されている年代物のグラマン・マラード水陸両用飛行機は一時間半で飛ぶ。早朝のブルーム空港格納庫内で、荷物だけでなく乗客の重量も体重計で測られた後、数人の若い男性たちと出発を待った。内外からやってきた若者たちは、ブルームとダーウィンの間に点在する真珠養殖場で、二週間勤務後に一週間休みという交代制で働くという。

機体に真珠貝のマークが描かれた飛行機に乗り込む前に耳栓と防音用ヘッドホンが手渡され、私は万一のために乗り物酔い用の紙袋も確保した。プロペラが回りだすと、機内は騒音に包まれる。乗客同士の会話は、ジェスチャーに頼るしかない。飛行機が北東へと針路を取ると、下界の風景はまぶしい太陽に赤黒い岩盤とエメラルド色の海が鮮やかなコントラストを描き、この世のものと思えない色彩だ。しばらくして高度を落とし始めたと思うと、赤い岩が横に高く積み重なったような岩壁に抱かれた水面に大きな音をたてて着水。ドアが開くと海面で、横付けされた小さなボートにおっかなびっくり乗り移るやいなや、飛行機は海面を移動して再び飛び立った。ボートは湾の奥にある船着場を目指して進んだ。海上からは点在する建物が遠くに見える。

ちょうどこの時期、クリベイは大きな転機を迎えていた。一九五七年以来、南洋真珠養殖の中心的生産基地として重要な役割を果たしてきたが、養殖作業を中断して、数名の管理要員以外を撤退させる作業の真っ最中だったのだ。最盛期には一〇〇名を超える作業員でにぎわった居住区はひっそりと静まり返り、だだっ広い食堂に食事時に集まるのは、養殖場を見回る数人と倉庫番やコックだけだった。湾を見渡す高台に残る日本人挿核技術者用の住居棟にはリゾート風の建物が増築され、ＶＩＰ専用の宿泊施設として使われる予定だという。クリベイは真珠養殖場から、キンバリー地方の大自然や釣りを楽しむアドベンチャーホリデー客の基地へと変身しようとしていた。

クリベイに残る真珠養殖作業施設と作業員宿舎

クリベイで南洋真珠の養殖が着手されるまで、日本とオーストラリアの間でどのような動きがあったのだろうか。それは、戦前と戦後の両国間の経済的・政治的そして社会的つながりとどのような関連があったのだろうか。

両国の関係は太平洋戦争によって大きく断絶され、戦前と戦後のそれは大きく変化したように見える。確かに戦争は、日本軍によるダーウィン爆撃や、ニューギニア周辺で繰り広げられた激しい戦闘によって、二国間の関係を断ち切った。さらに、戦争終了後も反日感情が長い間オーストラリア国内に残った。しかし、戦後の南洋真珠養殖産業の始まりは、戦前にアラフラ海で盛んだった真珠貝採取産業の流れをくんでいる。戦前から真珠貝採取産業に関わっていた人びとは、真珠養殖という新事業のために、資本確保や経営面で、すでに確立されていたネットワークをいかに利用したのだろうか。

二　南洋真珠と養殖

オーストラリアの南洋真珠は、白蝶貝を母貝として生育する。白蝶貝の生育地域はビルマ（ミャンマー）、フィリピン、インドネシア、オーストラリア北部など海水温度が約二〇度以上の比較的暖かい海域で、貝は二〇〜三〇センチに成長する。オーストラリア北部沿岸部では、一九世紀後半から貝ボタン加工原料としての白蝶貝採取が盛んになった。天然真珠は、一万個の貝から一つか二つの割合でしか見つからない。たいへん希少価値があり、高額で取引されていたので、採取した白蝶貝を開ける際には採貝船上で船主が立ち会い、見つかった真珠を作業員が自分のものにしないようにチェックしていた。もっとも、実際に天然真珠が見つかるのは非常に稀で、あくまでも真珠貝産業の副産品である。

日本でアコヤ貝を母貝に使った養殖技術が一九世紀末から二〇世紀初頭に開発されると、ほどなくアコヤ貝よりも大きく成長する白蝶貝を母貝とした南洋真珠養殖の可能性が探求され始めた。アコヤ真珠養殖技術の発明者の一人である西川藤吉《とうきち》の下で養殖技術の研鑽を積んでいた藤田輔世《すけよ》は、南洋真珠養殖の可能性を求めて、三菱財閥の岩崎弥助《やすけ》の後援でフィリピンや蘭領東インドなどを視察。最終的に、自然条件がもっとも適していると考えられたセレベス（スラウェシ）諸島南端のブートン島に養殖場を設置することを決定した。

一九二〇年にオランダ政府から養殖場設置と母貝となる白蝶貝採取の許可が下り、試験操業が翌年から行われる。そして、一九二八年に真珠の収穫が始まり、生産量はしだいに増え、養殖は軌道に乗っていったが(1)、太平洋戦争で中断を余儀なくされた。開戦とともに養殖場はオランダ政府によって閉鎖され、日本人作業員は敵国人として全員拘束されて、南オーストラリア州のラブデイ収容所に送られたのである。後にクリベイでの養殖に大きく貢献した岩城博と鈴木直治《なおじ》も、開戦時にブートン島で拘束されてラブデイに収容された。なお、ブートン島で一九三一年から四三年までに生産された南洋真珠は約一五〇キロである。(2)

一方、オーストラリア北部でも南洋真珠養殖の試みが二〇世紀初頭に始まっている。最初は英国人生物学者のウィリアム・サビルーケントが一九〇六年ごろからトレス諸島で白蝶貝を使った半円真珠(母貝に貼り付けた半球形の核を覆うように真珠層が形成された半球の養殖真珠)および真円真珠(母貝に球形の核を挿入して作る丸い養殖真珠)養殖を試みたが、商業的な軌道には乗らなかった。(3) ブルームでは、一九二一年に採貝船主だったA・C・グレゴリーが、在留日本人のリーダーとして事業を手広く手がけていた村上安吉《やすきち》と共同で真珠養殖を計画した。しかし、養殖真珠による天然真珠価格の低下を懸念した地元の真珠貝採取船主たちの猛反対にあい、この計画も頓挫した。養殖用機材の保管倉庫が焼打ちされそうになったのである。この反対運動がきっかけになって、西オーストラリア州政府は真珠養殖を禁止し、すでにグレゴリーたちが輸入していた機材は破壊された。(4) 養殖用に日本から輸入した挿入核がブルームに到着していたが、結局使われることはなかった。(5)

太平洋戦争終了後、三重県の伊勢志摩を中心とする地域で生産されていた養殖アコヤ真珠は占領軍兵士の人気土産品となる。需要が急激に伸びて価格が上昇し、生産量も増加した。一方、南洋真珠養殖は、マッカーサー・ラインと呼ばれた占領軍による漁業水域制限によって漁業活動の海外進出が厳しく規制されていたため、国外での事業再開や展開が難しかった。復活したのは、一九五二年のサンフランシスコ平和条約発効後に日本が主権を回復して海外進出が可能となって以降である。

最初に動いたのは、高島真珠が主体となったサウス・シー・パールズだ。当初ブートン島での事業再建を目指したが、インドネシア政府の許可が下りなかった。そこで、ビルマ南部のマレー半島西海岸沖にあるメルグイ諸島で、一九五三年に養殖事業を開始する。天然真珠も多く採れたこの水域での養殖事業は順調に滑り出し、質の高い真珠の生産が始まった。ところが、養殖場がゲリラに襲撃されたり、ビルマの政変で一九六三年に事業全体が国有化されるという事態に見舞われ、完全撤退を余儀なくされる(6)。

ビルマでの養殖事業開始に一歩遅れる形で始まったのが、オーストラリアでの養殖事業である。まずは、一九五六年にクリベイに養殖場が開設されるまでの経緯を述べたい。真珠貝の採取産業から真珠の養殖産業への変遷をたどることで、アラフラ海の海域をめぐる戦前から戦後へ綿々と続いた歴史的な継続性が明らかになり、海を舞台に繰り広げられた経済活動や人的つながりという新しい歴史観を実証できると考えるからである。

三　アラフラ海真珠貝採取と栗林徳一

一九世紀後半から始まったオーストラリア北部のアラフラ海沿岸の白蝶貝や高瀬貝の採取産業に関しては、豊富な先行研究がある。真珠貝採取産業は白人の船主が現地や近隣地域で調達した安価な労働力を利用して操業するという植民地産業方式で成り立ち、その主力を担ったのが採貝船上で働いた日本人潜水夫や乗組員たちである。彼らはアラフラ海周辺地域出身の労働者とともに、船上や陸上で作業し、危険で過酷な労働の対価として、当時の日本の賃金水準としては比較的高い報酬を受け取っていた。たとえば、一八九〇年代に出稼ぎに行った和歌山県出身者は、日本で一年間働いても四〇円ほどの収入しかない時代に、少なくとも一〇〇円、普通は三〇〇〜九〇〇円の仕送りができたという(7)。だが、オーストラリアの白豪主義政策は彼らに船の所有や採貝業経営を許さなかった。

一九三〇年代になると日本船籍採貝船のアラフラ海出漁が盛んになり、総採取量がオーストラリア人船主の採貝活動をしのぐまでになる(8)。オーストラリアは日本船の操業を牽制し、貝の水揚げや乗組員の上陸を禁止したため、日本船はパラオのコロール港を水揚げや乗組員の休養のための母港として使った。

パラオはミクロネシア諸島の南端に位置する。ミクロネシアは第一次世界大戦終了後に日本が管轄する国際連盟委任統治領となり、日本の南進政策の要となった。サイパン島へはサトウキビ栽培のために多くの労働者が主に沖縄から移住し、経済開発の一翼を担った。この開発を中心になって推進したのが南洋興発で、「海の満鉄」とも呼ばれたこの国策会社の経営に太平洋戦争前から関わったのが、栗林徳一である。

栗林は北海道・室蘭の出身で、祖父の代から海運・運送業を手広く営み、祖父や父に続いて政界にも進出して貴族院議員となり、大物政治家や実業家と交流があった。一九三九年に南洋興発の副社長に、翌年には社長に就任。ミクロネシアやニューギニアを歴訪して現地の事情にも詳しかった。南洋興発は一九三七年にパラオで海洋殖産を設立して、採貝業にも着手している(9)。敗戦によって、栗林は占領軍による公職追放の対象となったが、一九五二年にアラフラ海での採貝再開のために真珠貝採取株式会社が設立されると、社長として担ぎ出された。

戦前の活況の再来を夢見て、業界有力者たちが設立した真珠貝採取株式会社は、採取船二五隻と母船(採取した真珠貝を各船から集荷し、まとめて運搬する船)一隻で構成される船団を組織し、採貝計画を立てる。一九三〇年代の日本船による過剰採取は資源枯渇の危機をもたらしたが、戦争での一〇年以上の操業中断で貝資源の回復が期待されていた。ただし、戦争で悪化した対日感情への悪影響を考慮した水産庁は、船団に対して操業中はオーストラリアの海岸線に近づきすぎないようにと警告した(10)。

一方オーストラリアは戦前の日本船団による操業体制の再開を警戒して、活動制限を目的とする法的な整備を始めていた。近海の大陸棚での海洋資源採取は連邦政府の許可なしでは行えないという内容の法案が連邦議会に提出され、一九五三年三月に制定されたのである。当時の国際法で規定されていた領海三海里よりもずっと広い海域に操業制限を加えようという目的だった。この法律の成立で、船団を結成して出航準備を整えていた日本側は出発を急遽延期せざるを得なくなる。オーストラリア側の操業規制の動きに対して日本政府は猛烈に反発し、両国政府間交渉が開始された。これが日豪アラフラ海真珠貝漁業紛争の始まりである。

一九五三年四月にキャンベラで始まった漁業紛争交渉の日本代表を務めたのは、オーストラリアに戦後初の大使として前年一二月に赴任したばかりの西春彦だった。西は赴任前に対日感情の厳しさについて知らされていたものの、反日感情の洗礼を到着後まもなく浴びる。その激しさには、オーストラリア政府の官僚さえも驚くほどだったという。(11)

西は交渉が始まる直前の四月上旬、新聞取材で、オーストラリア北部開発のために日本人を送り入れるかとの質問に対して、「オーストラリア側から招待されるなら考えるだろう」と答えたにもかかわらず、国内紙、とくに北部の地方紙は、「日本は北部に自国移民を送り込む予定である」と大きく報道したのだ。(12) 彼は対豪交渉代表者として、根強い反日感情や白豪主義意識を認識し、北部では日本に対する脅威感と日本人の接近への神経過敏さがまだ残っているのを痛感した。オーストラリア国内には、真珠貝資源を日本に横取りされるのではないかという警戒感だけではなく、戦争中の日本はオーストラリア本土侵略を意図していたにちがいないとの危機感が根強く残っているのを思い知らされたのである。

四月に始まった真珠貝交渉には、業界代表として栗林徳一も加わった。彼はキャンベラに一カ月間滞在し、「両国の官僚たちが交渉会議に出席している間はのんびりとゴルフをした」と自伝に書いているが、交渉の成り行きを注意深く見守っていた。(13) 一方、遅々として進展しない交渉にしびれを切らした採貝船団が日本を出発して操業を開始したことに反発したオーストラリアは、交渉中断という手段で対抗。結局、交渉は八月に決裂し、日本は国際司法裁判所への提訴手続きに入った。(14) ただし、両国政府による訴訟手続きは遅れ、結果的に提訴は行われていない。(15)

最終的には一九五八年のジュネーブでの国連海洋法会議において、アメリカやオーストラリアの主張する大陸棚ドクトリンが国際海洋法で認められた。領海外でも、隣接する大陸棚の天然資源の探査や開発の権利は沿岸の国が所有するというものである。加えて、二国間の係争中にボタンの原材料が貝からプラスチックへ移行して真珠貝の需要が減り、真珠貝採取産業自体が急激に衰退したことで、紛争解決は危急の事態ではなくなる。日本船による採貝活動は一九六二年までに終了した(16)。

このように日豪真珠貝交渉は尻すぼみの結果に終わったが、日本側の交渉当事者に新しい視点をもたらした。そもそも交渉の主要争点は、領海と公海の境界規定と領海内における漁業活動の管理権である。日本政府は、オーストラリア政府が主張する領海範囲拡大を認めると、他の海域での日本船の漁業活動に悪影響を与える可能性を非常に警戒した(17)。しかし、現地で対豪交渉にあたった西や栗林は、日豪間の問題の本質は領海問題よりも資源の持続的保護であると理解していた(18)。そのため栗林は、交渉決裂時に、日本船による貝の採取海域をローテーションで回すことを提案してオーストラリア側の意図に理解を示し、その案を暫定的処置として双方が受け入れた(19)。

これは、無尽蔵の資源とみなされた真珠貝を大量に安く採取して利益をあげようとしていた真珠貝採取産業が、海洋資源の保護と活用という形態の南洋真珠養殖へ大きく変わっていくきっかけになったと考えられる。真珠貝採取産業の衰退期と南洋真珠養殖産業の開始時期が重なっているため、採貝業の衰退を補う形で真珠貝養殖産業が始まったように見えるかもしれないが、この二つには性格的に根本的な違いがある。

四　オーストラリアでの南洋真珠養殖計画

アラフラ海での採貝活動の暫定的再開後、栗林はある採貝船主の提案で南洋真珠養殖の可能性を探りだした(20)。戦後の南洋真珠養殖のための海外進出は、日本国内での真珠養殖産業と密接な関係がある。国内では、真珠養殖が輸出産業として急速に成長していた。一九四九年の業者数は三一四、真珠生産量は一八七五キロだったが、五五年には業者数は約五倍の一六四三に増え、生産量は一三倍の二万四五三五キロと驚異的な成長をしている。(21) また、この時期に天然真珠の主要産地だったペルシャ湾で石油開発による海洋汚染や労働力不足が起こり、生産量の減少をもたらした。(22) 日本国内では「真珠は作れば売れる」と考えられて生産意欲が刺激され、産業基盤の整備や養殖場の確保も可能になって、「真珠大国・日本」が誕生したのだ。(23)

真珠の海外輸出は一九四九年に自由化される。輸出量は、一九五〇年の四七〇〇キロから五六年には二万三〇〇〇キロと五倍に増えた。(24) その約六〇%はアメリカへの輸出である。南洋真珠は珠が大きく、テリ(輝き)に特徴があり、国内産のアコヤ真珠と競争することなく独自の輸出市場が可能であると考えられていた。さらに、南洋真珠養殖技術者たちは戦前に培った技術を駆使するために事業再開への意欲を持ち、海外進出のチャンスを待っていた。前述したように、一九五三年にはビルマのメルグイ諸島での養殖が始まっている。

栗林はオーストラリアでの養殖事業実現のために、真珠貝採取業で築いたつながりを活用した。まず、戦前から真珠貝の売買に関わっていた三井物産の仲介で、メルボルンの貿易会社、ブラウン&デューロー商会のキース・デューロー社長と接触する。一九〇五年にメルボルンに生まれたデューローは二代目経営者として貿易業に携わり、ブルームやダーウィンからの真珠貝輸出で戦前から日本やアメリカと取引があった。(25) 栗林はデューローに、養殖事業展開のためのオーストラリア国内での調整役、つまり政府機関との交渉や各種手配を任せる。以後、デューローは南洋真珠養殖産業発展に大きな貢献をすることになる。(26)

養殖事業が具体的に動き出したのは一九五五年である。デューローは真珠貝の最大手仲買人としてオーストラリア北部で戦前から圧倒的な影響力を持っていたニューヨークのガードー社のアラン・ガードーに手紙を送り、栗林との真珠養殖計画を説明して協力を求めた。(27) アラン・ガードーは父のオットー・ガードーの代から真珠貝の仲買を手掛け、とくに北部の真珠貝の採取量や買取価格を左右するほどの影響力があった。

日本が一九五三年に再開していた真珠貝採取をとおしてガードーと栗林はすでに取引関係にあり、日本船が採取した真珠貝はすべてガードーが買い取る約束になっていた(28)。ただし、ガードーが最初から真珠養殖に乗り気だったわけではない。一九五五年一月にやはりデューローをとおして、占領期に日本に派遣されて真珠養殖についての知識を仕入れてきたオーストラリア人のL・T・クレイグが真珠養殖事業への参加を打診したものの、ガードーは「養殖事業は生産業であり、長年関わってきた真珠貝の仲買とは事業の性格が違うので関与しない」と断っている(29)。

このように最初は養殖に消極的だったガードーは、栗林個人への絶大なる信頼が決め手となり、日本との事業への参加を決めた(30)。ガードーの役割は資金提供だが、実際にはかなりの資金が日本からアメリカへまず送られ、その後オーストラリアに持ち込まれたようである(31)。原資本がどこで捻出されたかはともかく、アメリカ人ビジネスマンによる資金提供という手配は、オーストラリア国内の反日感情や警戒心をかわすのに役立つとみなされた。

長年にわたって真珠貝採取業者と緊密な関係を持っていたガードーは、ブルームで採取業を営むサム・メイルを共同経営者に招き入れ、養殖場の現地監督者を任せる。メイルはブルームのストリーター&メイル社の二代目経営者兼真珠貝採取船主として、戦前から日本人潜水夫や乗組員を数多く雇っていた。また、戦後にオーストラリアで採貝産業が復活した際には、日本人潜水夫の再導入を国内で最初にブルームが認め、すでに日本人が働いていた。メイルの役目は、自社の採貝船で母貝をブルーム沿岸で採取し、養殖場まで輸送することだった。一九五六年四月三〇日、パールズ有限会社(Pearls Proprietary Limited、頭文字を取ってPPLと呼ばれた)がブラウン&デューロー商会、サム・メイル、アラン・ガードーの三者を株主として(持株割合は二四%、二四%、五二%)発足している(32)。

話を日本に戻そう。オーストラリアでの準備はこのように着々と進んだものの、何といっても養殖事業の成功の一番の鍵は優秀な技術者の確保である。戦前にブートン島で養殖に実際に携わった数人は、すでにビルマで始まっていた南洋真珠事業に関わっていたが、岩城博がオーストラリアでの事業に参加することは一九五五年五月によう

ブルーム市内に残る南洋真珠養殖貢献者の銅像
（右から栗林徳一、岩城博、キース・デューロー）

やく決定した。なぜ、岩城はビルマに行かなかったのだろうか。それは、彼が自分自身の夢を沖縄周辺の海で追いかけていたからである。

岩城は一九一五年に三重県志摩郡和具《わぐ》村（現在の志摩市）の山本家に生まれ、婿入りして岩城姓を継いだ。地元の水産学校卒業後、ブートン島へ赴き、養殖技術者としての訓練を始めた。太平洋戦争開戦後に、岩城を含めた日本人作業員全員がオランダに拘束されてオーストラリアで一時的に抑留された後、一九四二年一〇月に日豪民間人交換船で日本にいったん帰還する。その後、同僚の鈴木直治（大球丸の第一陣として渡豪）とともに日本占領下となっていたブートン島に再び派遣されて、開戦時に残してきた真珠の収穫をした。(33)

岩城は戦後も、南洋真珠養殖への情熱を燃やし続ける。まず、覚田《かくだ》真珠の覚田嘉蔵《かぞう》社長と共同で黒蝶貝を母貝に使った黒真珠養殖事業を屋久島で始めるが、母貝の斃死や台風災害で失敗して一九五二年に撤退した。その後、マベ半径真珠（マベ貝を母貝とした半円真珠）の試験養殖を奄美群島の加計《かけ》呂麻《ろま》島で始め、その工場長に就任する。この事業には、後にオーストラリアの南洋真珠養殖の貢献者となる浜口純一、宮本馨、室井忠六《ちゅうろく》、鈴木直治が部下として参加している。しかし、ここでも母貝となるマベ貝の採取に苦労して事業は軌道に乗らなかった。次に、移送や養殖作業に耐えうるより強い母貝を求めてさらに南の宮古島へ進出

し、白蝶貝の母貝をアラフラ海から宮古島まで移送することを計画したが、やはり実現には至らなかった。(34)

このように、数年間にわたって黒蝶貝や白蝶貝を母貝とする真珠養殖を日本の南の島々で試行錯誤しながら、なかなか成果をあげられなかった岩城に、栗林がオーストラリアの事業への参加を要請したわけだ。覚田真珠で育成した若手技術者も、岩城とともに栗林が設立した新会社の日宝《にっぽう》に移籍して、オーストラリアへ渡ることが決まった。さらに、覚田真珠が母貝運搬用に建造した大球丸を日宝が買い取り、後にクリベイの海事責任者として長年にわたって貢献をする村岡英夫が船長として舵を取ることになった。

岩城が通訳とともにオーストラリアに渡ったのは、一九五五年である。養殖場設営場所を調査するためには、船に乗って北部沿岸地域を視察しなければならない。日本人のそうした行動はオーストラリア政府の許可が必要で、その調整はデューローがした。母貝の採取は、良質の白蝶貝が採れることでよく知られていたブルームの沖合が最適だ。養殖場を近くに設営できれば、母貝の輸送や作業員の厚生にとても便利である。しかし、岩城はサイクロンなどの急激な天候の変化から養殖場を守るためには入り江がある場所が適していると考えた。そして、ブルームから北東四〇〇キロのキンバリー地方オーガスタス島近くの入り江を選び、そこに大球丸が第一陣を乗せて到着したのだ(九八ページ参照)。

大球丸で上陸した乗組員にはまったく「人跡未踏」のように見えたが、実はこの地域には長い歴史があった。先住民のウォロラ語族が数万年前から住んでいたのである。彼らは体格がよく、非常に攻撃的な先住民として知られる。ウィリアム・ダンピアの一七九〇年の航海記や探検家ジョージ・グレイの一八三七年の探検記に登場するウォロラ語族は、白人を攻撃して危害を加えている。

また、一九世紀にはこの地域を肉牛牧場として開拓する試みもあった。一八六四年にオーガスタス島と本土で囲まれた湾であるキャムデン・ハーバー一帯を開拓するために二万ポンドの資金で牧場互助会が組織され、四〇〇〇頭の牛とともに入植者が船で到着した。だが、キンバリー地方の夏の強烈な日照りと四〇度を越える気温は、人間や家畜を寄せつけなかった。数カ月で牛の四分の三を失い、入植者にも死亡者が出て、計画は一年で頓挫する。その後も肉牛飼育の計画があったものの、実現には至っていない。厳しい自然条件は、一九世紀のヨーロッパ人の手に負えなかった。(35)

入植計画の失敗後、次に足を踏み入れたのは宣教師たちである。キリスト教長老教会派の若い宣教師夫婦が一九一二年に海岸に小屋を建てて移り住み、今度は先住民たちと平和的な接触を持った。その後、宣教所は内陸に移されてクンムンニャと名付けられ、一時は数多くのアボリジニが定住した。(36)しかし、この宣教所も一九五一年までに閉鎖され、住民たちは最終的にダービーの町の近くのモワンジュム・コミュニティに移り住んだ。白人にせよ先住民にせよ、集団で住むにはこの地方の自然と気候はあまりにも厳しかった。

岩城に同行して養殖場の設営地探しを手伝ったアボリジニの古老ロング＝ジャックの出自は不明だが、おそらくクンムンニャ宣教所で育ったウォロラ語族の一員で、オーガスタス島に水源があることを知っていたのだろう。船長の村岡は、作業所建設用の木材を探すために、アボリジニに案内されて無人の宣教所跡を訪れたことを記憶している。

このように、日本人の到着以前に先住民やヨーロッパ人が住んだ歴史があり、人跡未踏の地ではない。ただし、海域を使う真珠養殖事業を始めたのは、大球丸で到着した日本人が最初だった。

五　真珠養殖の始まりと発展

白蝶貝は潮の干満の差が激しい泥状の海底で自然生育する。この条件にかなったブルームの「八〇マイルビーチ」沖で真珠養殖の母貝を採取する予定だった。母貝は生きたまま養殖場まで運搬する必要がある。大球丸は養殖場設置予定地に乗員と積んできた荷物を降ろすと、早速母貝採取のために、乗り組んできた潜水夫らとともにブルームに引き返した。

残された作業員たちは、水際の岩だらけの海岸を少し整地してテントを張り、荷物や簡易ベッドを置いて寝る場所を確保すると、養殖場の建設に取り掛かる。夜中にスコールが降り出すと、突然洪水のような水が流れ出して、ベッドもテント内の荷物と一緒に流されるほどの自然条件のもとで、母貝を海中で養育するための金網の籠の組み立てと、金網に海藻が付着するのを防ぐためのタール塗りの作業から始めた。タールを溶かすためには、土を固めてかまどを作り、火を焚かなければならない。

海上には、母貝を金網に入れてつるすための筏《いかだ》が必要である。筏の材料は島に生えているユーカリを使用した。まっすぐではないうえに、とても固いために重いが、しなりがあって筏に適している。ただし、大潮のときには干満の差が一〇メートル近くにもなるほど、潮の流れが激しい。針金と石を使って筏をしっかり固定するのに、男たちは苦労した。

岩城が最初に養殖場として決めたオーガスタス島の水道地区は、あまりに速い潮の動きで筏が流されてしまう。結局、半年後の一二月に、対岸の本土側の小さな入り江に養殖場を移動することを決めた。幸運にも水源が近くに見つかり、この入り江がまもなくクリベイと命名されて、オーストラリアにおける南洋真珠養殖の中心として発展を遂げていくことになる。

大球丸で到着した第一陣のメンバーは、日本への帰省はもとよりブルームへ一時休暇で遊びに行くこともなく、二年以上も養殖作業に没頭した。その血のにじむような努力の成果は着実にあがり、到着翌年の一九五七年には半円真珠が生産され、五八年には念願の真円真珠の収穫が実現した。クリベイで養殖された南洋真珠は、その大きさと輝きの素晴らしさで世界の市場を魅了し、ネックレス一本が一〇万ドル（当時の日本円で三六〇〇万円）で英国王室に売れるなど、大きな話題となった。

当時の南洋真珠養殖事業の特徴は、日本国内で決められた「海外真珠三原則」、いわゆる「ダイアモンドポリシー」と呼ばれた原則の遵守だった。この原則は、水産庁と日本の養殖業者の間で取り交わされた合意に基づいている。第一に養殖技術の非公開、第二に生産した真珠の日本への全量輸入と日本の販売権の獲得、そして第三に生産の計画化である。この三原則によって、日本の会社同士が競争することなく、日本が生産と販売権を独占し、南洋真珠の世界市場をコントロールしようとしたのである。また、生産調整によって過剰生産を防いで品質管理と希少性を保ち、価格の安定や値崩れを防ぐ目的を持っていた。

しかし、この体制は一九八〇年代になって人とモノの動きがグローバル化するなかで、しだいに崩壊していく。南洋真珠養殖技術が現地技術者に伝授されて向上すると、日本人技術者だけでの秘匿は困難となり、さらに、現地企業が参入して独自のルートの開拓や拡大を目指すと、販売権を日本が独占することは不可能となったのだ。(37)

クリベイはまた、高品質の真珠の生産だけでなく、その後の真珠養殖産業を支えていく優れた人材を育てたことでも非常に高い評価を得ている。

第一陣として到着した室井忠六はその後クイーンズランド州北部の木曜島での真珠養殖事業に技術者として派遣され、一九六一年以降はタヒチ島で黒蝶貝を母貝とする黒蝶真珠の養殖技術の開発に関わり、その先駆者として大きな貢献をした。やはり大球丸で到着した浜口純一は優れた挿核技術者として頭角を現し、オーストラリアにおける真珠養殖の技術革新に貢献したほか、一九七〇年代からはダーウィンを中心に真珠養殖事業を展開したパスパリー社（現・パスパリー・パール社）の技術指導者として活躍した。さらに、一九八〇年代にはパスパリー社と共同で、南洋真珠養殖方式の革新である近代設備を整えた船上で挿核作業や挿核後の母貝の処置を行う技術を開発した。それによって、クリベイのような陸上基地を中心とした母貝養殖場と挿核場という作業体制が、近代化された船上ですべての挿核作業を完了するというシステムへ大きく転換していく。

室井や浜口など日本で技術を磨き、後に海外で活躍したパイオニア技術者の経歴から明らかになるのは、一九七〇年ごろまでは南洋真珠養殖の技術、販売、生産を日本が独占し、コントロールできたが、それ以降は日本人技術者が海外に進出し、現地のビジネスマンと共同で養殖事業を行うという方向へ変化していったことである。とくに、一九九〇年代後半以降になると中国産の淡水真珠が大量に市場に出回り、インドネシアやフィリピンでの南洋真珠養殖産業も大きく発展したため、真珠市場は生産過剰とそれにともなう品質低下によって価格の低迷が続いている。

本章では、一九五六年にオーストラリアで始まった南洋真珠養殖事業を取り上げ、この事業が戦前からの真珠貝採取産業に関わった人びとによって誕生したプロセスを描いた。そこでは、海を舞台とした経済活動が、日本人やオーストラリア人だけではなく、アメリカ人実業家や戦前にインドネシアでの経験を持つ技術者などの人と人のつながりの中で生み出され、発展していく過程が明らかになった。

日本もオーストラリアも、周囲を海で囲まれた国である。海は、国土である陸地を周囲の国々から距離をおくことで守る役割を果たす場合もある。同時に、人びとは豊かな海洋資源を求めて海を渡って移動し、定着して経済活動を綿々と行ってきた。南洋真珠養殖の歴史を振り返ると、個々人の動きと移動先での努力とともに、国家間でのダイナミズムが密接な関係を形づくってきたことがわかる。海は、海洋資源の誕生や育成を促すだけでなく、人と人、そして国と国との関係も育んでいったのである。

（１）松本博之「アラフラ海と真珠貝―世界システムの視点から―」小長谷有紀・中里亜夫・藤田佳久編『アジアの歴史地理３林野・草原・水域』朝倉書店、二〇〇七年、二二〇ページ。
（２）中林茂「白蝶貝の海に潜る――ブトン島真珠養殖記」『あるく　みる　きく』二三七号、一九八八年一一月、三八ページ。真珠業界では現在でも貫(三・七五キロ)と匁(三・七五グラム)が重量を測る単位として世界的に認められている。
（３）Saville-Kent, William, *Australian Dictionary of Biography-Online Edition*. http://adb.anu.edu.au/biography/saville-kent-william-13185(二〇一五年二月九日アクセス)
（４）M・A・ベーン著、足立良子訳『真珠貝の誘惑』勁草書房、一九八七年、二一八～二二一ページ。
（５）二〇一三年一月一六日に筆者が行った村上安吉氏の子息ジョー・村上氏との電話インタビューで得た情報。
（６）小川平『アラフラ海の真珠――聞書・紀南ダイバー百年史』あゆみ出版、一九七六年、二八〇～二八四ページ。
（７）David Sissons, "The Japanese in the Australian Pearling Industry", *Queensland Heritage*, Vol.3, No.10, 1979, pp.12.
（８）日本船の貝採取量は一九三四年の二〇〇トンから三六年には七五〇トンに増えた。一九三八年にはは三四五九トンに達し、オーストラリアの二五四三トンを追い越している。Regina Ganter, *The Pearl-Shellers of Torres Strait: Resource Use, Development and Decline, 1860s-1960*, Melbourne University Press, 1994, p.136.
（９）本書八五ページ参照。
（10）成田勝四郎編著『日豪通商外交史』新評論、一九七一年、一八五ページ。
（11）西春彦『回想の日本外交』岩波書店、一九六五年、一四六ページ。
（12）クイーンズランド州の地方紙『クリア・メイル』(*The Courier-mail*)紙は一九五三年四月二日付で、「ジャップ大使は北部へ移民を送ることが可能と語る」と見出しをつけて報道した。
（13）栗林徳一『敗残兵物語』栗林事務所、一九七七年、一九七ページ。
（14）小田滋「アラフラ海真珠貝漁業紛争」『ジュリスト』六四八号、一九七七年九月、七〇ページ。
（15）Alan Rix, *The Australia-Japan Political Alignment: 1952 to the Present*, Routledge, 1995, p.51. 一九五七年四月のメンジース連邦政府首相訪日の際にこの紛争の政治的解決が提案されたが、実現しなかった。
（16）Rix, *op. cit.*, pp.50-51.

(17) 占領終了後、日本政府と漁業界は海外へ進出するために公海の自由に則る操業の自由を主張した。この議論は、対オーストラリアだけではなく他国との交渉、とくに李承晩ラインを主張して日本船による漁業操業を規制していた韓国との交渉に影響を与えると考えられ、日本政府は非常に強硬な姿勢を取った。
(18) 前掲(11)、一五三ページ。
(19) 栗林徳一「熾烈な反対にあった海外事業」『真円真珠七〇年』真珠新聞社、一九七八年、一四四ページ。
(20) 前掲(19)、一四四〜一四五ページ。
(21) 真珠新聞社『真珠産業史――真円真珠発明一〇〇年記念』二〇〇七年、日本真珠振興会、六二〜六三ページ。
(22) 前掲(21)、六二ページ。
(23) 前掲(21)、六三ページ。
(24) 松井佳一『真珠の事典』北隆館、一九六五年、六六二ページ。
(25) J.W.Douglass ed., *The Digest Year Book of Public Companies of Australia & New Zealand for 1956*, Jobson's Publications, 1957, p.124.
(26) デューローは趣味で植物に興味を持ち、ユーカリの一種である Eucalyptus stoatei Gardn の採集者として公式登録されている。http://www.cpbr.gov.au/biography/dureau-keith-francis.html（二〇一四年五月二日アクセス）
(27) 一九五五年四月二一日付、オットー・ガードーからサム・メイルへの手紙の中で、デューローをとおして真珠養殖事業への参画を要請されたと説明している(ネヴィル・クレイン氏所蔵文書)。クレイン氏は一九八〇年代に Pearls Pty Ltd. の総支配人として勤務し、会社がパスパリー社に売却される際に会社資料を個人的に保存した。その貴重な資料を閲覧させていただいたことに筆者は心より感謝する。
(28) 『クリア・メイル』紙、一九五三年二月九日付。
(29) 一九五五年一月二一日付、ガードーからデューローへの手紙(ネヴィル・クレイン氏所蔵文書)。一九四八年六月一九日付の『クリア・メイル』紙によると、クレイグは占領期にオーストラリア政府から日本に派遣され、二年間滞在して真珠養殖について調査した。その後一九四八年から木曜島での養殖開始をクイーンズランド州政府や連邦政府に働きかけていた。
(30) 一九五五年四月二一日付のガードーからサム・メイルへの手紙でガードーは、栗林が「素晴らしく誠実で、影響力があり、能力と忠実さを持った日本の傑出したビジネスマンである」と絶賛している（ネヴィル・クレイン氏所蔵文書）。

（31）一九五五年四月二一日付のガードーからメイルへの手紙で、ガードーは具体的な金額は示していないが、次のように書いている。「やり方として考えているのは、日本が私たちにある程度のお金を送り、それを私たちがオーストラリアへ送るようになるだろう。この事業は公式にはほとんどがアメリカとオーストラリアの事業として、日本のパートナーの関わりはマイナーなものであるとするほうがよいだろう」（ネヴィル・クレイン氏所蔵文書）

（32）A report produced by Arthur Andersen & Co., "Pearls PTY. LTD.: Memorandum outlining the history, operations and income tax situation of the company" (year unknown, probably in 1967)［ネヴィル・クレイン氏所蔵ＰＰＬ関連文書］

（33）前掲（2）、三八ページ。

（34）覚田嘉榮『覚田真珠の歩み』覚田真珠株式会社、一九九六年、三五～四二ページ。

（35）J. R. B. Love, *Kimberley People: Stone Age Bushman of Today*, David M. Welch, 2009（再版）, pp.4-8.

（36）長老派教会はキリスト教プロテスタントの教派の一つで、オーストラリアではスコットランド出身の教徒が多く、二〇世紀初頭より先住民に対しての宣教活動に熱心に取り組んだ。（35）の書籍を一九三六年に出版したラヴも宣教師として赴任し、一〇年間クンムンニャ宣教所で活動した。

（37）南洋真珠の生産と販売のグローバル化の波をつくりだしたのは、オーストラリア人企業家で、現パスパリー・パール社会長であるニック・パスパリー氏の貢献が大きい。

【謝辞】

資料収集に協力してくださった元日宝の内田佚雄氏とクリベイでの調査を可能にしてくださったパスパリー社に感謝いたします。

第Ⅲ部

翻弄される出稼ぎ
——国家の間で生きる

ドボの街並み（1988年8月、村井吉敬撮影）

第1章　真珠ダイバーの夢の跡――アル諸島ドボの日本人街

内海愛子

一　南洋航路と出稼ぎ

「何にもない町」から海外へ

和歌山県潮岬。潮の深い香りに包まれて岬に立つと、眼前に太平洋の大海原が広がる。紀伊山地を背にした本州最南端の町・串本の突端にある潮岬は、冬には海から太陽が昇り、海に沈むほど、視界が開けている。この潮岬にある西牟婁《むろ》郡串本村は、一八九七(明治三〇)年に串本町になり、二〇〇五年に古座《こざ》町と合併して現在は東牟婁郡串本町となっている。ここから蘭領東インド(パプアを除く現在のインドネシア、蘭領インドとの表記もある。以下蘭印と略)のアル諸島ドボに出稼ぎに行った林春彦は、「何にもない町」と語っていた(1)。

「何にもない」町だから、男たちは猫も杓子も「カラ」へ出かけた。「カラ」とは串本の方言で「外国」を意味する。「カラに行かなければ男じゃない」と言われ、一九世紀末以降、アメリカ本土やハワイだけでなく、オーストラリア、フィリピン、シンガポール、蘭印などへ出ている。福沢諭吉が『時事新報』に「人民の移住と娼婦の出稼」を掲載し（一八九六（明治二九）年一月一八日）、移民奨励の論調を展開していたころである。

一八九七（明治三〇）年、和歌山県は八五五人に旅券を発給した。このうち東牟婁郡が三一九人、西牟婁郡が一八八人となっている。東牟婁郡出身で一九〇六（明治三九）年に海外に滞在している者は二七〇九人、〇七年には三一八〇人を数えている。人口八万四六七一人の東牟婁郡から、三〇〇〇人を越す青壮年が海外へ向かったのである。

出稼ぎ者の送金は年を追うごとに増えていく。一九〇二（明治三五）年が五一六万五〇〇〇円、〇三年は四六九万二六五〇円と若干減少したが、〇四年に七五〇万三二〇一円と大幅に増え、〇五年には九三六万六五六五円にのぼっている。米一升が七銭五厘だったころである。海外送金で地域が潤ったことを物語るように、紀南地方（和歌山県と三重県の最南部）につぎつぎと銀行が創立されている。日高銀行、大同銀行、丙申銀行（のちの西串銀行）、新宮銀行、大島銀行、有田起業銀行、熊野銀行、那智銀行、田並銀行、農商銀行、周参見《すさみ》銀行、出雲銀行、古座銀行、日置銀行、熊野共同銀行、色川銀行、三隅銀行、高芝銀行、田辺銀行、牟婁銀行……。「何にもない」串本町でも、一九〇一年（明治三四）四月に熊野共同銀行が盛大に落成式を行っている[2]。

一方で、串本町が紀勢鉄道（現在のJR紀勢本線）で大阪とつながったのは一九四〇（昭和一五）年になってからである。それまでは徒歩で山越えをして一週間も歩いたり、途中から鉄道やバスで大阪や神戸に出ていた。船便もあったが、三重県との県境近くの勝浦まで出なければならない。串本港に大阪商船の紀州航路が寄港するようになったのは、一九二六（大正一五）年である。一六〇〇トンの那智丸や牟婁丸が寄港して、ようやく大阪への快適な船旅が実現した。

蘭印の商業都市スラバヤ

神戸や大阪に行けば、「カラ」へ渡るいくつもの航路があった。一八九六（明治二九）年に開設された日本郵船のオーストラリア航路は、横浜と神戸から、フィリピンのマニラ、サンボアンガ、オーストラリアの木曜島、メルボルンをつないでいた。蘭印へは一カ月に二回、蘭領東印度日本線が就航していた。オランダのジャワ支那日本汽船(Java China Japan Linj. 一九〇三年設立)が運航する航路である。一九一二(大正元)年一〇月には、南洋郵船組(後の南洋郵船)が神戸―ジャワ島(スラバヤ)間に月一回の定期航路を開設した。約四五日の船旅である[3]。

蘭印第一の商業都市スラバヤは、砂糖の一大集荷地だった。港から積み出されたのは、砂糖に加えて、ゴム、コーヒー、ヤシの実の胚乳を乾燥させたコプラ、木材、ナマコ、フカヒレ、貝類、寒天の材料であるテングサなどであった。三井物産は一九一二(明治四五)年に出張所を設けて、砂糖の買い付け専門の所員二人を常駐させていた。生糸、鉄製品、綿糸布、陶器、電球、マッチ、蚊取り線香などの雑貨の輸入を手がける企業(肌着雑貨を扱う潮谷商会、メリヤス肌着を専門に扱う福島洋行、雑貨の高橋商店、売薬雑貨の岡崎商店など)の駐在員や、インドネシア人を相手に行商する渡航者も増えていく[4]。

なかには、ジャワ島に降り立ったその日から、天秤棒を担いで「オイッチニ、オイッチニ」と行商して歩く者もいた。蚊取り線香などの雑貨、仁丹や目薬などの薬の行商、写真屋などさまざまな商いの日本人が、ジャワ島に集まってきた。なにしろ儲かったのである。食あたり、頭痛、気分不快、整腸などの薬・千金丹は日本で五銭のものが一円で、婦人病の妙薬である中将湯《ちゅうじょうとう》は二〇銭が二〇～三〇円で、それぞれ売られていた。「当時の行商はボロイものであった」ようだ(『大阪朝日新聞』一九一五(大正四)年五月四日)。

行商で地方を歩いて事情に詳しくなると、店を開く者も現れた。「トコ・ジュパン」(「日本の店」の意味)と呼ばれた小さな雑貨店である。そのひとり小川利八郎は売薬の行商で財を成し、一九一〇(明治四三)年に小川洋行を興した。その前年には、堤林《つつみばやし》数衛《かずえ》が売薬の行商を目的とする南洋商会を設立している。小川や堤林に代表されるように、大正時代初期までの行商は日本人が成功する最良の手段だった。交通不便な地まで出かけて「尊大なオランダ人」を相手に、しばしば商売そこのけでケンカしては、日露戦争で勝利した日本の「優越性」を示すべく努力していたという。その姿を目の当たりにした『日蘭商業新聞』の金子光邦は日本での講演会で、「諸先輩の苦心は全《まった》し敬服に価《あたい》する」(5)と話している。

大正時代に入ると、売薬専門は資本の少ない者の仕事になり、小金を貯めた者は売薬半分・雑貨半分、あるいは雑貨中心の店を開いた。射幸心を煽る吹矢や文廻しを生業とする者もいた。文廻しは、円形の紙や板の真ん中から放射状の線を描き、そこに商品名を書いて廻し、吹矢で射抜く遊びである。矢が当たったところに書かれた商品が手に入ることになっているが、なかなか当たらない。一種の賭博とみなされ、禁止している町もあった。

セレベス（スラウェシ）島のマカッサル（ウジュン・パンダン）では、在留日本人約五〇人のうち一、二の商店を除くほかは、いずれもインドネシア人相手の文廻し屋だった。ボルネオ（カリマンタン）島のバリクパパンでも、正業を営む日本人はきわめて少なく、大部分が文廻し屋であったという。ある日本人は、正業を営もうと官庁に届けを出したとき、官吏から「汝は文廻し屋を始めんとするか、将《は》た醜業を営まんとするのか」と質されて憤怒したそうだ。(6)

第一次世界大戦（一九一四（大正三）年七月～一八年一一月）でヨーロッパからの輸入が困難になると、日本との貿易が拡大していく。三井銀行、台湾銀行、南洋郵船の後を追うように、三菱銀行、横浜正金銀行、大阪商船、鈴木商店などが進出し、ジャワの日本人社会は活況を呈した。一七二八人（男子）の在留日本人の職業をみると、店員・事務員（三四五人）、雑貨商（一四六人）、船舶従業者（一二八人）、行商（九五人）、大工（五八人）、写真業（五一人）、洗濯業（三七人）などとなっている（一九一五（大正四）年）。

一九二一（大正一〇）年ごろから一九二八～二九（昭和三～四）年にかけては、「黄金時代」といわれるほど景気がよく、「流れ流れて　落ち行く先は　北はシベリヤ　南はジャバよ～～」（宮島郁芳作詞、後藤紫雲作曲『流浪の旅』一九二一年)と歌われたジャワに、一攫千金を夢見て流れてくる者が後を絶たなかった。

だが、「黄金時代」は束の間で終わる。世界恐慌の波が蘭印にも押し寄せ、不景気が南洋全島をおおうようになると、「昨日の南洋は今日の南洋にあらず」という事態に陥った。それでも、「南洋熱」にうかされた日本人が「踵《きびす》を接して」やって来た。行商が増えたが、中には悪辣な手段で住民をだます日本人もいて、商売は容易ではなかったという。売価が安くなっていたうえ、戦勝国の一員だった日本は山東省の旧ドイツ利権の譲渡などを要求する「対華二一カ条要求」(一九一五(大正四)年一月一八日)を中国に突きつけていたので、田舎町でも中国人の「排日」が激しくなっていた。そんなことなど夢想だにせず、無尽蔵の富の宝庫・南洋に「小便をしにくるが如き若輩」や、日本の生活難に耐え兼ねて逃げ出してくるような「無骨者」が後を絶たなかった(前掲『大阪朝日新聞』)。

蘭印の水産調査に歩いていた高山伊太郎も、文廻し屋などが衆口一声に「南洋まで来て労働するには当たらず、労働する程ならば故国に在りても米の飯は食へるなり」と、一定の職をもたずに南洋を股に掛けて浮浪生活をする者が多いと嘆いている(7)。

日本からの輸入量も増え、蘭印の総輸入量に占める割合は一九三三(昭和八)年には三一%にものぼっている。なかでも、綿製品は蘭印の綿布市場の七五%(一九三二(昭和七)年)を占めた。日本の膨張に警戒の念をいだきはじめた蘭印政庁は、一九三四(昭和九)年に「外国人入国制限令」を施行し、外国人移民の入国数を制限しはじめた。日本人の年間入国者数は一六三三人に限定され、一九三五(昭和一〇)年八月には日本人にも「非常時外国人勤務令」が適用され、入国にはすべて司法長官の許可が必要となった。

それでも在留日本人は増え続け、一九一五(大正四)年の三一〇三人から三九(昭和一四)年には六四六九人に倍増している。その一方で、入国拒否や在留許可の延長を拒否されるケースも見られた(8)。

二　出稼ぎの夢を託した街――アル諸島ドボ

航路を独占したオランダと海の民の「自主交易」

神戸―スラバヤ間の定期航路を開いていた南洋郵船は、一九三五（昭和一〇）年七月五日、南洋海運に改組された。日本とオランダとの交渉の結果、日本郵船、大阪商船、南洋郵船、石原産業海運の四社が統合されて南洋海運となったのである。同社の船が往路か復路にマカッサルに寄港したが、蘭印内の航路はオランダが独占していた。

また、オランダの王立郵船ＫＰＭ社（カー・ペー・エム社、Koninklijke Paketvaart Maatschappij、一八八八年創立）の貨客船が、二週に一回、蘭印の各島（アンボン島やアル諸島など）を周航していた。マカッサルからは、真珠貝、干魚、ナマコ、テングサ、フカヒレ、ボタンに加工する高瀬貝、べっ甲（ウミガメの一種タイマイの甲羅を加工し、櫛やメガネのフレーム、装飾品に使われる）などの水産物が積み出され、香料（マルク）諸島の中心であるアンボン島からは、肉料理に使われる香辛料のクローブ（丁香）やコショウ、コプラやナマコやフカヒレなどが積み出されていた。一方、運ばれてきたのは、米、食料品、綿製品、石油、雑貨などである。

蘭印は外国船が沿岸貿易に加わるのを禁止（一九三六（昭和一一）年に「蘭領印度航海法」を公布）していたが、例外として本社がスラバヤにある塩原海運商会の貨物船虎丸（四六七トン）が就航を認められていた。船長と機関長、事務長は日本人で、他の乗組員は全員インドネシア人である。スラバヤからバリクパパン―マカッサル―アンボン―バンダネイラ（バンダ諸島）―トアル（カイ諸島）（ときにはドボ）をめぐり、マカッサルに戻った後に、ビーマ（スンバワ島）を経てスラバヤへ戻る（二〇～二一ページ図Ⅰ―1―1参照）。運賃は、オランダ船の二分の一、ときには三分の一だったので、日本人にもインドネシア人にも歓迎されていた。物資を満載した虎丸が入港すると、出航までのわずかな間は寄港地の積荷運賃や物価が下落したという(9)。

オランダが航路を独占していたが、蘭印には自前の帆船でモノとヒトを運ぶオラン・ブギス(ブギス人)やオラン・バジャウ(バジャウ人)がいた。水産調査にまわった高山は、セレベス島東海岸でオラン・バジャウが常に海上生活し、貝類やナマコの採取を専業としていると記録している(10)。

一九八四年七月、筆者も同じ海岸で彼らと行き会った。日本に輸入されるエビがどこでどのように獲れるのかを調べるため、村井吉敬、鶴見良行、福家洋介と四人で、インドネシアの海辺を歩きまわっていたときである。エビを追いかける旅がジャワ島の北海岸、バリ島、スラウェシ島、アンボン島、アル諸島へと広がっていったが、このとき出会ったのがオラン・バジャウである。「海の民」である彼らは、まだ島々をまわって交易を続けていた。真珠貝、ナマコ、コプラなどを集荷し、ウジュン・パンダンやシンガポールに運んで売り、海上生活に欠かせない天水を溜める水瓶や日本の古着を仕入れて、周囲の島々の人びとに売っていた。ときにはオートバイも運んでいた。帆とエンジンを併用した五〇～一〇〇トンの機帆船で、オーストラリアまで出かける場合もあるという(11)。

ブギス人やバジャウ人たちは、季節風と潮を巧みに活かしてアンボン—ダーウィン—アル諸島を結ぶ海域を移動し、交易してきた。ところが、国家はいま、こうした交易を「密入国」「密貿易」の名目で取り締まっている。

真珠貝の島アル諸島

KPM社の貨客船は二週に一回、アル諸島のドボに寄航していた。巨大なニューギニア島の懐にかかえられたアル諸島は面積八四一八㎢の珊瑚礁で、大小八〇あまりの島からなる(図Ⅲ—1—1)。ドボがある北西部のワマール島は丘陵らしい隆起もなく、ヤシの木が水際まで密生した低地である(12)。真珠貝採取業が盛んなころは、物資の集散地として賑わっていた。住民たちは素潜りの真珠貝採取とナマコ漁を生業としていた。彼らの潜水時間は九三秒におよび、八ヒロ（約一四・四m）まで潜っていたという。採った貝やナマコは中国人やブギス人に渡し、食料品や日用品、ヤシ酒などと交換していた。

ドボに日本人がやってきたのは明治時代の中頃である。一八九三（明治二六）年に約一〇名がオーストラリアのブルームから五〜六隻の小舟で来航し（四人が客死）、翌年には木曜島から六〜七名がやってきた。一九〇四（明治三

図Ⅲ―1―1　アル諸島

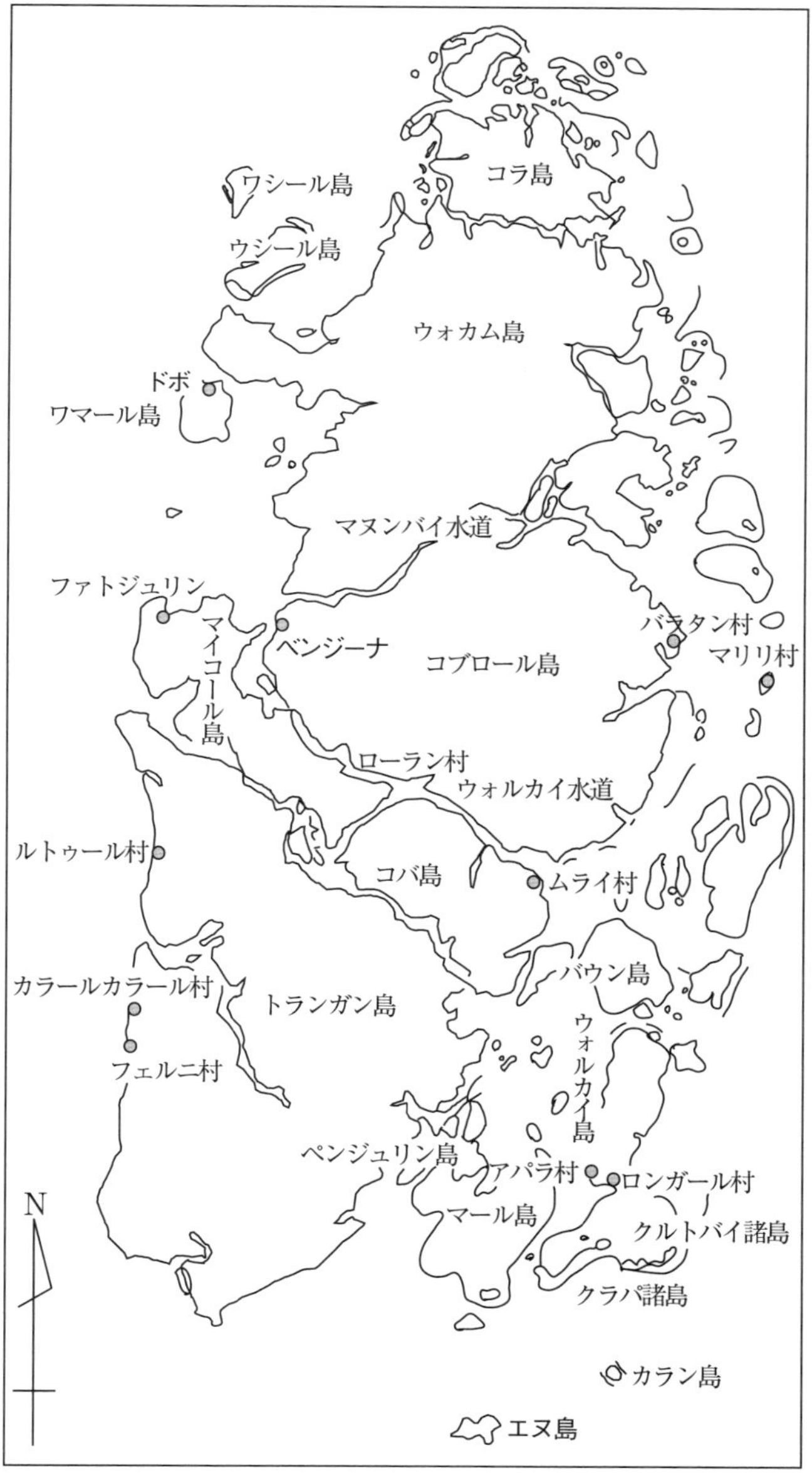

七)年には、永野角十がボートを新造し、四人の従業員を雇って採貝をしていたという記録がある。当時、二四人の日本人が採貝していたというが、なぜか翌年には中止している(13)。

ドボに大規模な採貝事業をもちこんだのは、アラビア人のバジュラーである。一九〇〇(明治三三)年初めにオーストラリアから漁船一隻で訪れ、〇四年には二七〜二八隻で操業を始めている。一隻の採貝高が七〜一三トンもあり、大成功だった。その後、木曜島からイギリス人のビクトルが漁船三隻でやってきて試験操業を行い、相当の漁獲があった。そこで、ビクトルはじめオーストラリアの業者五社は蘭印法人セレベス・トレーディング・カンパニー(CTC社、Celebese Trading Company)を組織し、二本以上の帆柱を立て縦帆を張るスクーナー型帆船六隻とダイバーボート一六〇隻を率いて、再びドボにやってきた(14)。

漁場は「真珠漁業条令」(一九〇二(明治三五)年の「蘭領東印度真珠介類及海鼠漁業条令」(総督府令第四号))により、一定期間の漁場が競売に出され、落札した業者が操業権を獲得することになっていた。沿岸から六ヒロ(約一〇・八メートル)までは住民の素潜り専用の漁場だが、六ヒロ〜三カイリ(約五・五キロ)は落札者が権利をもつ特許漁場となる。漁業権は三年ごとに入札した。その沖合が、公海の一般漁場である。

CTC社は一九〇八(明治四一)年から三年間の操業権を獲得した後、一一〜二〇(明治四四〜大正九)年の一〇年間の権利を獲得し、母船五隻、採貝船約九〇隻が操業した。そのダイバーや命綱をもつテンダーは、ほとんど日本人だった。一隻にはダイバーが一人または二人、テンダーが一人、ダイバーに空気を送るための「車まわし」(ハンドルを回して送風する)が五人、あわせて七〜八人が乗り組んだ。総数では三五〇人を数えていたが、その八割が和歌山県出身だった。彼ら向けの雑貨商なども五〇人ほどドボには在留していたので、ドボはさながら「南洋における日本人漁村」のようだった(15)。

農商務省海外実業練習生として南洋諸島を巡行(一九〇六〜〇九(明治三九〜四二)年)した佐野実は、ドボに立ち寄って、街の様子を記録している。当時ドボには七〇〇〜八〇〇人もの日本人がおり、「一として具はらざるなく、宛然日本町の観」を呈していたという。とくに、五月中旬から七月末までの休業期には「不夜城」と化していた。ボーデンハウスと呼ばれる下宿屋が三〜四軒あり、出身の村ごとに集まっていた。墨や筆まで扱う雑貨店が数軒、ビリヤード場が三軒、バーが数軒のほか、巡回活動写真館、洗濯屋、お汁粉屋、寿司屋もあり、シンガポールから「娘子軍《ろうし》」と呼ばれた女性たちや浪速節語りまで出稼ぎにきていた。

佐野は二回目の巡行（一九一〇（明治四三）〜一三（大正二）年）のときもドボに立ち寄っている。やはり休業期だったようで、想像できないほど賑やかで、ダイバーたちが裸同然の風体で騒いでおり、オランダの官憲はこうした日本人を「土人扱い」していた。佐野は日本人としてのプライドをいたく傷つけられたらしく、「実に慷慨に堪えん」「多少なりとも国家と云う感念〔ママ〕を持て貰ひ度い（もってもらいたい）」と怒っている。(16)

「国家の感念〔ママ〕」などどこ吹く風とばかりに、束の間の休業期に思い切って羽目をはずしたり、全収入を使い果たすダイバーもおり、街は外来者がうんざりするほど猥雑な活気に満ちあふれていた。こうした悪弊を矯正し、病人の救済や死亡者の遺族の扶助を行おうと、定住者たちは一九〇六（明治三九）年に「同人会」を結成している。一九〇八（明治四一）年にはこれを拡大して日本人倶楽部として、事務所を置いた。各種の書籍や玉突き台を備え、事務員を雇い、郵便物や会社官庁への各種の事務も取り扱った。会長の任期は一年交代制で、名誉会長には一九〇四（明治三七）年にドボにきた瀬戸和蔵が就任している。(17)

一九一〇〜一一（明治四三〜四四）年ごろには、街の西側の海に延長二〇間（三六メートル）ほどの桟橋が造られ、ここに日本人会館が建てられた（一三六ページ図Ⅲ―1―2参照）。当時では珍しい木造二階建ての会館は、休業期には日本人の会合に使われ、倶楽部として船員の慰安、休養、宿泊にも利用されたほか、来航者への便宜もはかっていた。内外の信望が厚い瀬戸和蔵が、官憲との交渉、旅行者や来航者の世話をしていた。

日本人採貝船の進出

第一次世界大戦の開戦後、CTC社は操業を縮小し、その後中止している。一時は五〇〇人の日本人ダイバーが雇われていたが、その多くは送還されたり、スクーナー型帆船二隻とともに木曜島へ引き揚げた。一方、ドボに残った約一〇〇人のなかには、採貝ボートを持つ経営者になった者もいた。一時の賑わいはなくなったものの、操業は続いていた。やがて、日本では一九三一～三二(昭和六～七)年ごろから「アラフラ海ブーム」が始まる。その先鞭をつけたのが丹下福太郎である。

丹下は船齢一〇年の鰹船(三〇トンの生長丸)を買い取り、一九三一(昭和六)年一〇月五日、パラオに向けて横浜を出港した。このとき三三歳、船長の波多野秀郷(二三歳)以下一一名が乗り組んだ。無線はないし、当時は小さな木造船には保険もかけられなかった。一直線に南に下ると、早ければ九昼夜、普通は一二昼夜、遅くても一三～一四日でパラオに到着する。ここで水や食料を積んで再び南下し、ニューギニア島の鼻先をぬけてアラフラ海に入る予定だった。ところが、途中で二度も暴風雨にあい、機械が故障し、さらに、ニューギニア島の南端ではクランクシャフト(エンジンの主軸)が折損して、エンジンが動かない。最寄りのドボ港まで帆走し、一〇日もかかって入港した。横浜を出てから五〇日あまりが経っていた。しかも、機械が故障しているので採貝はできない。

丹下は破損したクランクシャフトを持って日本に戻り、乗組員が残された。船には米、味噌、醤油など半年分を積み込んではいたが、野菜などを買う金はない。この乗組員の面倒を引き受けたのが日本人会の瀬戸和蔵だった。

翌年の二月、修繕したクランクシャフトを持って丹下が帰ってきたが、ドボには鉄工所がない。乗組員だけで取り付け工事と船体の修理をし、三月下旬にようやくアル諸島東南(イースト漁場)のエヌ島沖で操業を始めた。だが、ダイバーに空気を送るコンプレッサーの調子が悪い。操業を中止してダーウィンへ入港し、日本人からコンプレッサーを借りて、再びアル諸島へ戻り、今度はウエスト漁場で操業をした。

四〜五月末までに八トンの真珠貝を採り、七八六〇円の売上げになった。以後の売り上げは、一〇〜一二月に二隻で操業して一七トン(二万五七二円)、一九三三(昭和八)年二〜四月に一隻で七トン(一万九五二円)、五〜八月に二隻で一八トン(二万八五〇〇円)、九〜一二月に三隻で七〇トン(七万円)となり、大卒の初任給が六〇円の時代に、二年間で一二万七八八四円を手にしたのである。(18)

丹下の出漁に続いて、日本に戻っていた元ダイバーたちがつぎつぎに採貝に乗り出していった。潮岬村(一九五五年に串本町などと合併)出雲の浦中久吉も漁船一隻に四人を乗り組ませてアラフラ海に出漁し、北オーストラリアで「浦中漁場」と呼ばれた漁場を発見している。「貝類が豊富なることは世界一と称するも過言ではない」と言われた漁場である。話を聞いた出稼ぎ経験者たちは「船さえ建造できれば一年で償却でき、しかもかなりの利益をあげられる」と考え、出雲信用組合から二万円を借りて図南丸《となん》(二八・六七トン)を建造し、一九三四(昭和九)年二月七日、熱い期待を一身に背負って、出雲港を出航した。昭和恐慌(一九三〇〜三一年)で、出稼ぎで貯めた数百万円の貯金をすべて失い、生活の目途が立たなくなっていたダイバーたちが、生き残りをかけて真珠貝の採貝事業に乗り出したのである。(19)

串本町でも岡地奥蔵などが「成南丸真珠採貝組合」を結成し、資金調達に奔走していた。しかし、一九三一(昭和六)年一一月、日高銀行と大同銀行が破綻し、数百万円の預金が封鎖されてしまった。加えて、世界的不況で出稼ぎに出ていた者が続々と帰国していた。悲惨な状態に喘ぐなかで、岡地たちは一九三四(昭和九)年、串本町長宛に「真珠採貝事業計画に関する建議案」(七月二〇日)を提出している。

この建議案では、一万四二〇〇円(建造費四〇〇〇円、潜水器三人分一〇〇〇円などを含む)の予算を組んでいる。計画では、九月〜翌年五月まで九カ月操業して、最低三〇〜最高四五トンを採貝する。一トン一〇〇〇円で売れれば、三万〜四万五〇〇〇円の収入が見込まれる。一トン一五〇〇円での販売も考えられるとしている。経費は、燃料費、食費、器材費、人件費で合計一万八二三六円。二万六七〇〇円近くの利益があげられる計算である。串本信用組合や、岡地の妻の実家、親せき、串本町、田辺町(現在の田辺市)、朝来村《あっそ》(現在の上富田町《かみとんだ》)の有志から出資があり、合計一万八〇〇〇円を調達した。

こうして、多くの人びとの期待がかかった成南丸(三二・四四トン、二本マストの発動機船)が一九三五(昭和一〇)年三月二六日、串本港からパラオに向けて四〇〇〇マイル(約六五〇〇キロ)の航海に出た。串本町からは最初の船出である。成南丸はパラオを本拠地、ドボを出先基地として、一九三七(昭和一二)年まで操業し、計画どおり初年度は四万円の収入があった。これは真珠貝三五トンの売上金(トンあたり一一四〇円)である。純益は石油や食料などの経費四五〇〇円を差し引いた三万五五〇〇円で、乗組員一〇人と出資者で、半分ずつ分け合った。一万七七五〇円から船長の給料(一年分、一二〇〇円)、船体修理代(一〇〇〇円)、潜水服代(一枚約八〇円、一二枚分一〇〇〇円)、パイプ代(一〇本分、七五〇円)を差し引いた一万三八〇〇円が出資者の純収入である。

一九三五(昭和一〇)年がアラフラ海ブームの最盛期で、全国で採貝船が建造され、三八(昭和一三)年五月までに一六〇隻が進水している。なお、岡地は一九三六(昭和一一)年六月三〇日にアル諸島周辺で操業中に潜水病で死亡し、ドボの日本人墓地に埋葬された。[20]

強化される取り締まり

増え続ける採貝船に対して、蘭印政庁は取り締まりの強化に乗り出した。一九三五(昭和一〇)年には蘭印海域における漁業権、海産物の漁獲を出願する者の資格を、①オランダ臣民(国籍民)、②オランダまたは蘭印に永住する者、③オランダならびに蘭印に設立された会社、の三つに制限している(「蘭領印度真珠貝、真珠母貝、海鼠及海綿採取条例」(一九一六年公布、三五年改訂))。

それでも、採貝船はつぎつぎにアラフラ海に出漁した。一九三六(昭和一一)年五月末現在で、ドボ船籍の日本船は六隻。うち三隻がアル島沖(二～四月)とポートダーウィン(現在のダーウィン)沖(六～一二月)で操業し、一隻で六〇トン(七万円)の漁獲高を上げていた。漁獲物はドボで「支那、米国、英国仲買人に売却」し、「出漁第一年度の昭和一〇年度の配当、出資金の一〇割」と報告した船もある。これらの船は「船員の述べる所によると指定地外にも殆ど慣習的に上陸」していたが、住民はこれを「歓待」していたという。蘭印の取り締まりの目が届かないところで、日本の採貝船が住民と「交流」していたようだ。(21)

蘭印は、密漁や領海内での操業の取り締まりに神経をとがらせていた。一九三五(昭和一〇)年一二月一二日には、アル諸島東南のエヌ島沖で操業していた第一一生長丸が、ニューギニアの西端の「セール海峡で密漁をした」という疑いでドボに曳航された。乗組員は上陸を命じられ、日本人会館に監禁されている。一九三六(昭和一一)年三月二二日と二四日にも、第五アラフラ丸と神州丸がセール海峡でオランダ官憲に拿捕された。翌年二月にも拿捕があり、漁夫射殺事件や飛行機による掃射事件なども発生している。こうした一連の拿捕では船主の団体で組織した「南洋真珠貝採取船船主協会」(会長・丹下福太郎)が当局に掛けあい、釈放運動をしている。(22)

また、パラオから来る日本船も「相当数」あったため、監視船アンボイナ号が日本船を監視し、密輸を取り締まり、飛行機でも警戒に当たってきたが、一九三六(昭和一一)年七月を限りにドボ港は閉鎖され、以後、この海域の開港場はアンボンとマカッサルの二港に限定され、沿岸航海が制限された。

一九三七(昭和一二)年には「沿岸漁業条令」(一九二七年九月一日施行)が改訂され、日本人の漁業への新規参入は許可されず、既存の漁業権を維持する程度となった。蘭印政庁は、蘭印海域内や沿岸での漁業は、原則として乗組員全員がオランダ臣民(国籍民)で、オランダ国旗を掲揚する船舶のみが自由に操業でき、それ以外は許可書が必要と定めている。(23)

許可書は二種類あった。
①経済省長官の許可書——沿岸漁業
②地方長官の許可書——小規模の沿岸漁業。ただし、自家用あるいは漁獲にも輸送にも機械や動力付きの船舶を使わないこと。許可書の写しの下付された船舶以外は使用不可
しかも、オランダ国籍民の名で行っても、その実際の収入を得る者がオランダ国籍民以外のものであるときは禁止された。欧州人規定の適用を受ける日本人(欧州人と同等の待遇を受けるとの法律公布(一八九九(明治三二)年五月三一日))が、合名・合資・株式会社および組合の沿岸漁業に従事することも禁止されたのである。加えて、日本人の既存の漁業権による操業も停止しようとしたが、日本が猛反対し、権益は認められることになった。だが、現状維持以下に抑えられた日本人の漁業はしだいに不振に陥っていく。日本人会も改善の要望を出したが、開戦前にはダイバーボートが数隻という記録があるほど、ドボの採貝事業は低調になっていった。[24]
こうして、操業の拠点はパラオに移っていった。ドボから六日間で着くパラオは一九三一(昭和六)年末ごろからの五年間に大きく発展し、三六(昭和一一)年末には八六隻の船で二二九八トンの真珠貝を採貝(金額では二二九万八〇〇〇円)している。これは、同年の世界の生産高(五六二二トン)の四一%にあたる。日本人従業員数は一〇三二人を数えた。ちなみに、ドボの日本人従業員は四七人にまで減少している。[25]

三　ダイバー林春彦

ダイバーは度胸

串本出身の林春彦がドボに来たのは一九二五(大正一四)年五月である。前年五月には東・西牟婁郡から一〇二四

ダイバーがかぶったヘルメット
（村井吉敬撮影）

人が「カラ」に渡っていた（一九二六〈昭和元〉年の統計）。林もこの出稼ぎの波に乗った一人である。

そのころのドボには二〇〇人近くの日本人がおり、まだ賑わいが残っていただろう（一四六ページ参照）。それから一六年近く、林はドボで暮らした。帰国する一九四一（昭和一六）年には、日本人世帯は一〇世帯にまで減っていた。

林の父親も出稼ぎに来ていたが、「度胸」がなかったのか、稼ぎのよいダイバーにはなれないままドボで死亡した。ダイバーは心臓が強くないとダメだが、問題は「度胸だ」と、林は話す。

ダイバーは重装備である。潜水服の下に、ラシャ（毛織物）の下着と下帯をつけ、その上に太い毛糸の丸首シャツ、そして膝下までのラシャのズボンをはき、脛まである太い毛糸の靴下を二〜三枚はく。さらに、胸と背中にそれぞれ四貫目（約一五キロ）の鉛のおもりを背負い、カツレッという真鍮製の肩当てをする。靴も四貫目ある。最後にテンダーがカマ（ヘルメット）をかぶせるとき、「言い残すことはないか」と尋ねる。ここで怖じ気づくと「もうダメ」。林は「何もない」と答えたが、もう一度「本当か」と念を押された。「ない」と答えると、カマをかぶせられる。カマの前ガラスを合わせたら、「もうあの世、この世の空気がしない。声は聞こえるが、言っていることはわからない」と、林は話していた。

林の根城は海岸に面した名田《なだ》ハウス。潜水病で亡くなった成南丸の岡地奥蔵も名田ハウスにいた。数軒離れて、和田儀太郎の医院があった（図Ⅲ—1—2）。和田は看護兵あがりだったが、蘭印政庁は採貝業者の依頼で開業を認めたのである。

図Ⅲ―1―2　林春彦の記憶にある1930年代のドボ

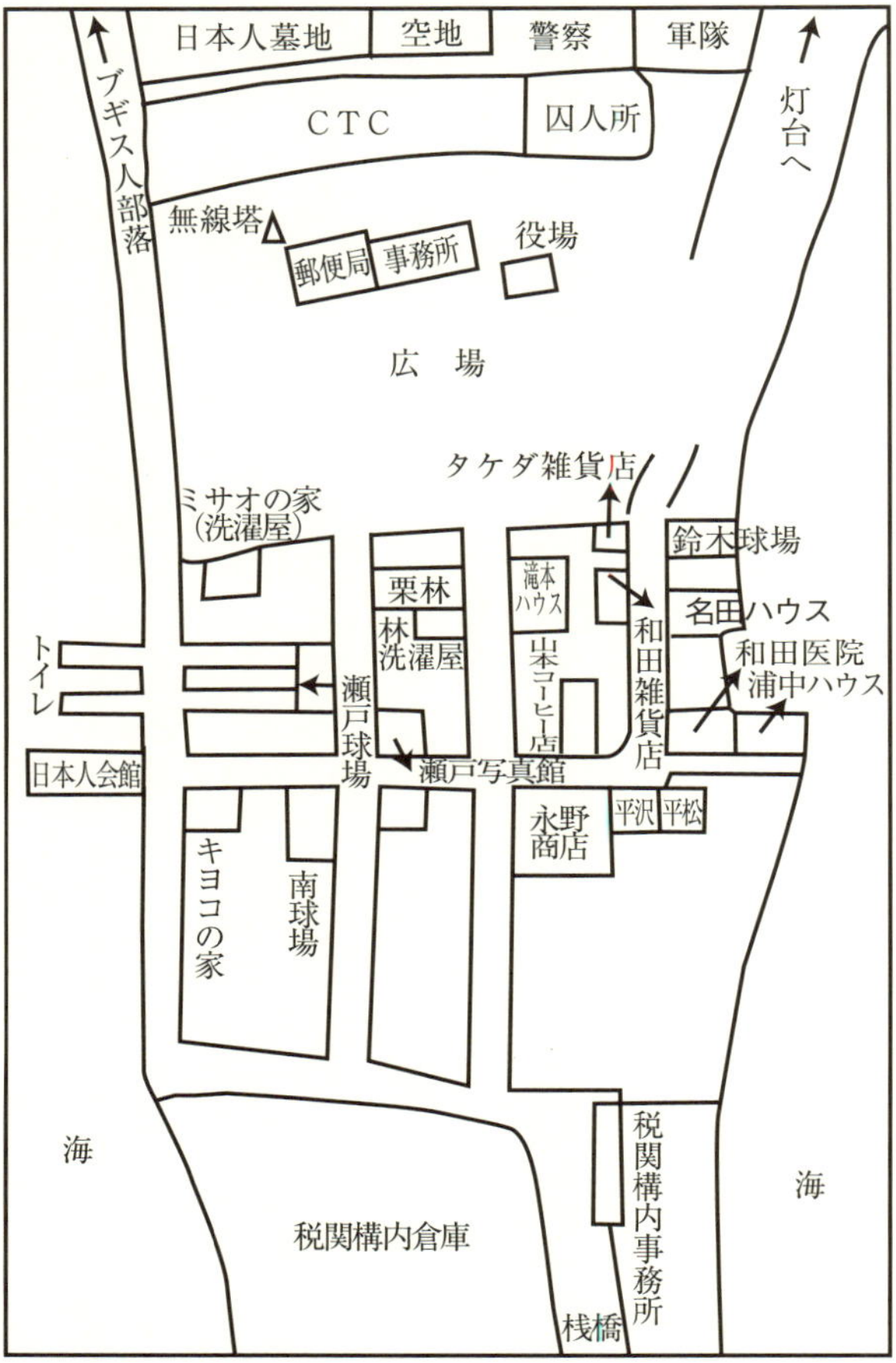

ハウスには、先に来た者が好きなところに布団を敷いて寝た。当初は三五人ぐらいが泊まっていた。荷物は置きっぱなしで、泊まって食べて一日八〇銭だったが、しだいに値上がりし、日本へ帰るころは二円八〇銭だったという。

主食は中国人がマカッサルから運んできた米である。中国人は米、油、マッチ、うどん粉、塩、布など生活必需品を、大昔の石器、貝殻を磨いた宝物、コプラ、海産物などと物々交換していた。彼らは、真珠貝もナマコもフカヒレもツバメの巣も、ときには漁の現場まで小舟で行って、沖で買い占めた。

「支那人〔ママ〕は人家があればどこでも行く。買うときはブック（ノート）につけてね、あとから品物で払う。商売にかけては、支那人〔ママ〕にかなわない」

ドボで一六年間、中国人と交流のあった林の実感である。

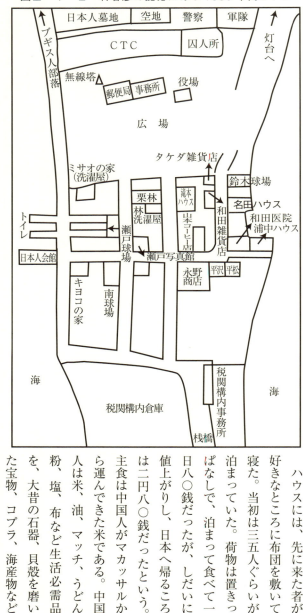

ダイバーは通常、二〇トン足らずのダイバーボートで暮らす。ボートは、側面の上縁に保護材として張った板に波がチャプチャプ来るぐらいがもっとも走りやすい。いつも波を直角に切り、舳先で波を砕く。林の乗ったボートにはエンジンがなく、帆走だった。帆走で一番楽なのは、後ろから風が来て、前の帆が遊び、波が送ってくれる、「オトシ」という状態。このときは舵を持っているだけでいい。これに対して、横波が危ない。

水浴びは潮水で、真水は一回にカップ二杯しか使えない。飲用水は天水で、水槽の設備が不十分なときには、乗組員が近くの島の掘井戸から水を運んだ。林のボートは水を五～六トンしか積んでいない。それを二～三週間で使うようにしていた。なくなると近くの島から淡水を手に入れる。イースト漁場ではエヌ島から運んだ。

操業する海域

真珠貝を採る地域は決められていた。部落に近い沿岸は貝が多い。一二八ページで述べたように、沿岸から六ヒロ(約一〇・八メートル)までは住民が素潜りで採る水域であり、ダイバーボートでの操業は認められていない。だが、林たちは内緒で入ったこともあったという。六ヒロ～三カイリ(約五・五キロ)はCTC社の特許漁場で、採取権のない日本船の漁場はその外の公海である。

アル諸島の漁場は浅水と深水に分かれる。東海岸の沖合一帯に広がる浅水は、水深四～一五ヒロ(約七・二～二七m)。海底は砂や泥が多く、風向きによっては水が濁る。船一隻にダイバーは一人、一回の潜水時間は三〇分以内、風で海水が濁らないかぎり日の出から日没まで操業した。潜る位置を変えるのにかなり時間がかかるので、一日の潜水回数は三～四回だった。深水は南東三〇～六〇カイリ(約五五・五～一一一キロ)に広がる広大な漁場で、水深一八～二七ヒロ(約三二・四～四八・六m)。平坦な海底には岩石が少なく、操業しやすい。普通は、ダイバー二人が乗り込んだ。平均一日四回潜り、一回の潜水時間は約二五分間。潮の流れによって、七日潜って八日休んだ。

ダイバーたちは季節風にあわせて操業する。東南東の風の七～一二月末は深水の海が濁り、操業が難しいので、浅水で操業した。一月初めになると風向きが北西に変わり、浅水でも深水でも海水が澄む。そこで漁船は二手に分かれ、一隊は浅水で操業し、一隊は母船を従えて深水に向かった。林は、一二月下旬～四月は東海岸のエヌ島沖の浅水(水深四～一五ヒロ)で操業した。北西風の島影になって水が澄む周辺で採り、なくなるとエヌ島の東のカラン島へ移動したが、ここは潜水病が多く発生した海域である。

四月中旬になると深水で操業していた者は浅水の近くに寄り、浅水で操業していた者は深水に近寄る。ここで両隊が一緒になって、五月中旬まで操業する。下旬には風向きが南東に変わり、水が濁るので、ドボに寄港して、八月初旬まで船の修理などに従事した。なかには、佐野が目撃したようなどんちゃん騒ぎをして稼ぎを使いきってしまう者もいたが、八月中旬には再び東海岸の漁場に出かける。風向きはまだ南東だが、強く吹かないので水が澄んでいた。(26)

命綱を握るテンダー

ダイバーが潜るとき、命綱を握るのがテンダーである。潜水場所を決めると、ダイバーは潜水服に着替え、真珠貝を入れる袋をさげる。テンダーが命綱(マニラ麻で作られていて、直径約三センチ、長さ七二メートル)をダイバーのベルトに縛る。そして、同時に二人ないし四人の乗組員が潜水機のハンドルを回して送風する。ダイバーが徐々に海底に降りると、乗組員の一人が送風パイプを伸ばしていく。ダイバーが海底に着いて信号を送ると、船尾に移動して送風パイプを持つ。同時に、テンダーも船尾で命綱を握る。そして、海底から送られてくる信号に注意を払いながら、船を常にダイバーが歩く方向に向けて錨綱を伸縮させ、舵の操縦を乗組員に命じる。

テンダーとパイプを持つ乗組員は、ダイバーが船の左にいるときは左舷の船尾にいる。右に移ると右舷の船尾に移る。命綱や送風パイプ、水泡から常にダイバーの位置を注視し、帆と舵で船をダイバーが歩く方向に進める。ダイバーは、相当量の貝を拾うか、かなりの時間潜水すると、作業終了の合図を送り、引き上げてもらう。ダイバーはしばしば決められた時間以上に作業する。こうしたときは、テンダーが「作業止め」の信号を送る。

海底のダイバーと船上のテンダーの連絡は、信号である。ダイバーが下から信号を送ると、テンダーが送り返す。ダイバーからの主な信号は以下のとおりである。

一つ信号（命綱を一回引く）――引き上げよ

二つ信号（命綱を二回引く）――風が足らない

三つ信号（命綱を三回引く）――錨綱を伸ばせ

四つ信号（命綱を四回引く）――錨綱を短くせよ

林の場合は、一つは引き上げてくれ、二つは空気が弱いから送れ、三つは空気が多すぎるという合図だった。

一方、テンダーからの一つ信号は「上がれ」の合図である。(27)

ダイバーは命綱を左手に持ち、離さない。右手で排水弁の調子をとりながら貝を拾う。拾うときは両手を使うが、拾ったらすぐ綱を持つ。初めは一五ヒロ（二七メートル）ぐらい潜る。船が潮で流されていくと、命綱に引っ張られるようにして海底を歩く。潮が弱いときには自分で歩かなくては動きがとれないから、「帆を揚げてくれ」「錨綱を短く」と合図する。

浅いところの真珠貝はどこから採ってもいいが、断崖の突端で口を開けている貝もある。断崖を自力では上がっていけないときは、すぐに一つ信号を送って命綱を上げてもらい、ちょうどいいところに来たら「待て、待て」と信号を送る。

一人前のダイバーになるまでには三年ぐらいを要する。林は潜水病にかかったときは「もう二度と潜水はやらない」と独り言を言っていたが、治ると忘れてしまい、また潜ったという。[28]

ドボにはマラリアも脚気も特別な風土病もなかったが、潜水病で死んだ者は一〇人以上いた。岡地もその一人である。

四　戦争に翻弄されたダイバー

明治時代から続く「人民の出稼ぎ」の歴史を断ち切ったのは、一九四一年一二月八日、日本の英米への宣戦布告である。オランダは二日後の一〇日、日本に宣戦布告した。「日本国籍」を持つ者は開戦と同時に拘束され、ダイバーたちはオーストラリアに移送された。

林春彦は開戦前に串本に戻っていたが、一九八六年八月に筆者がカイ島のトアールで会った栗林ジロー（一九一七年七月生まれ）は、開戦時はアル諸島近くで操業中だった。彼は蘭印の官憲に捕まらないように逃げまわり、日本軍（岡第一六〇一部隊）がドボを占領すると、迷わず日本軍に入った。もっとも、軍人なのか現地部隊が雇った軍属なのか、ジローにもはっきりしない。

いずれにせよ二年半近く日本軍で働いていたのだから、何らかの弔慰金が出るのではないのか。そう考えた筆者は、「軍歴」を確認する意味もあって、帰国後に父親の故郷（西牟婁郡明神村（現在の東牟婁郡古座川《こざがわ》町））を訪ねた。戸籍謄本には、父エイジローが「昭和八年三月二一日午後五時二〇分蘭領東印度アロー島ドボに於いて死亡　同居人和田儀太郎届出」と記載されていた。医者の和田が死亡届を出していた。だが、妻と子の記載はない。カイ島の女性と結婚し、現地に定着して暮らしてきたエイジローは、日本に婚姻届や出生届を出すことなど考えていなかったのだろう。

日本人の子どもであるジローは「日本人」として現地の部隊に入隊し、補助兵力や労働力として集められたインドネシア人兵補の訓練をしたこともあったという。オランダ国旗を隠し持っていた「親オランダ分子」のインドネシア人の摘発にも協力し、その斬首に加わった。オーストラリア人捕虜の斬首にも加わった。輸送船が爆撃され、捕虜にしたオーストラリア人兵士の「処置」を上官に命じられたのである。日時は覚えていないが、連日、空襲があったというから、一九四五年に入ってからだろう。裁判もないまま斬首したのは捕虜の取り扱いを定めたジュネーブ条約に違反していたが、ジローはそのようなことは知る由もなかった。

日本の敗戦後、一転してジローは蘭印軍に追われることになった。かねて相思相愛だったフィリピン人女性と逃げ出したものの、「インドネシア人は日本軍が好きではなかった」から、住民はかくまってはくれない。森に隠れてヤシ油で石けんを作り、サゴヤシやシンコンイモ（キャッサバ）などと交換して暮らしていたが、三〜四カ月後に蘭印軍に逮捕され、部隊の駐留地に送られた。移送中は籠に入れられていたが、恨みを持つ住民から棍棒やベルトで半殺しの目に遭わされたり、熱湯をかけられたり、棒で突かれたり、毎日が「苦しみ」の連続だったという。現在も、左手の甲にそのときの傷跡が残っている。首をはねた住民の遺体の発掘もやらされた。

一九四六年には、オーストラリア人捕虜を殺害した事件でアンボン島に送られ、オーストラリアの軍事裁判を受けた。アンボン島ではオーストラリアが一五件の軍事裁判を行い、一四七人の戦犯容疑者を審理している。そのほとんどが捕虜虐待に関する事件である。ジローも起訴され、死刑を求刑されたが、判決は懲役一三年だった。その後アンボンの刑務所で服役し、一九五二年四月の日本の独立を前に、オーストラリア軍事裁判の戦犯たちがパプアニューギニアのマヌス島に集められたときに釈放されたという。妻がカトリックの司祭に働きかけて送還リストからはずしてもらったと、ジローは話しているが、それを裏付ける資料は見つかっていない。(29)

新生インドネシア共和国に残されたジローがインドネシア国籍を取得したのは一九五七年である。日本軍に協力したので国籍取得が難しかったという。戦後はインドネシア国籍を持つ「日本人」としてカイ島のトアールで暮らしてきたジローは、別れ際に言った。

「私の心はいまでも日本人です」

五　エビの基地アル諸島

一九八六年三月にも、エビを追いかけて私たち四人はインドネシアの海辺を歩き、このときはアンボンまで足をのばした。当時のアル諸島近海は、真珠貝に代わって天然エビの有力な漁場になっていた。東京からバリ島、ウジュン・パンダンと飛行機を乗り継いでアンボンにたどり着いたが、ドボへ行く定期船は一カ月に一～二回しかない。立ち往生した四人を、インドネシア軍の哨戒機が便乗させてくれた。もちろん有料で。

週に何回かこの海域をパトロールする単葉双発のプロペラ機、ノーマッド二二号機である。ほかにも便乗組が四人いて、八人の体重と荷物を量ると、二〇キロオーバーしていた。やむなく荷物を一部残す。酒好きの鶴見良行が密かに水筒に入れていたブランデーも捨てられてしまった。

かつて密漁を警戒して蘭印の哨戒機が飛んだ空を、インドネシアの哨戒機で飛んだ。低く飛ぶ双発機から紺碧のバンダ海とアラフラ海をながめながら三時間二〇分。エビ基地ベンジーナにある、中国系インドネシア人が経営するエビ会社の滑走路に着陸した。哨戒機は何回も、役人やエビ工場の社員や私たちのような外来の客を運んでいたのだろう。社員たちが驚く様子はない。

この海域で日本のエビトロール船が操業を始めたのは一九七〇年ごろである。鉄船七隻、木造船三三隻がトロール漁をしていた。夕方、木造船が出漁するというので、今度も便乗させてもらった。沖合で二時間ほど網を曳いたが、入ったのは泥、砂、海草に混じって、エビ数十尾と小魚、ワタリガニ五〜六尾、甲イカ数尾、ナマコ三〜四個。シーズンではないとはいえ、トロール漁が始まって十数年で早くもエビが獲れなくなっていた。

翌朝、木造船でドボへ。二時間二〇分ほどの船旅、北西の風が吹く三月の海は穏やかだった。桟橋が明治のころより拡張され、コンクリート製になっていた。日本人が立ち去ったアル諸島に戦後いちはやく進出したのが、アラフラ真珠株式会社である。一九六七年に外資導入法が制定されると、ドボの近くのファトジュリンで真珠の養殖に乗り出していた。(30)

町はずれにあった日本人墓地は取り壊されて、硬い御影石の墓石は住民の家の土台や踏み石となっていた。その墓石や台石に刻まれた文字が、わずかに、ここがかつて和歌山県から出稼ぎに来たダイバーたちが暮らしていた町であることを伝えていた。潜水病で死亡した岡地奥蔵の墓もここにあったはずだが、一九七六年にアラフラ真珠の伝手で息子が墓を探しに訪れたが、埋葬場所を探すことはできなかった。この時、ドボに住む日本人は真珠会社の社員だけだったという。

それから一〇年。私たちが訪ねたときも、真珠養殖の筏の上で、核入れ技術者が職人技を発揮していた。採貝のダイバーから養殖場の経営へ——アラフラ海は、真珠貝採取と真珠養殖に生きる人たちの稼ぎの場であり、夢を託した場だった。それは、真珠だけではない。フカヒレ、ナマコ、そしてエビ。豊かな海を稼ぎの場とする者たちが、その時々にドボに足跡を留めてきた。去ってはまたやってきて、また去っていく日本人たちを、定住している中国人がわずかに覚えていた。「キヨコ」の家が日本人会館の近くにあったという。ドボにいたダイバーの家族だったのだろうか。

（1）林春彦氏へは、串本町の自宅で一九八九年五月一五日と九〇年一月二二日にインタビューした。その証言は、「資料 アラフラ海のダイバーたち——林春彦さんの証言（戦争、市民、ネイション：オーストラリア、インドネシア、日本を繋ぐ戦争の記憶研究の研究成果報告書『戦争、市民、ネイション—オーストラリアの太平洋戦争』二〇一〇年三月）に収録されている。なお、和歌山県史編さん委員会『和歌山県史 近現代二』（和歌山県庁、一九八九年）によると、一八八九〜九六（明治二二〜二九）年の六年間に東・西牟婁郡から海外に渡航した者は三七三二人。和歌山県全県からの渡航者（七五八六人）の四九％を占めており、県下でも多くの海外出稼ぎ者を送り出していた（九七一ページ）。渡航先はハワイ一三五九人、オーストラリア一二二三人、アメリカ八九一人、カナダ五一二人となっている。オーストラリアへ渡航した和歌山県民の八九・九％が東・西牟婁郡からである（九七九ページ）。アル諸島は一九一一（明治四四）年にはまだ統計の項目に出てきていない。「その他」二二五人の中に含まれていると思われる。

（2）清水昭編『紀南地方移民資料① 紀南地方の前期近代史年表 海外への出稼ぎから移民への変遷と背景』一九九一年、和歌山市民図書館蔵。

（3）佐野実『南洋諸島巡行記』東京堂、一九一三年。日本郵船株式会社『渡航案内』一九一六年。『本邦汽船外国航路関係雑件——濠州航路・南洋航路・内地北カラフト・内地・盤谷航路（第四巻）』外交史料館蔵。日本郵船株式会社『七十年史』一九五六年。早稲田大学で政治経済を学んだ佐野は、一九〇六（明治三九）年秋から〇九年の冬までと、一〇年春から一三（大正二）年秋までの二回にわたって農商務省實業訓練生として南洋をめぐっており、南洋航路、運賃、渡航準備、運賃一覧、南洋郵船などの航路概況を記録している。

（4）外務省通商局『蘭領東印度之産業』（一九一五年）によると、一九一四（大正三）年ごろ、日本企業はスラバヤの三井物産会社出張所による砂糖の日本への輸出業を最大としていた。マカッサル（ウジュン・パンダン）の稲垣合名会社支店および川原物産商会支店の高瀬貝がこれに次ぐ程度で、ほかには見るに足る企業がないと記している。在留日本人の職業については次のように述べている。「甚タシキニ至リテハ支那人土人（ママ）以下ニシテ大ニシテハ國體ヲ汚損シ小ニシテハ一身上ノ侮蔑ヲ招クモノアリ我賎業婦女ノ輩カ各地ニ入リ込ミ居レリカ如キ其例證ナリ　商業工業又ハ農業等ニ従事スルモノヽ如キハ實ニ指ヲ屈スルニ過キス　行商ヲ営ムモノ、吹矢玉轉ニ従事スルモノ、洗濯、理髪ノ業ニ従事スルモノ等又多キヲ占メ居レリ」（二一五ページ）

(5) 金子光邦「蘭印に於ける邦人発展史」蘭印事情講習会編『蘭領印度叢書 下巻』一九四〇年、二五九ページ。
(6) 高山伊太郎「付録 南洋紀行」『南洋之水産』大日本水産会、一九一四年、二二ページ。
(7) 前掲(6)、二三ページ。
(8) オランダは、蘭印の日本人は欧州人と同等の待遇を受けるとの法律を公布し、日本人は「名誉白人」の待遇を得ていた(一八九九(明治三二)年五月三一日)。これまでの入国は「蘭領東印度入国令・同施行細則(一九一八(大正七)年四月一日施行)によっていたが、世界恐慌後、蘭印政府は日本商品の輸入だけでなく、日本人の無制限入国に対する制限も加えた(大蔵省管理局『日本人の海外活動に関する歴史的調査 第二十一巻 南方編2』(復刻版)ゆまに書房、二〇〇〇年、四一七～四一八ページ。安達宏明『戦前期日本と東南アジア——資源獲得の視点から』吉川弘文館、二〇〇二年、四六～四九ページ)。
(9) 南洋庁通訳生の小林織之助によると、虎丸は船籍がジャワにあるため、「恐日熱の熾烈な蘭印の大海原を威風堂々、帆走して」、KPM汽船としのぎをけずっていた。南洋庁『蘭領東印度諸島と豪州北部都邑の点描』一九三七年、四三～四四ページ。
(10) 前掲(6)、一八六ページ。
(11) 第Ⅴ部第1章および、村井吉敬『ぼくが歩いた東南アジア——島と海と森と』コモンズ、二〇〇九年、参照。
(12) 一九三六(昭和一一)年二月上旬、パラオからアル諸島、ニューギニアの西部を生長丸に便乗して視察し、パラオに戻った徳島商工会議所議員の平野直太郎は、アル島は全島熱帯性貴重木(鉄木、黒檀、花梨など)に覆われ、まったく利用されていない大森林帯であり、山林資源の莫大なことに驚嘆すると報告している(平野直太郎「蘭領アール島、ニューギニア島ノ情報入手ニ関スル件」『本邦漁業関係雑件 南洋漁業関係(含濠洲並印度洋)』第四巻(一九三四年一月～一九三五年一二月)、外交史料館蔵。なお、ファイルの日付が合わないが、この報告は南洋庁長官林壽夫から外務次官にあてたものである。ドボの遠景は海面から高さ二間(三・六メートル)あまりの杭の上に建てられた掘立小屋が幾百となく羅列していたと書いた記録もあるが、ブギス人やバジャウ人の住居である。
(13) 渡邊東雄『南方水産業』中興館、一九四二年、二五二～二五七ページ。前掲(4)は「「あろー」島「どぼ」ニ於ケル真珠貝採集日本人ノ総数ハ三百余名ニ達スルモ同人ラハ「せれべす」商業会社の使役人ニ過キサルカ故以テ日本人ノ事業トシテ算スルヲ得ス」(二七ページ)と述べている。一九一七(大正六)年ごろになると、ドボには日本企業として雑貨小売りの永野角十商店一軒が記録されている。臨時産業調査局「在南洋本邦企業家調査」(一九二八年)では、水産業だけで九社を数えている。採貝ボートを持って、経営者になったダイバーたちと思われる。一九三〇(昭和五)年のドボの日本人は二〇〇人、インドネシア人一八三〇人、中国人七〇〇人、白人二〇人である(スラバヤの日本領事館調べ「南洋真珠貝採取船船主名簿」)。なお、渡邊は一九三九年ごろのドボの人口として、インドネシア人六〇〇〇人、オランダ人、イギリス人二〇人、「支那人」二〇人、日本人四〇人、計六二六〇人という数字をあげている(『南方水産業』二五六ページ)。ドボ在住日本人の増減が激しい。

(14) 前掲(6)、二八九～二九二ページ。

(15) 前掲(6)、三〇〇～三〇四ページ。

(16) 前掲(3)『南洋諸島巡行記』一二二～一二四ページ。一九〇八(明治四一)年のドボの日本人数約七〇〇人というのは、「日本の醜業婦約三百以上」を含んだ数と思われる。二回目のドボ訪問の記録は、同書三〇六～三一四ページ。佐野は「此地の事を⊠り書くのを好まない、書く内にも彷彿として彼等の亂暴醜悪なる状態が聯想せられて筆取るのも嫌やになる程である」とも書いている(三一四ページ)。

(17) 前掲(4)によると、蘭印領内の各地に十有余の日本人団体があるが、「組織ノ最モ能ク完備シ居ルモノ「どぼ」ニ於ケル「あーろ」島日本人倶楽部及「めだん」ニ於ケル「すまとら」日本人協会ノ二ヲ挙ケサル可カラス。(中略)救護事務ノ如キハ大ニ賞讃ニ値ヘルモノアリ。日本人墓地ヲ所有シ埋葬ノ事ヲモ管理セリ」(二五ページ)とある。ドボの日本人会は瀬戸下で活動していた。設立は一九〇五(明治三八)年五月二七日で、当時の会員数七六人、年会費はダイバーが一〇ギルダー、テンダーは五ギルダーである。一九三六(昭和一一)年七月一日現在のドボ日本人会(組合長＝浦中久吉)は、日本人七人、現地住民二人。操業に必要な物品の購入・漁獲物の共同販売を目的とするという。

(18) 友信孝『アラフラ海と私』日宝真珠株式会社、一九七七年、五六～七〇ページ。

(19) 中橋譲『扁舟 成南記 岡地奥蔵のアラフラ海真珠採貝事業』私家版、一九八七年、二一～八ページ。

(20) 前掲(19)、九～一五ページ。

(21) 農林省水産局「昭和十一年六月 南方漁業特別打合事項ニ関スル件」『本邦漁業関係 南洋漁業関係(含濠洲並印度洋)』所収、外交史料館蔵。

(22) 前掲(18)、第2章「和蘭及豪州官憲の不法なる日本真珠船の拿捕より戦争勃発による事業中止まで」一一三～一二二ページ。前掲(12)の平野直太郎は日本船の拿捕事件を次のように報告している。「邦人経営ダイバー船隊ハ目下ハドボ島北西端エノ島沖公海ニテ作業中ナリ之ヲ現地ニ見学セルニ蘭印政府飛行機ハ作業区域ヲ旋回飛行シ漸次低空飛行ヲ為シ各作業船上ヲ掠メ縦横ニ飛翔シ之ヲ威嚇スルガ如キ態度ヲ示ス　邦船ハ最初驚愕シタルモ目下ニ於テハ全ク冷静ニ之ヲ観過(ママ)従業中ナリ　然ルニ第十一号及第十二生長丸二船十二月十二日セール海峡航過ノ際密漁シタリトノ疑ヲ以テ突然三月十三日武装兵士ヲシテ之ヲ拿捕セリ(中略)現在ニテハ船ヲ陸上シ政府ノ鉄鎖ヲ以テ之ヲ拘束シ武装兵士監視シ居レリ」。

また、日本人漁船が蘭印付近の公海に出漁したり領海通過の際に、密漁あるいは領海侵犯の嫌疑で渉外事故を起こす事件も毎年二～三件おこっている。「事件アル毎ニ在留邦人会長ノ世話ニナル状態アリ」「「ドボ」ニ領事館ヲ至急設置セラレタキコト」との報告がある(「昭和一〇年一二月末日現在　在「スラバヤ」帝国領事館管内邦人所有船調」『本邦漁業関係　南洋漁業関係(含濠洲並印度洋)』所収　外交史料館蔵)。

(23) 前掲(22)「在「スラバヤ」帝国領事館管内邦人所有船調」によると、台湾銀行が所有する「ファトジュリン号」など七隻がオランダ国旗を揚げ、丹下福太郎が所有する生長丸など三三隻が日の丸を掲げていた。

(24) 在スラバヤ領事姉歯准平から外務大臣有田八郎にあてた「豪州地方海面ニ於ケル真珠貝漁業ニ関スル件」(『本邦漁業関係　南洋漁業関係(含濠洲並印度洋)』所収、外交史料館蔵)によると、内地から出漁したドボを根拠地とする者はセレベス丸など一〇隻である。ドボを根拠にできないため、一九三九(昭和一四)年ごろからパラオを根拠にした。ドボとパラオ間は六昼夜の航海である。パラオの業者は南洋真珠介採取業協会に加入し、一九三七(昭和一二)年からは全量を三井物産神戸支店に委託販売して、ニューヨークに輸出するようになっていた。船主協会は従業員の合宿のために木造二階建ての真珠会館を建てるなど、当時のパラオは賑わい、ダイバーは大人気だった。ドボでの操業も続いてはいたが、開戦前には「ダイバーボート数隻を記録する」とあるほど、採貝は低調になった。

(25) 南洋庁『世界主要地に於ける真珠介漁業』一九三七年、二一八～二三八ページ。この報告書は一九三六(昭和一一)年一一月より三七年四月までの高山伊太郎の調査報告である。

(26) 林が潜っていたエヌ島沖、カラン島沖、ブラカン・タナ(Berakang Tanah、島の裏側の意味)、西海岸のマエコール(マイコール)(Maekor)島のマイボールなどは、アル諸島の漁場でも好漁場と言われている。ブラカン・タナは沿岸よりの傾斜がはなはだしく緩やかで、潜水者は遠くまで出漁できる。貝の質はアル島産出品が第一位で、ブトン島は下等に属すという（前掲(6)、三四〇ページ）。浅水には各社が自前の母船がなかったが、最大の漁船に各社が事務員を一名乗り組ませ、ダイバーボートから貝を受けとり、持ってきた食料などの支給をしていた。真珠貝を開けて真珠玉の有無を見るのは、深水では母船、浅水では事務員があたっており、ダイバーその他の乗組員にはさせなかった。林たちが潜っている漁場とドボの港との連絡には、小さな蒸汽船一隻が一カ月に二回まわってくる。食料を運搬し、真珠貝を積んで母船に運んでいた。母船は各社が一隻ずつ準備し、深水で採った貝を集め、食料や飲用水を支給した。

(27) 前掲(6)、二九七〜二九八ページ。

(28) 林は初めて潜ったときは二〜三個しか採れなかった。最初のころは目の使い方がわからないから、遠くばかり見て、近くの貝が見えない。いくつもあるので、どれを採ったらよいのかわからなくてまごまごしているうちに、苦しくなってくる。この空気の調整が難しい。上がるときは弁を開いて空気を外に出し、下がるときは弁を締めて空気を逃さないようにする。真珠貝を採るときは、ダイバーが左手に持った綱を大きく引くと、テンダーは持っていた綱をゆるめる。貝を採ったら合図を送る。貝は肩から斜めにかけている網袋に入れるという。ダイバーとテンダーたちは、二〇トンあまりの採貝ボートでこうした操業を続けていた。

(29) オーストラリアの裁判資料は、オーストラリア公文書館やオーストラリア戦争博物館で閲覧可能である。日本による調査は「BC級戦争裁判事件調査票・豪国」（国立公文書館蔵）や法務大臣官房司法法制調査部編『戦争犯罪裁判概史要』（一九七三年）があるが、ジローの話す送還前の釈放についての事実は確認できない。一九六七年にインドネシアに外資導入法が制定されると、すぐにアラフラ真珠株式会社が進出し、真珠養殖会社 P.T.Maluku Pearl を設立した。栗林ジローはすでにインドネシア国籍を取得していたが、新たに日本の企業が進出するときに現地の事情を知る者として手伝ったと話している。

(30) 村井吉敬『エビと日本人』岩波新書、一九八八年、参照。

第2章　捕虜になったダイバーたち——日本とオーストラリアの狭間で

永田　由利子

一　連邦政府成立以前のオーストラリア

日本人がオーストラリアで真珠貝産業に従事し始めたのは、連邦政府が成立する前からである。もともとアボリジニが住んでいた大陸に英国人が流刑地の目的で一七八七年に入植し、白人オーストラリアの歴史が始まった。その後、牧羊業の発展によって、一八三〇年代に英領自治植民地へと移行する。一九〇一年に連邦政府が結成されるまで、ニューサウスウエールズ、タスマニア、西オーストラリア、南オーストラリア、ヴィクトリア、クイーンズランドは、それぞれが植民地(後で州になる)として英国の統治下にあった。

一八五〇年代に金鉱が発見されると、欧米諸国から多くの自由移民が入植し、一八四八年以降の一〇年間で総人口(アボリジニ人口は含まれない)は三倍に膨れあがる。また、ゴールドラッシュにともなって中国人移民が急増し、各地で中国人排斥運動が起きた。一八五七年に各植民地政府は対応策として、中国人移民制限法を布いている。連邦政府設立時の白豪主義政策以前から、有色人種を排除する土壌が徐々に形成されていたのである。

日本人が移民として本格的に渡りだしたのは一八九〇年代だ。日本政府のお墨付きで真珠貝産業とサトウキビ産業に多くの出稼ぎ労働者が起用されていく。本章では、真珠貝産業の主役を担った日本人労働者に焦点をあてる。明治時代から太平洋戦争にいたる軌跡をたどり、とくに、戦争中の強制収容体験と彼らの戦後の状況を明らかにしたい。

二　オーストラリアの日本人真珠貝労働者

オーストラリア北部沿岸部の主幹産業である真珠貝産業は、一九世紀後半からトレス海峡やアラフラ海で発展した。採貝業は当時の日本では到底得られない高賃金労働で、一攫千金をねらう若者たちが渡航した。その多くは、和歌山県の出身者である。クイーンズランド北端のトレス海峡にある木曜島、西オーストラリア北部のブルーム、そしてノーザンテリトリー（当時は南オーストラリア植民地の管轄）のダーウィンなどに多くの日本人が出稼ぎ労働者として渡り、太平洋戦争が始まるまで産業の中核を担った。こうした町には日本人相手の商業活動に目をつけた自由移民も流れ込み、小さくとも活気ある移民社会が形成されていく。一九〇一年に白豪主義政策が布かれるまでは入植に制限はなく、洗濯屋、料理人、採貝労働者の宿舎経営、醤油屋、雑貨屋など多種多様な仕事についた。

日本人の真珠貝労働者は、白人経営者から、潜水技術にすぐれ、勤勉で品行方正と評価され、産業の要として活躍した。初期日系移民史研究者のシソンズによると、日本人が活躍し始めたのは木曜島が一番早く、一八九六年には一〇〇〇人を超えていたという(1)。サトウキビ産業も含めた労働者の増加に対応するため、オーストラリア初の日本国領事館がクイーンズランドのタウンズヴィルに一八九六年に開設されている(2)。

やがて、真珠貝採取船を所有する日本人が出現し、白人船主と競合するようになる。日本人の台頭を懸念し始め

1900年の木曜島
（出典）クイーンズランド州立図書館。

たクイーンズランド植民地政府は、一八九八年に真珠貝・ナマコ漁業法を制定し、アジア人による真珠貝採取船の借用や真珠貝採取許可証の取得を禁止した(3)。

一九〇一年に六つの植民地政府を統合して連邦政府が成立する。ただし、国家として完全に独立したわけではなく、英国を宗主国とした英連邦の一国という形をとった。最初の連邦議会で可決された法案が白豪主義政策である。白人国家建設を国是とし、有色人種の移民を制限した。当時の在留日本人は三六〇二人で、その八八％がクイーンズランド州と西オーストラリア州に在住。多くが真珠貝産業従事者であった(4)。このころにはすでに、現地の女性と結婚して永住する自由移民（白豪主義政策以前は誰でも入国できた。出稼ぎ労働者と区別し、その他商業ビザや学生ビザなどで入国する日本人を総称して、自由移民と呼ぶ）や出稼ぎ労働者がいた。

白豪主義政策以降、オーストラリア本土への日本人永住移民は事実上、認められなくなる。一方で、真珠貝産業は日本人なしに成り立たない。こうした二律背反(5)の状況のもとで真珠貝業者と連邦政府が交渉し、一九〇二年以降、真珠貝業者が連邦政府に相当額の保証金を預けるという特別措置により、全土で四〇〇〇人程度の有色人真珠貝労働者の雇用が認められた(6)。日本人を中心とするアジア系労働者は、真珠貝産業から一掃されることを免れたのだ。

最盛期の一九一三年の日本人真珠貝労働者数は、ブルームが一一六六人、木曜島が五七四人である。しかし、翌年の第一次世界大戦勃発で、真珠貝は急激に値下がりし、採貝業界は大恐慌をきたした。多くの日本人労働者が送還される。だが、第一次大戦終結後は再び好況の波にのり、第二次世界大戦勃発までダイバーやテンダー(命綱持ち)の分野で、日本人労働者は支配的な地位を占めた。一九三六年に串本から木曜島へ渡った城谷勇の推定(7)によると、当時の日本人ダイバーの借船数は約五〇隻、ナマコと高瀬貝採取船を含めると約六〇隻、就労者数は三五〇人程度だったという(8)。

一九三九年九月、ドイツ軍のポーランド侵攻により第二次世界大戦が勃発し、翌年六月にはイタリアが参戦。オーストラリアは、英国の戦時外国人統制にならい、ドイツ系・イタリア系住民の危険分子をつぎつぎと抑留した。日中戦争も全面的な交戦状態に入り、国際情勢の悪化に不安を感じた日本人は帰国していく。それでも、一九四一年七月現在で、外国人登録をした一六歳以上の日本人数は一一七五人(オーストラリアの委任統治領であるパプアニューギニアを含む)にのぼり、うち約五〇〇人が真珠貝産業に従事していた(9)。

三　戦時強制収容

一九四一年一二月八日、日本の参戦をうけて、オーストラリア各地の民間日本人・日系人が敵性外国人として身柄を拘束され、警察の留置所などに仮収容された(本稿では、オーストラリアに根を下ろした永住組の日本人やオーストラリア生まれの二世を「日系人」、最終的に日本へ戻る出稼ぎ労働者を「日本人」と表記する)。木曜島では、日本人が住んでいる地区全体が八日の朝、一瞬のうちに有刺鉄線で取り囲まれ、収容キャンプと化す。半数以上が操業中だったが、陸地に戻ったところで立入り検査を受け、そのまま収容されたという。なかには、城谷が乗っていた真珠貝採取船のように、潮の関係で作業を中止し、別の島で碇泊していた船が約二〇隻あった。(10) 城谷の船は一週間後に木曜島に戻り、仮キャンプに収容される。木曜島で抑留されたのは日系人の家族を含めて三五九人で、約九割が採貝労働者だった。

ブルームを基地とするダイバー奥村政太郎の真珠貝採取船も操業に出ていたが、仲間の船とともに、しばらく操業を続けたという。奥村は、当時をこう回想している。なお、ブルームで抑留された日本人は、真珠貝労働者はじめ合計二一二人である。

「真珠貝を採り始めて一週間かそこらしたところで、地元のアボリジニが乗るパトロール船が私たちを見つけ『ただちにブルームに戻れ』と言いました。それで戦争のことを知ったのです。全然ピンと来なかったので、気楽に考え、船には食糧も十分あったので、のんびりと仕事を続けて、食糧がなくなるまで更に一週間ほど海にいました。船着場に戻ると、兵隊が銃を向けてたっているのが見えました。船を下りるとすぐに、トラックに乗せられ寄宿舎に連れていかれ、荷物をまとめるように言われました。そこからブルームの刑務所に連れていかれました」(11)

ダーウィンでは、日系人の家族を含めて六六人が抑留された。そのうち約五〇人を真珠貝労働者が占めている。彼らはいったん、アデレードリバーという仮収容所に送られた。

オーストラリア各地で収容された民間日本人・日系人は、合計一一四一人。単身の女性や家族はヴィクトリア州のタツラ収容所へ、単身の男性は南オーストラリア州のラブデイ収容所とニューサウスウエールズ州のヘイ収容所に分かれて収容された。また、オーストラリア政府は、近隣の蘭領東インド、仏領ニューカレドニア、ニュージーランド、ニュー・ヘブリデス（現在のバヌアツ）などの連合国支配下で抑留された日本人・日系人三一六〇人を受け入れた。このうち約六〇〇〇人が、当時日本統治下の朝鮮・台湾籍である。(12)一九四二年三月ごろまでに収容された日本人は、総計四三〇一人だった。

四　捕虜交換要員としての真珠貝労働者

日本の圧倒的有利に終わった第一回日英捕虜交換交渉

一九四二年七月、抑留者たちが収容所に落ちつき、生活のリズムができてきたころ、捕虜交換のニュースが流れた。枢軸国・連合国双方の政府が、取り残された外交官や駐在員などを帰国させるために、捕虜交換船の運航を中立国スイスを経由して打診。外務省担当官が交渉に当たった。

日英両政府は、領事、大使館スタッフ、企業の駐在員と家族、非永住者、帰国を望む永住者の女性・子どもを帰国させることで同意する。オーストラリア政府も、捕虜交換は日本人強制収容にかかる経費の軽減になるので、利敵行為を犯す恐れのない者はなるべく多く交換したいという意向を持っていた。

交換要員リストは政府の指名で作成された。日本側が指定したのは、オーストラリアの在領事館関係者に加え、横浜正金銀行(東京銀行の前身)や三井物産、三菱商事、豪州兼松といった企業の社員など二九人、仏領ニューカレドニアの企業関係者八八人、そして蘭領東インドの七一五人、合計八七一人である。(13)オーストラリア側は、シンガポールで抑留されている元上海貿易担当弁務官のボーデンと副弁務官のウォートン、書記官クイン、ティモール島で抑留されているロスなどの政府高官を指定した。だが、宗主国の英国は「これらの政府高官の返還は、日本側がおそらく拒否するだろう。それでも交渉を続けるとしたら、捕虜交換の実現を遅くする原因になるだろう」と考え、あきらめるように言い渡す。(14)

交換船・鎌倉丸(故中林茂氏提供)

結局、オーストラリア側の返還人数は、オーストラリア人公職者七人、非公職者二三人、英国人七一人、オランダ人九人、そのほかの連合国籍五人、合計一一五人となる。日本側はリストにあげた八七一人すべてを交換要員として確保し、圧倒的有利な結果となった[15]。

交換要員に選ばれた日本人抑留者たちは、第一回日英捕虜交換船カンタベリー号で一九四二年八月一八日、メルボルン港を出港。中立国葡領アフリカ(現在のモザンビーク共和国)のローレンソマルケス(現在のマプート)で、日本側から着いた鎌倉丸に乗船し、日本へ向かった。ところが、船はシンガポールに寄港し、交換員の半数強にあたる蘭領東インド在住の四〇五人が下船させられる。彼らは、日本軍政下のスマトラ、ボルネオ(カリマンタン)、セレベス(スラウェシ)、ジャワなどの各島へ送られ、通訳や産業要員などに狩りだされた[16]。

そのひとりが、三菱商事の社員で蘭領東インドのブトン島にある真珠養殖場でダイバーをしていた中林茂だ。「祖国が気を遣ってくれて帰国できるものと思っていたのに、でも見捨てられてしまいました。悔しくてがっかりしました[17]」と当時の気持ちを語っている。

中林と同僚は、セレベス島にあるケンダル空港の滑走路を舗装するアスファルトの生産に従事。一九四四年六月に完成後、ようやく日本に帰ることができた。

難航する第二回日英捕虜交換交渉

第一回捕虜交換交渉で不利に終わったオーストラリア政府は一九四二年の九月、第二回交換にむけて英国との交渉準備に乗りだした。交換要員としてまず挙げられたのは、ニューギニア島やナウル島などの太平洋諸島に抑留されていた約一二〇人の公職者と約三五〇人の非公職者である。そのほか、日本国内、満州、中国、タイ、仏領インドシナ、英領マラヤ、蘭領東インド、フィリピンなどに捕らわれている民間人抑留者が約一三五〇人いた。彼らもできるだけ多く交換の枠内に入れるよう、オーストラリア政府は英国に強く要求する。

そして、第一回で実現できなかったボーデン、ウォートン、クイン、ロスなどの政府高官を今回もリストに含めた。しかし、日本政府は、ボーデンやロスたちの行方がわからないという理由でこの要求を拒否する。実際には、そのうちの数人はすでに日本軍によって処刑されていたのである。(18) ウォートンとクインは戦後、無事にオーストラリアへ帰還した。

日本側は、名前の読み違いやローマ字化の誤りなどで第一回交換に漏れた三六人と、新たに選んだ六四二人、合計六七八人を交換要員として要求する。そこには、三二〇人の真珠貝労働者(二五八人が木曜島)が含まれていた。第二回交換交渉が行われたのは、オーストラリア北部が爆撃され、日本軍によるオーストラリア本土侵略に対する警戒心が高まった時期である。オーストラリア側は、断固として北部海域の情報と地理に精通した三二〇人の真珠貝労働者を渡したくなかった。こうして、交換交渉はもつれていく。

交換交渉が長引いたもうひとつの理由は、商船の船員や船舶業・漁業など海事関連者を民間人抑留者扱いから準戦闘員扱いにするという英国の政策変更だった。これは、英国がドイツやイタリアとの交渉に歩調を合わせるためである。オーストラリアに収容されているこうしたカテゴリーに該当するドイツ人とイタリア人の抑留者は、すでに準戦闘員に分類されていた(19)。

日本人については、一九四三年四月に、この政策変更の通達が各収容所に出された。真珠貝産業、漁業、船舶業に従事していた労働者は、当然この対象となる。合計五二四人がPrisoner of War Japanese Merchant Seamenとされた。直訳すると「日本人商船船員戦争捕虜」だ。ほとんどが真珠貝労働者か漁業従事者なので、この名称はふさわしくないが、ドイツ人・イタリア人抑留者との総称として使われた。五二四人はヘイ収容所の第六キャンプに集められ、民間人単身男性一九一五人はラブデイ収容所に、女性と家族の八七三人はタツラ収容所に引き続き残ることになる。

オーストラリア政府と日本政府との交渉は、英国をとおして行われた。オーストラリアは、一九四三年七月三〇日付けの交信で、こう促している。

「日本政府が要求してきた三二〇人の真珠貝労働者は準戦闘員扱いだから、交換要員には含められない。代わりに、タツラ収容所に抑留されている女性や家族から交換要員を新たに選ぶように勧める(20)」

日本政府はこれを受けて約一カ月後の九月三日、「交換要員に挙げた真珠貝労働者は貴政府が定義する商船船員には当てはまらない」と「商船船員」の定義を持ちだして反論したが、オーストラリア側は国防を理由に、断固として譲らない。一方で英国は、香港などで抑留されている英連邦の民間人を一人でも多く帰還させるという人道路線を打ちだす。オーストラリア政府に日本側の要求を受け入れさせ、一日も早く捕虜交換を実現しようとした。

この時期、日米捕虜交換は第二回が完了していたが、日英交換交渉は難航した。これは、英国とオーストラリアの戦局上の立場がかみ合わず、交渉の一本化ができなかったからだと思われる。また、一九四二年三月に南西太平洋地域の連合軍司令官にマッカーサーが着任して以降、オーストラリア軍は戦略的にアメリカに依存するようになっていた。マッカーサーはオーストラリアを擁護し、一九四四年六月一八日付けの手紙で、次のように反対意見を表明している。

「日英捕虜交換に際し、日本側が要求している商船員を絶対に日本へ送還してはならない。なぜなら、彼らは民間人として名前を連ねているが、日本軍の特務機関に関係を持つ者も含まれていると推測するからだ。数人は、現役で何らかの任務を負っている可能性もある。彼らは戦争の経過を把握し、本国へ帰還した際には、敵に有用な多くの情報を持ちかえることになる(21)」

結局、第二回日英捕虜交換は戦争の激化も影響し、実現しないまま終戦を迎えた。

準戦闘員扱いされた真珠貝労働者たちの反発

準戦闘員扱いにされた五二四人の真珠貝労働者の就業地域別内訳は表Ⅲ―2―1のとおりである。初期の移民労働者には、職を転々とした者が多い。彼らは再審査で民間人抑留者扱いに戻された。

たとえば、西オーストラリアのヤンダロップ村で抑留されたカワジリ(漢字不明)と岡本。二人は一九〇一年に白豪主義政策が制定される前にオーストラリアへ入国し、仕事を転々とした後、川で漁師をしていた。連行時、カワジリは七二歳、岡本は六五歳である。二人とも尋問で、こう訴えた。

「捕虜になったら、戦争終結後に日本へ強制送還されてしまうので、民間人抑留者扱いに戻してほしい。無一文になっても、オーストラリアならキリスト教の老人施設で世話してくれると思うし、老人でも小間使いなど何らかの仕事があると思う(22)」

表Ⅱ―2―1　準戦闘員扱いされた真珠貝労働者の就業地

就業地	人数
木曜島	304
西オーストラリア(ブルームなど)	173
ダーウィン	38
パプアニューギニア	7
ソロモン島	2
合　計	524

(出典) 城谷勇「捕らわれの記」『歴史と民俗ありだ』第3号、1991年。

審査の結果、二人は川で漁業をしていて海に出ていないし、オーストラリアで人生の半分以上を過ごしているため、日本からの交換要員リストに含まれる可能性は低いと判断され、半年後の一九四四年一月に民間人抑留者としてラブデイ収容所に戻された。こうした再審査が数件あり、落ち着くまでにはかなりの時間がかかっている。

準戦闘員扱いへの政策変更がされた一九四三年の戦況は、日本側に有利に展開されていた。「日本人商船船員戦争捕虜」とされた真珠貝労働者は「捕虜扱いになれば、帰国後に公民権が剥奪されるうえ、日本の家族が辱められるし、妻は離婚しようとするだろう。再婚も難しくなるなど影響が大きい[23]」と危惧し、反発した。政策変更を不服として、書類への署名や指紋採取を拒否して抗議した者もいた。当時の状況を聞き取りした小川平は、次のように記している（指紋採取については日本政府も抗議文を出した）。

「一部屋に一人づつ呼びだされ、二、三人掛かりで無理遣りに指紋を取られた。拒否すると押さえつけて、背中にまわされた手に指紋用紙を押しあてて採取した。出雲浦［和歌山県串本町、筆者注］の青年のように豪州兵二人を柔道で投げとばし、三日間営倉入りした者もいる[24]」

こうした反発や抗議に対してヘイ収容所当局は、さまざまな処罰で対応した。たとえば、売店や娯楽施設が全面閉鎖され、タバコの販売も禁止された。小川の聞き取りによれば、こうした処置がかえって本人たちの気持ちを結束させ、抗議行動は二週間あまり続いたという[25]。

その後、全員の強制署名が行われ、私服が禁止され、軍支給の赤服（オーストラリア軍の軍服を赤く染めた服）と軍靴に統一された。民間人抑留者たちにもこの赤服が支給され、収容所内では私服が許されたが、柵外に出るときは赤服着用が義務付けられた。全員の指紋を取り終わると、売店や娯楽施設は再開されて平常に戻る。希望者は、ラブデイ収容所やタツラ収容所と同じように、薪割り、家畜飼育や農園作業などの柵外労働（強制労働ではない）に就き、日給一シリング（当時約一円）を得られた。ただし、一九四四年八月時点でヘイ収容所の柵外労働参加率は一六

表Ⅱ―2―2　家族で抑留された者たち

捕虜番号	居住地	姓名(1943年時点の年齢)	職種	子ども	家族の処遇
PWJM16230	木曜島	真菜常一(32)	真珠貝ダイバー	0人	タツラ収容所
PWJM16227	木曜島	竹本岩吉(37)	真珠貝ダイバー	2人	タツラ収容所
PWJM16247	木曜島	藤井富太郎(36)	真珠貝ダイバー	2人	強制転居
PWJM16429	木曜島	柴崎久吉(42)	真珠貝ダイバー	6人	ゲイソーン収容所
PWJM18110	ダーウィン	村上義男(46)	採貝船エンジニア	2人	タツラ収容所
PWJM17938	ブルーム	松本嘉喜雄(48)	真珠貝ダイバー	4人	タツラ収容所

%で、ラブデイ収容所やタツラ収容所の三一～三六%に比べて大幅に低い。ヘイ収容所管理当局は、準戦闘員扱いされた者たちの反抗の現れだろうとみなした。

家族で抑留された者たち

ヘイ収容所には、家族で抑留された者が六人いる(表Ⅲ―2―2)。父親が移動させられたあと、タツラ収容所に残された家族は離れ離れの生活を強いられ、幼い子どもをかかえた妻たちは寂しい思いをした。

真菜常一は、木曜島生まれの日系二世・田中キヨと知り合い、同棲していた。二人はタツラ収容所に夫婦として送られ、収容所で正式に結婚する。竹本岩吉も木曜島生まれの日系女性シオサキ・ヤエノと結婚し、戦争勃発時には一歳の子どもがいた。一九四三年二月にタツラ収容所で二番目の子どもが生まれたが、岩吉はヘイ収容所に移動させられ、ヤエノは生まれたばかりの子どもをかかえ、辛い思いをしたという。真菜と竹本の妻は日系帰豪二世で、日・英両言語ができた(26)。二人はタツラ収容所管理当局に夫の返還を訴える請願書を書いている。

藤井富太郎と柴崎久吉の妻は日系人ではなかったので、夫とともに収容所に行くか否かの選択権利が与えられた(ただし、開戦と同時にオーストラリア北部の住民は全員強制転居を命じられていた)。藤井の妻ジョセフィンは、中国生まれの中国・サモア系オーストラリア人。戦争勃発時、三歳の幼児に加えて、お腹に子どもをかかえていた。彼女の親も木曜島の住民だったので、収容所へは行かず、親や他の木曜島の隣人と一緒にクイーンズランド州のケアンズで疎開生活を送った。柴崎の妻ジーンはトレス海峡に面したホーン島生まれのマレー系アイランダー（トレス海峡の先住民）。一五歳を筆頭に六人の子どもがいた。柴崎の家族は州都ブリスベンのゲイソーン収容所に入れられたが、後日、ジーンの親が暮らす州中部のバンダバーグで、私宅拘禁を条件に疎開生活が許される。(27)

村上義男はダーウィンの日本人コミュニティにおけるリーダーの一人で、叔父にあたる村上安吉の長女マス子と結婚し、男の子が二人いた。タツラ収容所にはマス子の両親と兄弟姉妹がいたので、心強かったという。(28)

一方、松本嘉喜雄の家族は悲惨だった。妻リーナは、アボリジニとフィリピン人の混血。抑留時には、一一歳を筆頭に三人の子どもがいた。リーナは藤井や柴崎の家族のように収容所に入らなくてもよかったが、夫と一緒に収容所に行くことを選んだ。その後、男の子が生まれるが、夫がヘイ収容所に移動させられ、手助けを失ったために精神的に落ち込んでいく。しかも、タツラ収容所は日本人ばかりで、日本語がわからないリーナは孤立。症状が悪化して、収容所本部の取り計らいで南オーストラリア州のアデレードの精神病院に入院した。子どもたちは、数千キロも離れたダーウィンの北に位置するメルヴィル島のカトリック系施設に移される。こうして、親子は離れ離れになった。(29)

五　終戦と戦後

終戦のニュースに対する反応

終戦のニュースに対する各収容所の反応は、さまざまであった。城谷勇は次のように記している。

「一九四五年八月一五日の正午を期してヘイの町のサイレンが鳴り渡り、兵営でも歓声があがって連合軍側の戦勝を喜んだ。われわれは、なにか割り切れないものを感じ沈黙した[30]」

タツラ収容所やラブデイ収容所でも、日本の敗戦を知って安堵した者と、敗戦のニュースはデマだと言って信じない戦勝派がおり、緊張感がしばらく続いた。

一九四五年一二月二八日、オーストラリア政府は日本国籍保有者を全員本国送還する旨を発表。準戦闘員扱いされた商船船員戦争捕虜の班長たちが呼ばれ、収容所所長からこう言い渡された。

「君たちは、日本でどう迎えられるかを思うと心穏やかでなくなるかもしれない。終戦後の日本政府は急改革された。戦前・戦中と違う点で最も重要なことは、陸海軍が何の支配力も持たなくなったことだ。政府はこの健全な改革をよくわきまえており、君たちの親戚や家族が君たちの無事な帰国を切に望んでいる。東京から届いたばかりの情報によると、ニュージーランドから送還された日本人捕虜たちは、いかなる類の事件やデモ行動もなく迎えられ、すでに各人の家に帰って、お互い無事だったことを喜び合っているということだ[31]」

オーストラリアは、アメリカやカナダの日系人戦後処理政策と歩調を合わせ、オーストラリア生まれ、ないしオーストラリア生まれの妻や子どもがいる日系人は、残留が許されることになった。その対象になった商船船員戦争捕虜は後述する九人である。彼らはタツラ収容所へ移動し、家族と合流した。なお、五二四人の商船船員戦争捕虜のうち一一人が収容所で亡くなっている。

悲惨な船旅での送還

最終的に、本国への送還対象は五〇四人。そのなかにはオーストラリアで長く働いてきた年配者もいた。彼らはオーストラリアに留まることを望んだ。

「かれらは思っていることや望んでいることをあまり口に出しませんでしたが、オーストラリアに残ることを望んでいました。もし、本国送還されていなかったら、かれらは、オーストラリアの土になっていたと思います」(海野千年治[32])

ラブデイ収容所でも、高齢抑留者の多くが残留を希望する。民間人抑留者扱いに戻された漁師カワジリと岡本(二五八ページ参照)も在留を希望したが、かなわず強制送還となった。

オーストラリアから戦後に引き揚げた日本人は、抑留者が二六〇三人、戦争捕虜が五五六九人である。[33]一九四六年二〜三月に、光栄丸がメルボルン港から、大海丸《たいかい》と宵月《よいづき》がシドニー港から出航した。いずれも劣悪な設備で待遇が悪く、悲惨な船旅だったという。城谷は、大海丸の待遇の悪さと船内の様子を次のように述べている。

「日本国旗も掲げず、オール灰色に塗装されたみすぼらしい日本輸送船に乗船した。迎えてくれる日本船員に笑顔はなく無言であった。一人半畳くらいの足も伸ばせないベッドに文字通りすし詰めにされた。食事は粗悪で乗船後一週間ぐらいから人々は体の疲労と飢えを訴えはじめ、わるい飲料水によるのかアメーバー赤痢にかかる者が多かった。医者が診療するでもなく、薬もなく放置された。シドニー出発後二〇日ほどして食糧倉庫襲撃事件が起きた[34]」

この襲撃事件は下士官グループが起こした。城谷はこう説明している。

「食糧庫には、米、その他の食糧が一杯詰まっていたといわれ、この襲撃事件と呼応して同グループが船長と食事改善の交渉をしたが、ラチの明かない回答に船長の腹と頭を刺し負傷を負わせたと伝えられる。この交渉後、食事は一変して好転した[35]」

約三週間の航海を経て、船は浦賀(神奈川県横須賀市)に入港。いったん、元海軍の兵営に収容されたのち、故郷のある者は引揚者専用列車で帰郷した。

「国破れても矢張りなつかしい山河はあった。よくぞ生きて帰りけりである。そこは(どちらを向いても)突き当

表Ⅱ―2―3　残留が許された商船船員戦争捕虜

氏名(生年)	職業	残留許可の理由	居住地	審査結果
松本嘉喜雄(1895)	真珠貝ダイバー	アボリジニの妻・子ども	ブルーム	残留許可
原金右エ門(1898)	真珠貝ダイバー	オーストラリア生まれの子ども	ブルーム	残留許可
村上義男(1897)	採貝船エンジニア	オーストラリア生まれの日系人妻・子ども	ダーウィン	残留許可
藤井富太郎(1907)	真珠貝ダイバー	オーストラリア生まれの混血中国人妻・子ども	木曜島	残留許可
真菜常一(1911)	真珠貝ダイバー	オーストラリア生まれの日系人妻	木曜島	残留許可
芝崎久吉(1901)	真珠貝ダイバー	オーストラリア生まれのマレー系妻・子ども	木曜島	残留許可
矢倉精務ジェームス（1915)	船大工	本人がオーストラリア生まれ、日本育ち	木曜島	希望で日本帰還
矢倉嘉吉レオナード(1918)	船大工	本人がオーストラリア生まれ、日本育ち	木曜島	残留許可
竹本岩吉(1906)	真珠貝ダイバー	オーストラリア生まれの日系人妻・子ども	木曜島	強制送還

たる様な感じの狭い故郷であった」(36)

オーストラリアに残った元戦争捕虜

オーストラリア残留が認められた商船船員戦争捕虜九人(表Ⅲ―2―3)は、タツラ収容所でオーストラリア移民局の審査を受けるため、ほかの残留組と合流した。そして、妻や子どもと解放後の定住先が確保できるまで、収容所生活が続く。戦後のオーストラリア社会には新たな反日感情が広まっていたため、在留日本人・日系人が生活の場を確保するまでには時間を要した。

松本嘉喜雄の妻リーナは入院後に回復し、施設に預けていた子どもたちを呼び戻し、一九四八年五月にようやくブルームに戻る。原金右エ門には、現地のアボリジニの女性との間に息子がいることが確認され、残留が認められた。原は一九四七年四月に釈放され、ブルームに帰還する。二人は戦後も、ダイバーとしてしばらく働いた。

ダーウィンは戦中の日本軍による爆撃がひどかったため、反日感情がとくに強く、日本人・日系人たちはしばらく帰還できなかった。村上義男の一家は収容所出所後、しばらく西オーストラリア州のコサックに落ちつく。ダーウィンに戻れたのは一九五六年だったという。村上はすでに六〇歳目前であった。

木曜島は、すでに述べたように住民全員が強制転居を強いられた。家屋や家財を失ったのは日本人・日系人家族だけではない。「戦後ゼロからのスタートという意識が島全体のコミュニティにあった。反日感情はそれほど感じられなかった」(帰還した日系人家族)という。(37)

もっとも早く戻ったのは藤井富太郎で、一九四六年三月である。真菜常一と柴崎久吉は、同じ年の一二月に戻った。戦後も木曜島で真珠貝ダイバーとして働いたのはこの三人だけで、いずれもボーデン真珠会社に雇われた(柴崎は一九五〇年に四九歳で死亡)。オーストラリア生まれの日本育ちで、白人との混血の矢倉ジェームスとレオナードの兄弟は、オーストラリアに戻ってから開戦まで、船大工として真珠貝会社で働いていた。戦後の選択は分かれる。レオナードは木曜島に戻り、ジェームスは子どものころ過ごした和歌山で生涯を閉じることになる。

在留許可が下りなかったのは、木曜島の竹本岩吉だけである。竹本は一九四六年一〇月、「木曜島生まれの妻と子ども二人がおり、再び木曜島でダイバーとして働きたい」という残留嘆願書を出す。しかし、郷土の和歌山六一部隊で二年間兵役に就いていたこと、妻のヤエノはオーストラリア生まれの日本育ちで日本国籍を取得していることなどから、認められなかった。(38) 一九四七年一月の最後の送還船カニンバラで、日本へ強制送還される。(39) この船には、矢倉ジェームス、日本へ帰還希望者の家族など、合計一九人が乗っていた。

戦後の真珠貝産業

戦後、真珠貝会社の経営者たちは復興を期待し、一九四六年から五二年にかけて連邦政府に日本人ダイバーの復帰を求める嘆願書を出す。だが、オーストラリア連邦政府は日本人の入国を全面的に禁止していたため、戦前のように日本人を集団で雇うことはできなかった。

その後、一九四九年に政権交代が起こり、五一年にはサンフランシスコ講和条約が調印された。こうした国内政治情勢の変化と日本の国際社会への復帰の気運の高まりを背景に、日本人の入国制限を徐々に緩めていく。ブルームの真珠貝会社は戦前から日本人と同じように雇っていた他のアジア人労働者のクパン人(クパンはティモール島の南西部(インドネシア)にある港町)や中国人を戦後起用したが、思うような結果が得られなかった。そこで、経営者たちは連邦政府と交渉。一九五二年に、三五人の和歌山出身元ダイバーの入国を成功させた。

木曜島では戦後、真珠貝産業労働者の主導権がトレス海峡のアイランダーに移った。彼らはオーストラリア在郷軍人会連盟と手を結び、日本人採貝人の復帰に反対する。一方、連邦政府は真珠貝産業経営者の請願にこたえ、米軍の統治下にあった沖縄のダイバーを「沖縄人は日本人ではない」という名目で雇用することを許した。こうして一九五八年、一六二名が木曜島に到着した。ところが、彼らのほとんどは契約満了以前に解雇されたり、本人の意思で引き揚げた。その背景には、沖縄のダイバーが深水での潜水に慣れていなかったこと、アイランダー労働者とのコミュニケーション不足、採貝船の設備の老朽化、雇用条件に対する不満があったという(40)。

こうして、戦後に再開されたオーストラリアの真珠貝産業は、資源の消耗や代替原料であるプラスチックの出現もあって競合が激しくなり、しだいに衰退していった。

(1) Sissons, D.C.S., 'The Japanese in the Australian pearling industry', *Queensland Heritage*, Vol. 3, No.10, 1979.
(2) Meaney, N., *Towards a New Vision: Australia and Japan through 100 Years*, Kangaroo Press, 1999. p.57. この時期クイーンズランド植民地では、サトウキビ産業にも多くの日本人出稼ぎ労働者が導入され、日本人は二〇〇〇人を超えた。
(3) Sissons, *op. cit.*, p.15.

（4）Murakami, Y., *Civilised Asian: Images of Japan and the Japanese as viewed by Australians from the early 19th Century to 1901, PhD thesis*, University of Queensland, 1999, p.182.
（5）「二律背反」という表現は、淺川晃広氏の「オーストラリア連邦の成立と帰化政策――移民の『促進』と『排除』をめぐって」（『オーストラリア研究』第一八号、二〇〇六年）から使わせていただいた。
（6）Sissons, *op. cit.*
（7）城谷勇氏は、一九三六年に真珠貝労働者として木曜島に渡り、体験と観察を数々の回想記に残されたほか、多くの研究者に情報を提供され、二〇一四年に九三歳で他界された。城谷勇「捕らわれの記」『歴史と民俗ありだ』第3号、有田の歴史と民俗を調べる会、一九九一年、参照。
（8）前掲（7）。
（9）永田由利子『オーストラリア日系人強制収容の記録』高文研、二〇〇二年、三七ページ。
（10）前掲（7）。
（11）前掲（9）、七七～七八ページ。
（12）戦後、朝鮮へ引き揚げた朝鮮人は二人となっているが、他にも朝鮮籍の抑留者がいたと思われる。しかし、朝鮮籍の抑留者の多くが日本名を名乗っていたため、正確な数はわからない。
（13）オーストラリア国立公文書館（NAA）（ACT）A981, JAP117. 内訳は公職者三四人、男性六三六人（商社員、銀行員、新聞社員、留学生など）、女性九一人、子ども一〇六人。なお、タイ人四人が含まれていた。
（14）前掲（13）。
（15）前掲（9）、一一九～一二〇ページ。
（16）石居太楼「戦時下の旧在留邦人」ジャガタラ友の会編『ジャガタラ閑話』一九八〇年、一八七～一八九ページ。
（17）中林茂「白蝶貝の海に潜る――ブトン島養殖記」『あるく　みる　きく』二三七号、一九八八年。
（18）Nagata, Y., *Unwanted Aliens*, University of Queensland Press, 1996, p. 101; AWM54, p.94.
（19）NAA（VIC）MP742/1, Item 255-2-283, 1943-1951.
（20）NAA（ACT）MT885/1, 255/18/308.

(21) NAA (ACT) A373, 1/505/48.
(22) NAA (VIC) MP742/1, Item 255/2/2873, 1943-1951.
(23) 小川平『アラフラ海の真珠』あゆみ出版、一九七六年、二五九ページ。
(24) 前掲(23)、二六〇ページ。
(25) 前掲(24)。
(26) 初期日系移民家族は、オーストラリアで生まれた子どもを日本に行かせ、教育を受けさせた。義務教育修了後や成人後に戻るケースもあり、彼らを帰豪二世と呼ぶ。
(27) NAA (QLD) BP242/1, Q24780.
(28) 前掲(18)。
(29) 前掲(21)。
(30) 前掲(7)、四九ページ。
(31) 前掲(9)、一七〇~一七一ページ。
(32) 前掲(9)、一六五ページ。
(33) このなかには、開戦時に「日本人」として抑留された約五〇〇人の台湾・朝鮮出身の民間人も含まれていた。AWM54, 780/1/6/, pp.96-97.
(34) 前掲(7)、五一ページ。
(35) 前掲(7)、四〇ページ。
(36) 前掲(7)、五四ページ。
(37) 前掲(18)、二三一ページ。
(38) NAA (ACT) A373, 11505/48, Case No.30.
(39) NAA (ACT) A376, C71476, 31 Oct., 1945.
(40) 喜屋武臣市「オーストラリアの沖縄出身真珠貝採取潜水夫のこと」『南島文化』三五号、沖縄国際大学南島文化研究所、二〇一三年。中村昌伯「オーストラリア：木曜島の真珠貝採取作業」『琉球労働』第八巻第一号、一九六一年。

第Ⅳ部

記憶と表象

出稼ぎ者たちを乗せて神戸港から木曜島に向けて
出発する熱田丸（1936 年 9 月 18 日、城谷勇氏提供）

第1章　波間に消える真珠貝漁業

松本博之

一　木曜島の記憶

鮮明な語り

「もう七〇年以上も前のことだから、記憶がうすくなって……」

太平洋戦争以前、オーストラリア北部の熱帯の海で真珠貝漁業に従事された方たちを訪ねると、口をそろえたように、こう語りだされる。それもそうで、尋常高等小学校を卒業後ほどなく渡航された方であっても、もはや九〇歳を超えているからである。

存命の方々も少なくなられているが、意外なほど、その経験は親から子に伝えられていない。太平洋戦争後の混乱、高度経済成長期の生活の建て直しの過程では、語る暇もなかったし、そもそも日本人は、父親が自分の若いころのことを娘・息子に語り継ぐ習慣など持ち合わせていないのかもしれない。ところが、年齢も長じ、いまさら耳を傾けてくれる人もいないためか、私のような部外者が尋ねると、一五、六歳から二五、六歳の血気盛んなころを過ごしたオーストラリアでの一〇年あまりの生活経験を懐かしく、最初のちょっと警戒心をこめた言葉とは違って、驚くほど鮮明に語ってくださる。

　これから述べる太平洋戦争以前の真珠貝漁業については、すでにかなりの研究書や論文が見出される。明治二〇年代後半から大正初期の『日本外交文書』(日本国際連合協会発行)を見ると、日豪外交交渉のほとんどはその問題に費やされている。一方オーストラリア側においても、高級ボタンの素材である真珠貝を輸出して外貨を稼ぎだす重要な産業であったから、研究の多くは日豪交流史、政治史、経済史、移民史の視角から焦点が当てられている。[1] しかし、これも意外に思われるのは、それらの研究では真珠貝漁業の鳥瞰的なイメージがいだけるとしても、日本人出稼ぎ者たちの日々の大半を占めた海上における生活実態がほとんど見えないことである。

木曜島の真珠貝採取船(チチ・フジイ氏提供)

波間に消える海上生活

　真珠貝漁業はオーストラリアの白人の目から見ると、それこそ「きつい」「汚い」「危険」な仕事であった。しかも、食料事情も報酬も悪く、白人の労働者が望むはずもない職業と思われていたらしい。[2] そのため、実際の真珠貝漁業経験者の一人である城谷《じょうたに》勇《いさむ》氏(一九二一(大正一〇)年生)は「気候、言葉、生活形態、労働条件などすべてが不馴れな中で一日一日を生き、生活基盤をつくるために多くの犠牲を払いながら苦労を重ねた」と振り返るが、その実態がまさに波間に消えてしまっているのである。

これは、真珠貝漁業にだけ特異なことではない。人が陸上の生き物であり、富の蓄積の多くを陸上生産物に依存してきたためであろうか、世界中で海上での営みの大半は記録に残されることもなく、海の藻屑として歴史の隙間から洩れている。しかも、海は人の営みの跡をほとんど留めていない。

日本人移民史に関する漁業従事者の復原を見ても、多くは漁業に伴う陸上での缶詰製造や鮮魚市場の活動にふれているだけで、事はさほど変わらない。だが、経験された方々と話していると、思いだされるのはほとんど日々の海上での活動である。お聞きしながら口惜しいのは、活動の場である海と活動内容への聞く側の経験と理解の不足である。それが多くの研究者による復原を阻んできた。陸から海へ視点を変えるには、鳥瞰的なまなざしを移すこととならんで、それこそ「虫の目」的に海上の揺れに身をゆだねなければならない。

私自身三〇年あまり、真珠貝漁業の基地であった木曜島を含むトレス海峡にときおり出かけ、先住の島の人たちとともにさまざまな海況の中で、彼らの生活の場である海を航行した多少の経験がある。この小論では、それを導きの糸にしながら、出稼ぎ経験者の語りと日記類をつなぎ合わせ、断片的ではあるが、波間に消えている海上生活の実態をドキュメント風に描きだしてみたい。ただし、お話をうかがえた方は大正末期、多くは昭和一〇年代からの和歌山県の渡航者であり、時間的にはその時代に限られることをお断りしておく。

二　村から木曜島へ

渡航の動機

昭和期の和歌山県南部(紀南)の西牟婁郡有田《ありだ》村では、「カラ(オーストラリアをはじめとした外国、筆者注)へ行くことをごく身近に抵抗なく日常茶飯事に聞ける土地柄だった」（城谷氏談）と振り返るように、海外出稼ぎはありふれたことであった。オーストラリアへの出稼ぎは、きっかけとなる木曜島の縁者からの「呼び寄せ」[3]、地元警察を通じた県警からの渡航許可で始まる。それから、神戸でお決まりの「移民宿」（神戸、上海、香港、シンガポールなどにおける移民や出稼ぎ者用の主に日本人経営の宿屋）に滞在し、さらに移民会社（海外興業）が代理する契約書作成と渡航手続きを済ませ、日本郵船の定期航路による二〇日間の旅となる（大正後半以降、往路の船賃は雇用主負担）。

その後、木曜島での出迎え、和歌山県各村のボーディングハウス（簡易宿泊所）での一時的逗留、そして日本人会の会長ないし副会長に伴われた行政機関への届け出と真珠貝漁業会社との直接契約。大正末ごろから出稼ぎ母村と出稼ぎ地の間では、ほぼ移動のシステムが整えられていたのである。

出稼ぎへの動機には、個人それぞれの思いがあった。「呼び寄せ」によって機会が生まれた若者たちには、少しは胸に宿る青雲の志も垣間見える。尋常高等小学校を同期に卒業した竹馬の友は、すでに満州国吉林省の地にあった。「その君に負けじとの意地でもなかったが、俺も内地日本で易々として過ごそうなど到底考えなかった。その結果が豪州渡航となったのだ」と（城谷氏記録[4]）。

一方、出稼ぎが二代にわたり、若者の心のうちには、父親がかつて出稼ぎに行ったものの病気になり無一文で村に帰ってきたことへのトラウマや、これといった財産もない家の長男として生まれた責任感も追憶の中から引きだされる。なかには、親のつくった借金の返済を語る人もあり（浜口宇之次郎氏談）、また、もはやその生活が身についてしまったように、木曜島、ブルーム、木曜島、さらに戦後のフィリピン、アラフラ海と長年にわたって生活の糧を託した人もあった（滝本寅吉「濠州の思い出」『須江小学校創立百周年記念誌』一九七八年、清水昭編『紀南の人々の海外体験記録＝取材テープから＝［2］』一九九三年、私家版）。

大正も後半になれば、紀南から神戸へは国内航路が、神戸から木曜島までは近代的な国際航路が、準備されていた。しかし、新参の出稼ぎ者たちにとっては、船上でも立ち寄る港々でもハプニングの連続であった。彼らには、目的地に着いてみれば退屈な二〇日間の船旅であったかもしれないが、記憶にはそのハプニングともいえる出来事がきざまれている。

神戸から木曜島へ

たとえば、昭和一〇年代の初め、尋常高等小学校を終えるか、二〇歳になる前に、最初の渡航となる。紀南の各港から船で旅立つ。一昼夜の航海で神戸に到着し、出発日までには数日の余裕がある。同行の渡航者たちと訪れた大阪では、見るもの聞くものすべてが珍しい。出稼ぎということで少しおとなになった気分も手伝い、噂に聞いていたカフェに入ったものの、女給さんたちに寄り添われて居場所に困り、カフェを跳び出した(城谷氏談)。時代はそれより一〇年ほどさかのぼるが、神戸に着き、「移民宿」へ迎えを頼む公衆電話をかけようとしたところからから、電話器を叩いたという。お金を入れなければかからないことを仲間内の誰も知らなかったのだ(藤田氏記録[5])。出稼ぎ者たちは、「カラへ行くのも大阪や神戸に行くのも同じだった」と回想する。

一九三五(昭和一〇)年前後の豪州航路には欧州航路から転用された日本郵船の豪華貨客船も投入され、毎月一回の運行であった。神戸や大阪に在住する叔父・叔母や兄弟姉妹の見送りを受け、三等船客として船上の人となる。福岡県の三池港(大牟田市)で石炭を積み込み、日本最後の寄港地長崎に入港し、一路香港まで七日間の旅。その後は、一時期フィリピン・ミンダナオ島のサンボアンガやセレベス(スラウェシ)島のマナドを経由することもあったが、一般的にはマニラ(ルソン島)―ダバオ(ミンダナオ島)―木曜島のルートであった。

当時の日本郵船の『濠洲航路案内』(一九三六年)には、立ち寄る港々の自然・人文にわたる美観・遊覧所、高級旅館・ホテルの宿泊施設、また食堂の案内には「壹等食堂に於ては男子は大抵スモーキング・ジャケットを着用されます」(七ページ)といった服装にいたるまで、観光案内や注意事項が記されている。だが、三等船客であった出稼ぎ者たちの目にとまったのは、そのような光景ではない。

「香港埠頭に接岸した熱田丸のタラップ付近へ物売りに来た多数の中国人女性たちに対し、こん棒で叩きながら追い払っていた大男の印度人巡査たち、追われても追われても尚わめきながら物売りを続けていた中国人女性の執念に異様なものを感じる」(城谷氏記録)。

もうひとつの真珠貝漁業基地ブルームに向かうシンガポール行きの出稼ぎ者たちは、上海で揚子江の広さに驚嘆し、同じ値段ながら売れるにつれ栗の量を少なくしていく中国人の栗売りや、大きな刀のようなカミソリを巧みに使う散髪屋に目をとめる。上海から乗り込んだ外務省の親切な中国人と漢字で筆談できたことを喜び、その人に誘われて上陸した香港では公園のベンチに腰掛けていると、女性用だとインド人の警官に身振りで注意され、街並みに氾濫する看板の漢字にほっとした安らぎをおぼえる。シンガポールでは、移民宿「さつまや旅館」の経営者である和歌山県潮岬出身の夫婦に衛生上止められていたのに、あまりに暑いので三階の部屋からこっそり路上で売っている氷を細い紐で釣って買い、奥さんに叱られたことや、出稼ぎの若い身だから身体をいとうように励まされたことも思いだしている(藤田氏記録)。

そして、『濠洲航路案内』で日本人移民による麻農園・ココヤシ園の開拓と、いまや南洋の開拓前線として日本人町と化した有り様を誉めるダバオ港では、「同じ三等船客として過ごした熊本の若い娘たち十余名の集団が、写真結婚でダバオに下船したときは何か割り切れない思いがした」と振り返る(城谷氏談)。一九二〇(大正九)年の廃娼令によって公娼は原則的には廃止されていたのであろうが、城谷氏はアメリカやカナダへの移民者たちに写真結婚で故郷の女性たちを送り出した紀南のケースを承知している。同じ写真結婚といっても、ダバオで下船した娘たちが異常であったから、「割り切れない」気持ちが湧きおこったのである。

いずれの追憶にも、文字記録としてふれられることのない、なかば境遇を同じくするアジアの人びとへの等身大のまなざしがうかがえる。

航海中の服装も、一・二等船客とは違っていた。昭和一〇年代であれば、南シナ海以後の熱帯の航行では、たいていワイシャツに長ズボンという服装が、遺族の手に残るアルバムの写真に映しだされている。だが、大正末に出かけた藤田健児氏は学生服姿であった。

「当時は学校の先生でも詰エリ姿であり、神戸ではその姿で颯爽と歩いていたが、オーストラリア国内航路のフリマントルからコサックへの船旅では、詰エリ姿のデッキパッセンジャーであった自分たちを、裕福な中国人や白人からもの珍しく眺められ、情けない思いをした」(藤田氏記録)。

熱帯洋上での真珠貝採取の操業中は、帽子、洗い古した長袖のワイシャツか襦袢、作業ズボン、ときには上半身裸であった。木曜島に上陸して街中を歩く折には、年長者やボーディングハウスの責任者から、必ずワイシャツと長ズボンの着用を言いつけられていた。異民族と共住する中で、日本人の品格を貶めたくなかったからである。また、背広の上下、あるいはブレザーに革靴の姿は、故郷へ晴れ姿を送るために木曜島の華僑の写真館でカメラに収まるときの服装であった。

三　木曜島から漁場へ

海岸にたたずみ眺めているだけならば、海はただ揺れ動く水ばかりの世界にすぎない。そこに人がある目的をもって関わろうとするから、その行為とともにさまざまな特性が人の体験として表れる。人はその特性をなかば身体化・知識化しながら、海上生活を組み立てていかなければならない。熱帯、船上生活、潜水など不馴れの極みであった真珠貝漁業との関わりは、海のどのような特性を引きだしたのか。平均すれば、毎年約一〇%の死傷者を出したといわれるから、おそらく知識によって海を制御しえたとか、海に適応したなどと安易に言えそうもない(6)。それが書きとめられることもなく波間に消えているから、経験者に語ってもらおうというのである。

海峡の海

トレス海峡の海。わずかな経験ではあるが、船身五メートルあまりの船外機付きディンギー（小艇）で五〇キロほどの海路を島の家族と一緒に数度越えた。そのとき私や島の家族を運んでくれたドライバーの村長は、後に同じルートで横波を受けて海難事故に遭い、亡骸はいまだに見つかっていない。七、八月に波しぶきをかぶり海上を疾走すると、熱帯の海であるのに身体の芯まで冷え込んでしまう。満ち潮に南東貿易風が加わった、島人たちが「クリス」と呼ぶ激しく寄せくる波を斜めによぎりながら航海したときなど、波頭から波間に落ちるたびに、ガツーン、ガツーンと骨盤から脊髄を通って頭骨まで衝撃が走った。

喫水の深い船身一五メートルほどの真珠貝船（ラガーボート）の航海では、サンゴ礁が発達しているために、ディンギーとは違った航路を選ばなければならない。干満差が四〜五メートルにも達し、出発時点で航路途上の水深をあらかじめ予想しておく必要がある。暴風気味の南東貿易風の折には、波が甲板を洗い、船の揺れも半端ではない。場所によっては、潮流が時速八キロに達することも珍しくはない。

沖合に出かけ、釣り糸を垂れ、いざ釣り糸を揚げようとすると、投げ入れた方向や表面の潮流とはまったく違う方向に流されていた。何度試みても同じ結果になり、そのとき私は上層と下層の潮の流れが異なることを初めて知った。また、一〇月に入ると、しばしば無風の日にみまわれる。雨季が近づくと、それまでの南東貿易風の乾燥しきった、ときには南から吹く冷たい空気感とは違い、肌にまとわりつくような蒸し暑さがあたりに立ちこめる。そのあと、風向きが日によってしばしば変わる。海峡北部のパプアニューギニアの海岸に降り立ったとき、広大なデルタ地帯から河川が流しだす小枝や葉の腐食物に染められた黒い砂浜が延々と広がり、熱帯の海というイメージを裏切られた思いがした。

書いていけば、きりがない。熱帯の海上での焼けつくような日差しと照り返しは厳しく、決してサンゴ礁に砕ける白波、きらめくマリン・ブルーの海という日々ばかりではなかったのである。

日本からの若者が木曜島に到着すると、数日、遅くとも一週間以内に、前準備もなく真珠貝船に乗り込むことになる。オーストラリアから帰って六〇年後、城谷氏が「気候、言葉、生活形態、労働条件などすべてが不馴れな中で一日一日を生き」と振り返るように、人の移動は経済史や政治史が描きだすような単なる労働力の移動ではない。しかも、真珠貝漁業は故郷で誰も経験したことのない深さでの潜水作業を含んでいた。

大正末から一九三〇(昭和五)年のほぼ全日の記録を留めている瀧本庄太郎日記(7)によると、二カ月あまりの休漁期(一月中旬~三月下旬)も含め、基地である木曜島へ年に一〇~一三回帰港し、総滞在日数は九一~九六日である。したがって、乗組員たちは一年の四分の三を海上ないし漁場に近い島の掛かり場(島陰の浅瀬の停泊場所)で過ごしていた。掛かり場といっても、宿舎を伴う施設があったわけではない。眠るのは常に真珠貝採取船の中であった。ここでは以下、洋上での活動にそってまとめて述べるが、日々の活動ではそれらが総体としてあり、新参者にとっては作業過程を通じて身につけ知識化していく、試行錯誤の連続だったのである。

海の見取り図

木曜島を出ると、早速船酔いに悩まされる者もいた。それにしだいに慣れ、洋上での活動が始まる。先輩たちの会話から、果てしない海ばかりの世界に名付けられた見取り図があることに気づきだす。いわゆる「漁場(パッチ)」

図Ⅳ—１—１　トレス海峡の真珠貝漁場図

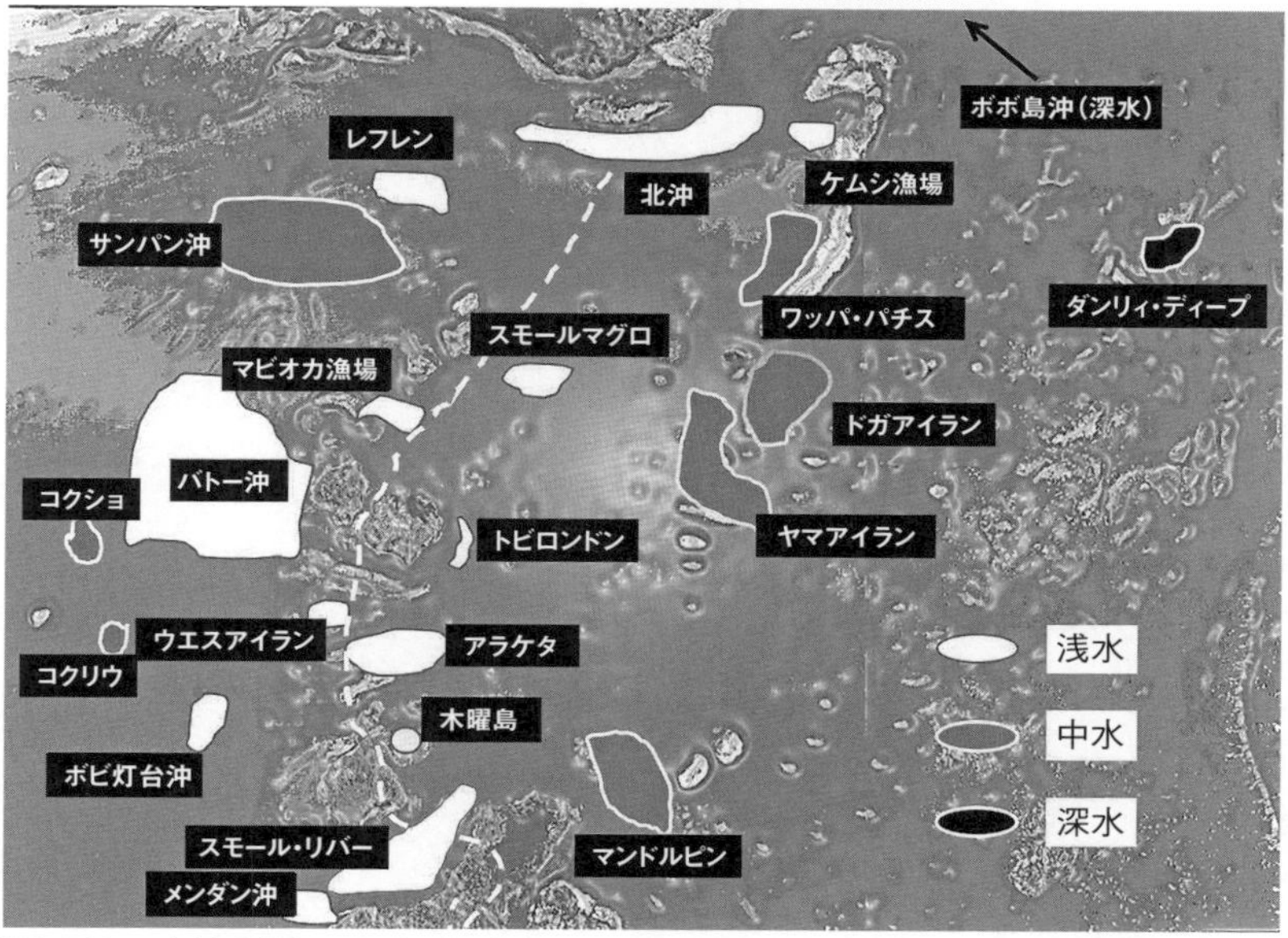

（注）図中の白線破線部が海峡の最浅海部。東のグレートバリアリーフに向かって深くなる。

である。戦前・戦後を通じて、二〇〇七年に城谷氏にお聞きするまで、日本にもオーストラリアにもその全貌を記したものは一切なかった。経験者の記憶にしか存在しなかったのである。それらは、各水域の潮流、風向、海底地形・地質・植生も含まれ、単なる平面的な広がりではない。トレス海峡という南北一六〇キロ、東西二二〇キロの海域で、採貝の可能な水域は限られていた。白蝶貝(*Pinctada maxima*)の生息が潮流と海底の状況に左右されるからである。

海峡内には、一部の水域をのぞけば、海上に姿を見せている島や陸地がある。海上での位置の確認は、それらに手がかりを求めた。それを「山立て」という。それらの漁場名は図Ⅳ—１—１に示したように、従事者たちの間でしか通用しない呼称であった。英語の名称をもとにしており、日本人による訛《なま》った表現と受け取られている。

私のように英語地名は綴りに応じて片仮名表記することを習った者は「Sand Bank」「Cook Reef」「Mt Adolephus Point」を「サンド・バンク」「クック・リ

図Ⅳ-1-2　コサック(西オーストラリア)の「山立て」のスケッチ

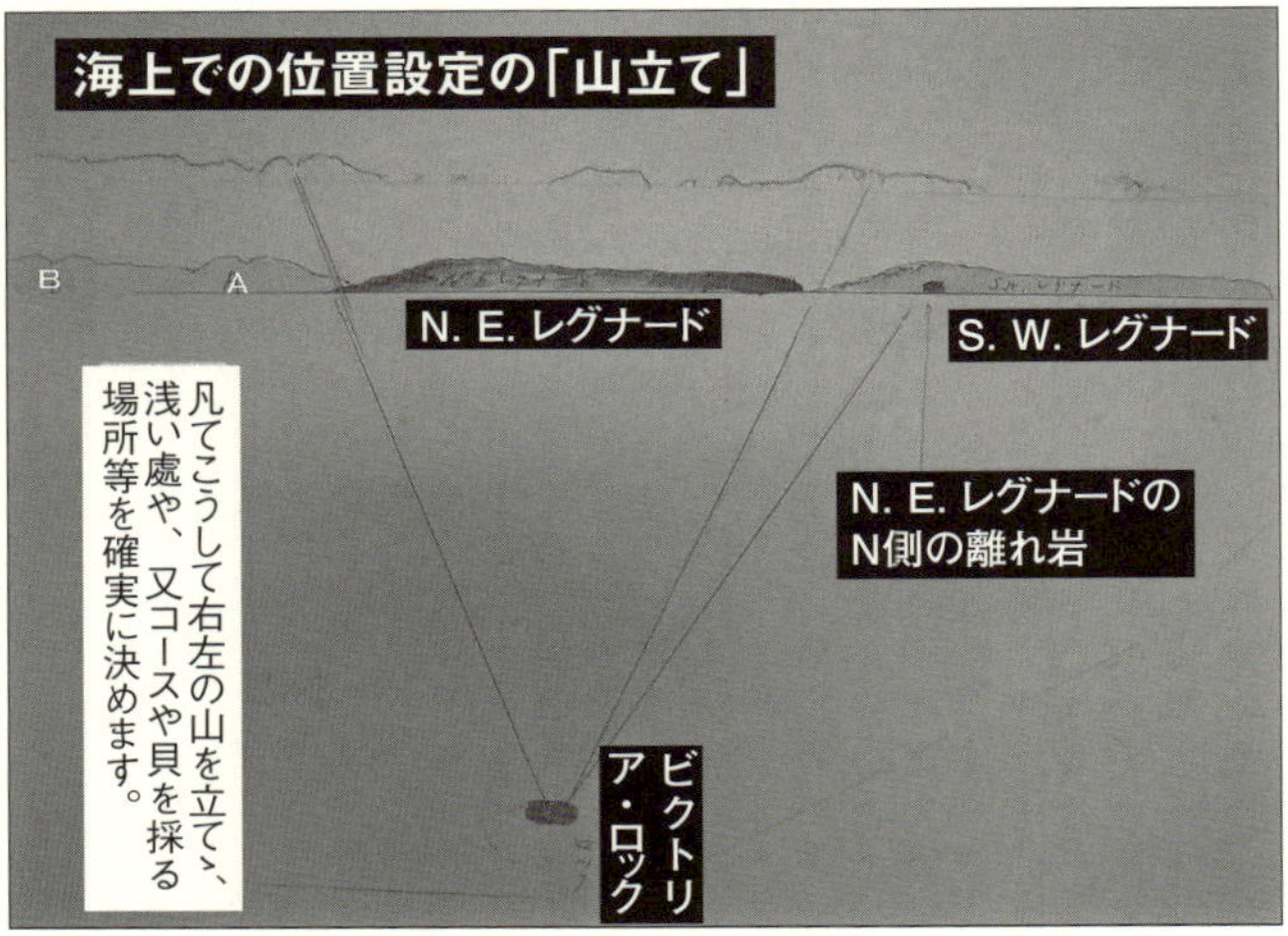

(出典) 藤田健児氏のスケッチブックによる。

ーフ」「マウント・アドルフス・ポイント」と書く。だが、日本人従事者たちの間では、「サンパン」「コクリウ」「マンドルピン」であった。そもそも英語の片仮名表記には無理が伴うが、現場に立って耳から入る音声だけの世界にいると、どちらが正しいのかとまどってしまう。さらに、「Alligator patch」が「アラケタ漁場」、「Mainland」が「メンダン」、「Red Point」が「アカッパナ(赤っ鼻)」、「Prince of Wales」が「フランスペール」と称されていたという。出稼ぎの日本人たちは海峡を真珠貝漁業の場として自ら空間構成しなおし、独自の地理的イメージの中で暮らしていたと言えるだろう。[8]

四　水深という難題

だが、こうした漁場名はあくまで一つの目安にすぎない。広い各漁場の中で操業場所(fishing spots)を決めなければならないからである。それには前記の「山立て」がもっと詳細に利用された。たとえば、一九二六(大正一五)年一〇月二二日は「丁度マビ岡(マビアグ島)小さく二つに見え、馬頭(バドゥ島)三つに見え、モア(島)丁度其の中に見ゆる場所なり」(瀧本日記、一三〇ページ。カッコ内は筆者補記)とか、「モア島のオーガスタス山が波間に消えるあたりがバトー沖漁場の西限だ」(城谷氏談)というように、一つの島もその尾根の部分の海面からの見かけ上の高さによって沖合への距離を判断し、またいくつかの目標物の相対的な見かけ上の関係や重なり具合を組み合わせることによって、その場所を割りだすのである（図Ⅳ―1―2）。

分業体制

経験を積んだダイバー（潜水夫）やテンダー（命綱持ち）は、海底の状況をイメージ化できる。ただし、流砂による変動も著しいので、船上から「レットウ」を使って海底の状況を調べた。レットウは長さ約二〇センチの長円錐形の鉛の分銅である。底面の凹みに煉り石けんを詰め、海底に下ろし、付着する海藻・貝殻・サンゴ礁屑・砂などで貝の有無を推測する（城谷氏談）。とはいえ、最終的には、潜ってみなければ確証は得られない。日本人ダイバーによる漁獲量が南太平洋系やマレー系のダイバーに比べると群を抜いていた。とかく日本人の身体の先天的資質や稼ぎへの執着心にその理由を求める意見が多くあるが、こうした周到な知識の集積と継承を見逃すことはできない。

日本人ダイバーたちの漁獲能力について、もうひとつふれておかなければならない。操業集団の編成（統制力）である。前記の諸漁場ではダイバーたちの間で分業体制が確立されていた。しかも、八〜九人（そのうち日本人は五〜六人）からなる各船の日本人たちは、ダイバーやテンダーが呼び寄せたために、結果的に和歌山県では村々、愛媛県・広島県・沖縄県では同一県の出身者（ほぼ同一村）で構成されていた。すなわち、操業水深に応じて、周参見《すさみ》村（現・すさみ町）・潮岬村上野《しおのみさきむらうわの》（現・串本町）・広島県（旧安芸郡坂村、現・安芸郡坂町）は浅水《あさみず》、新宮市三輪崎《みわさき》・愛媛県（主に南宇和郡旧西海《にしうみ》村・旧内海《うちうみ》村、現・愛南町）・沖縄県（中頭《なかがみ》郡宮城《みやぎ》村・平安座《へんざ》、現・うるま市）は中水《なかみず》、那智勝浦町宇久井《うぐい》・串本町串本（大島をふくむ）・潮岬村出雲《いずも》（現・串本町）・有田《ありだ》村（現・串本町）は深水《ふかみず》という分業である。

したがって、各村・各県の出身者たちがどの水深で作業するのかはあらかじめ決まっていた。同村の顔見知りの間で、ダイバーをリーダーとする集団統制と次世代への技術訓練が行われたわけだ。

表Ⅳ―1―1　水深別の操業状況

水深（m）	操業時間	潜水時間	操業の潮時	減圧時間	出身村・県
浅水（8～20）	5～18時	40分	ほぼ無関係	5～8分	周参見・上野・広島
中水（20～40）	5～17時30分	30分	小潮をはさむ10日間	15～20分	三輪崎・愛媛・沖縄
深水（40～60）	満潮時・干潮時のみ	5～15分	小潮時のみ	30分～1時間	宇久井・串本・出雲・有田

水深別の操業状況

真珠貝採取は潜水漁業である。そこにこそ、人にとって海の難題がついてまわった。言うまでもなく潜水病である。(9) これは、海面への上昇中に、水圧低下による身体内部、とくに血管内の空気（窒素）の気泡化から起こる。多くのダイバーが命を落としたし、潜水病に罹らなかったダイバーは一人としていないだろう。分業化は漁場の水深（水圧）に基づいており、単なる棲み分けではない。陸上の生き物が水圧の高い海に関わろうとするために、人の限界に近いような状態で、それぞれの水圧に耐えるダイバーの身体と動作、海底のダイバーの動きに対応したロープ一本の交信による船上でのテンダーの機敏な判断と操船を要求したのである。

それぞれの水深は、操業方法、操業時期、潜水時間、減圧水深（減圧時間）の違いを生みだす。深くなれば、水圧が増大する。それに耐える潜水時間は短くなるが、それだけではない。水深によって潮流への対応が異なる。水深が増せば、海中の命綱や送風パイプの長さが増す。深くなり、送風パイプが長くなると、パイプ内の空気圧が高まり、それがダイバーの体内に取り込まれる。また、命綱をにぎるテンダーは、深くなれば、潮流による「引き」なのか、ダイバーからの合図なのか、微妙な掌や腕の感覚の違いで即断しなければならない。さらに潮流が速いと、空気を含んだ海面上の送風パイプが遠くまで流され、操作がやりにくく、海底でのサンゴ礁や岩礁への絡まりや切断も引きおこしやすい。それゆえ、中水や深水においては、潮流の強さや速さと関わる小潮―大潮のリズムが操業可能な時期を決める要因となる（表Ⅳ―1―1）。

水深四〇メートルを超える深水では、潮流の穏やかな小潮の時期、それも満潮時や干潮時の潮の止まる時間帯しか操業できない。深水は危険度が高く、操業船も少ないので、場所によっては貝も豊富であり、海底での一回の潜水時間は五～六分(最長一五分)。一方、船上から送られてくる空気は水圧のために高くなり、海面への浮上過程で徐々に体内の空気圧を下げる減圧時間をもっとも長く取らなければならない(城谷氏談)。それを「もう数個の貝をという欲が潜水病に罹らせるのだ」と、捕虜収容所から解放後も木曜島にとどまった深水の名ダイバー藤井富太郎氏は語った。

水深二〇～四〇メートルの中水なら、潮の満ち干の穏やかな小潮をはさむ一〇日間。小潮―大潮にあまり左右されない浅水にしても、通常なら一回最長四〇分ほどの潜水作業である。だが、わずか二～三尋(約三・六～五・四メートル)ほど深い水域で操業すると、通常の浅水に慣れた身体が潜水病に罹る。さらに、昭和一〇年代、浅水漁場で操業した潮岬村上野出身の山口政平氏は「同じ深さだとしても漁場によって性質《たち》が違う。メンダン沖漁場のように潮流の弱いところでは水圧が高い」という。

そのうえ、船上のテンダーはダイバーの個人的体質を見きわめたうえで対応しなければならない。「船の下まで近づけ、ゆっくり海面に上げるだけでよいダイバーもいれば、潜水病に罹りやすいダイバーはまず底から少し上げて吊り、さらに七尋(約一二・六メートル)くらいのところで五～六分吊った」という(山口氏談)。浮上途中それぞれの深さで短時間「吊り」下げられたままの状態にし、急速な水圧低下を避けるとともに、その水深での圧力の低い空気を体内に取り込んで調整したのである。

それでも、潜水病は避けられなかった。潜水病に罹ると、ダイバーを再び数時間から、ときには一日海中に吊るし、回復をはかった。したがって、水深による分業は、当初からの訓練によってその水深に応じた海を身体に織り込み、しかも操業過程は個人の体質とも関わる生身の身体と海況とが織りなす微妙な出来事の連続だったのである。

五　潜水方法と風・潮

真珠貝漁業では、水深だけでなく、風と潮流の方向や強さとも折り合いをつけなければならなかった。洋上では、風と潮の流れを遮るものがない。南東貿易風は、しばしば風速一〇メートル以上に達する。潜水病の多くも、海底からの浮上速度やヘルメットに付いたキリップ（潜水服内の空気調整弁）による空気圧調節の失敗と並んで、潮流による送風パイプと命綱の岩礁・サンゴ礁への絡まりや切断、それに船の操作の不首尾から起こった。以下、洋上での風向や潮流を織り込んだ操業方法について述べてみよう。

アンカー採貝方式

ハンド・ポンプ（手回し）による送風の時代は、いずれの水深でも「アンカー採貝方式」が採用されていた。深水漁場では、機械コンプレッサーの導入後も太平洋戦争による終焉まで、この方式が採られた（城谷氏談）。

アンカー採貝方式は、いわば定点操業である。船上から錨（アンカー）を投げて、船を一定程度固定する。錨につながれたチェーン（三〇メートル）・ワイヤー（五〇メートル）・麻ロープ（一〇〇メートル）をウィンチ（錨綱を上げ下げする船上のローラー）で緩めながら船を移動させ、操業場所を調整する。深い水域であれば小潮時の短時間の操業なので行動半径三メートルほどだが、「水深二五尋（約四五メートル）前後なら、深水漁場でもダイバーが一〇〇メートルぐらい海底で移動採貝することもあった」と城谷氏は語る。深水への降下中、周囲はいったん暗くなるが、海底ではぼんやり月明かりのようになるという。ダイバーを減圧のために水深二五尋のところで吊り下げたまま、ウインチで錨綱を巻き込んで船を錨の場所まで戻し、ゆっくりダイバーを上げるのである。(10)

移動採貝方式

大正初期にトレス海峡で送風用の機械コンプレッサーが導入されたあと、浅水・中水漁場では、「打瀬《うたせ》」による移動採貝方式(「引っ張り漁法」ともいう)が主流になった(図Ⅳ―1―3)。トレス海峡の潮流と風を織り込んで船を操作し、ときには二人のダイバーが船尾と船首で同時に潜るので、著しく採貝効率が上がる。同時に、ダイバーをはじめ乗組員をますます真珠貝採取装置の一部に組み込むようなものであった。

赤道より南にあるトレス海峡は漁期の間、東南東ないし南東貿易風が卓越する。一方、一日に二度の満ち潮と引き潮が起きる。潮流は大約すれば、満ち潮が東から西、引き潮が西から東へ流れる。この海域では、満ち潮の方向と南東貿易風の風向がほぼ重なると、潮流は一段と速くなる。打瀬とは、この潮流の速さと方向を調整することである。つまり、図Ⅳ―1―3のように、船首をほぼ風上《かざおもて》に向け、潮流を船体の舷側に受ける。そして、海底でのダイバーの採貝速度に合わせるように、ジブ帆(三角帆)と主帆の操作によって船体が流される速度とその移動方向を調整するのである(城谷氏談)。

図Ⅳ―1―3　打瀬による操業

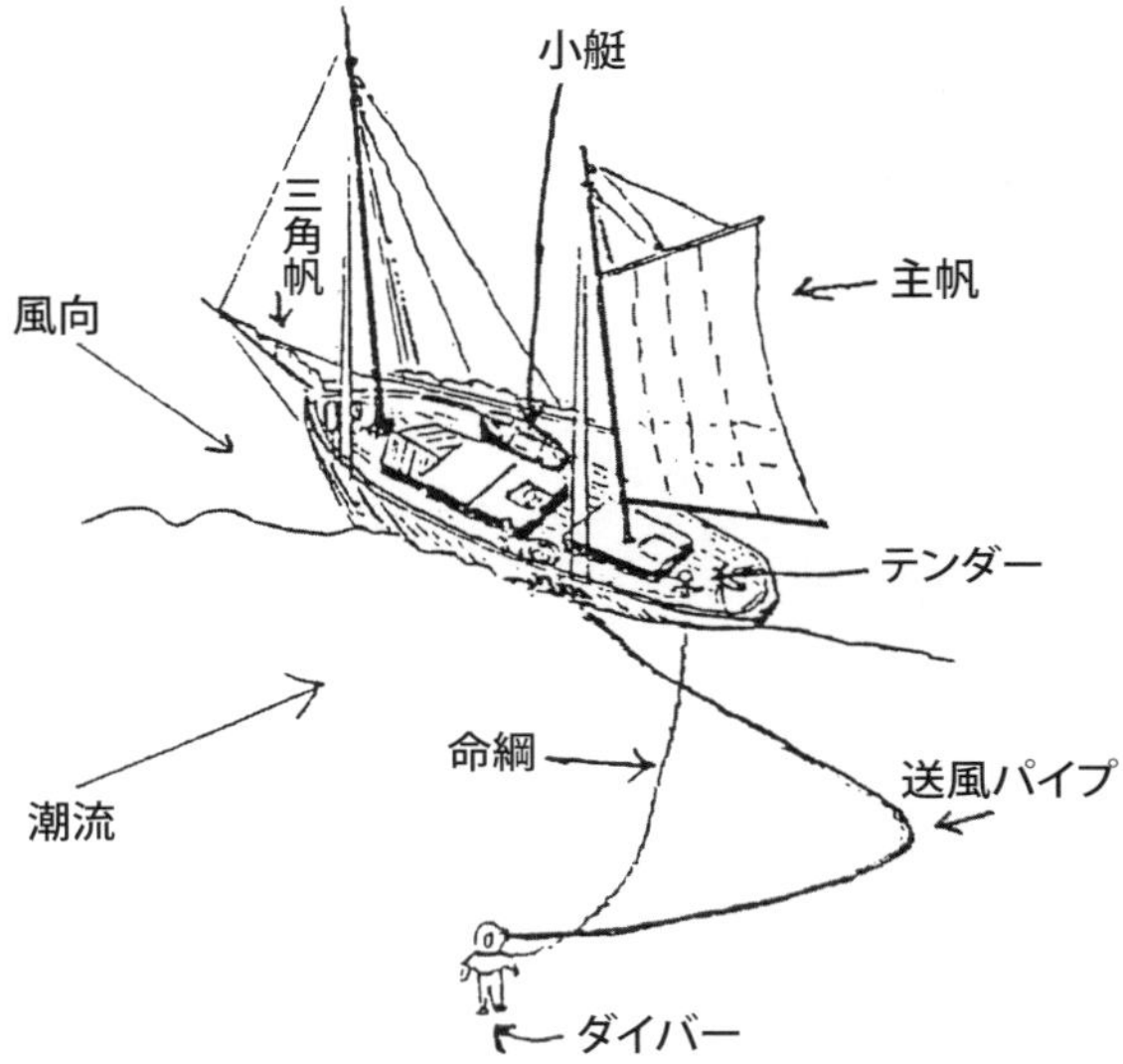

(出典) 城谷勇氏による。

　しかし、ここでも、すべての漁場でその原則が通用するわけではなかった。島々や水面下のサンゴ礁のありようや潮の逆流が、潮流の方向を複雑に変化させるからである。たとえば、山口氏によると、「バトー沖やマビオ

命綱でダイバーと交信する船上のテンダー（串本町提供）

カの漁場では、一日の満ち潮・引き潮にともなって潮流方向は回るように変化する」という。場所によっては、上層と下層の潮の流れが異なる「二階潮」のケースもある。そのため、海底のダイバーと船上のテンダーはその時々の、潮流の変化と大潮の潮流の速さ、さらに風向とその強さを織り込みながら、船の流す速度と方向を操作しなければならなかった。

この移動方式でもうひとつ考案されたのが、海底近くにダイバーを宙吊りにしたまま貝を探すやり方である。ダイバーの海底での歩行による労力の削減と採貝の効率化をはかるためだ。ダイバーは海底から六〇センチ～一メートル浮いた（吊り下げられた）状態で、船とともに海中を移動する。途中で前方に貝を見つければ、即座に命綱で合図を送る。船上のテンダーは命綱と送風パイプを緩めてダイバーを海底に下ろし、乗組員たちに船首のジブ帆と主帆を調整する指示を出す。船の流される速度を緩め、海底での貝の分布状況によっては船を流す方向も調整したのである。命綱を握る船上のテンダーはその掌と腕に神経を集中させ、操舵者にせよ帆を操作する一般乗組員にせよ、一瞬たりとも気の抜けない緊張感を伴っていたという（山口氏談）。

上りやま

打瀬の操業法は、さらにもうひとつ風・潮と折り合いをつけなければならなかった。ダイバーは移動しながら貝を探索し、海底で貝を採取する。海の濁りもあり、一度の打瀬では移動ラインから離れた広い範囲に対応できない。ダイバーのヘルメットの前方および左右の窓からは、五〜六メートルの幅しか採取できない場合もある。したがって、浅水・中水であれば一度の打瀬で最長三〇〜四〇分操業後、コースを変えて操業する必要がある。このために工夫されたのが、操業の起点での錨ブイの設置とその起点へ向けて潮上・風上へ船を戻す技法である。

ダイバーが最初潜って貝の生息状況を判断し、その指示によって壜玉《びんだま》(直径二〇センチほどの中空のガラス玉)か、一斗樽ないし石油空缶に旗竿と四〇メートルのロープをつけた自家製の錨ブイを設置する。風下・潮下への操業後、ダイバーの減圧のため海中に宙吊りにしたままか、船上に上げ、起点に戻るわけである。それを従事者の間は「上りやま」と称し、その航海を「間切る」と呼んだ。船首をできるだけ風上に向け、帆を操作する。風向・潮流を読み、短時間で起点のブイに寄せるのが、テンダーの腕の見せどころであった(城谷氏談)。

引き潮時には潮流が逆方向になる。この場合も、潮流に流されながら逆方向の風を帆で操作して、操業を続行した。彼らは引き潮を「ウエンド」と呼んでいた。

こうした真珠貝船の操作には、個々の船の性能が大きく関係する。真珠貝船は船大工による手造りで、造船の年代も違うため、操作しやすい船もあれば、そうでない船もあったらしい。白人船主たちは、自己の持ち船を性能の良い順に古参ダイバーや有能なダイバーに割り当てて、効率化をはかっていた。各船の乗組員たちにとって、上りやまや漁場間移動の速さは、単調な操業の中でスポーツ的な競争を楽しむ機会でもあったという(城谷氏談)。

六　潮の濁り・風・漁場移動

白蝶貝は雌雄同体の生き物であり、条件がよければ、一年で雄から雌に性転換する。だが、貝の成長速度や雌としての生殖巣の発達は漁場によって非常に異なる。バドゥ沖やスモール・リバーなど潮通しがよく養分に富む漁場

図Ⅳ―１―４　浅水における漁場間移動

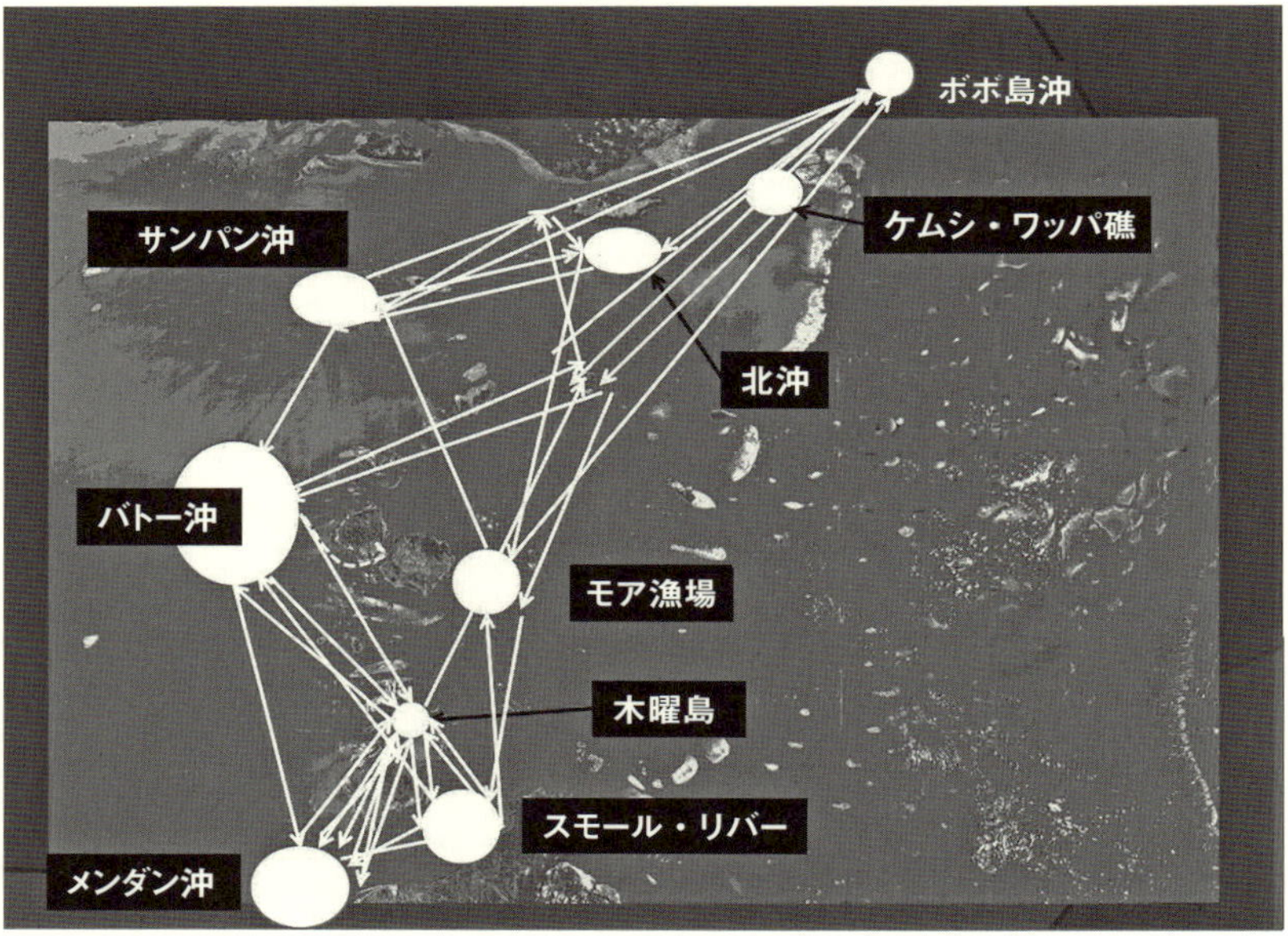

（出典）瀧本日記。

でも、法定の最小捕獲サイズ（クイーンズランド州では殻長一六センチ）になるには二年あまりはかかる（城谷氏・山口氏談）。そのため、浅水・中水での操業は一年の漁期の間に複数の漁場間を移動した。深水ダイバーにしても、ときには中水漁場で操業した。

瀧本日記によって、一九二八（昭和三）年の浅水漁場における操業船の漁場間移動を復原してみた（図Ⅳ―１―４）。漁場間を移動するときは、時間を節約するために、サンゴ礁や砂堆の発達する難所にもかかわらず夜間航海も行う。これを「夜船を乗る」と呼んだ（城谷氏談、瀧本日記）。三月下旬の操業開始から、海峡中部のバドゥ沖と南のスモール・リバー、メンダン（メインランド）沖の漁場を頻繁に移動しながら操業している。一一月の後半から一二月には、海峡中部の海は潮の濁りが強まるので、濁りの少ない北沖漁場やケムシ漁場などのニューギニアに近い北部海域に移動することが多かったという（山口氏談、瀧本日記）。

海中作業にとって、雨はさほど問題にならない。風と潮の濁りが操業を左右する。風に関わるトピックをもうひとつあげよう。一〇月と一一月は南東貿易風期(乾季)から北西季節風期(雨季)への端境期にあたり、頻繁に無風状態となる。湿度も高まり、蒸せるような暑さで、「米ぬかを撒いたような赤潮が延々と続き、夜にはウミヘビが呼吸する音」も聞こえる(城谷氏談)。凪《なぎ》の鏡面のような状態だから、潜水漁業にとって好条件と考えられそうだが、そうではない。船は潮の満ち干によって潮上から潮下に流されるものの、風がないために、帆による速度や方向の調整が行えないし、風を利用して起点のブイまで戻れないのである。

そのため、潮の流れに任せざるを得ないか、「パース」と呼ばれたアンカー採貝方式に頼らなければならない。アンカー採貝方式ならば、風がなくてもウィンチで錨綱を巻き込み、船を元の位置に戻せたからである。とはいえ、操業船も多く、長年の操業のために貝のまばらな浅水漁場では、打瀬による四〇分間の海底での移動に比べれば、採貝可能な範囲は狭く、効率は著しく悪かったのである(山口氏談)。

浅水漁場では、潮の濁りで操業が不可能なら他の漁場へ移動した。しかし、潮の濁りがちな大潮と暴風が重なれば、浅水・中水の漁場においても操業を阻まれる。遭難の危険を避けるために、各漁場のリーダー船が「フライキ(避難旗)」をマストに揚げ、一斉に操業を中止して近くの島陰へ避難した。

ただし、避難しても休んでいたわけではない。潮の濁りは大潮時に多いので、潮の干満差は激しい。それゆえ、大きく潮の引いた砂浜に船を横たえ、喫水線以下の舷側や底部に張られた銅板(のちに真鍮板に変更)を清掃した。海藻やフジツボ類が付着し、船の走航を妨げるからである。それを「カバ擦り」(カバは銅(copper)の訛り、城谷氏談)と呼んだ。カバ擦りのあとはペンキ塗り、船上の滑りを止めるための甲板の砂ずり(砂を使い、甲板のぬめりを取る)である。付近の島々での薪や真水の補給も、この機会に行われた。(11) したがって、帆や潜水服・潜水靴の修理なども含め、避難時のほうがかえって多忙だったのである(瀧本日記)。

木曜島を基地とした真珠貝漁業の場合、漁期間の公休日は正月、クリスマス、天長節(天皇誕生日)の三日だけ。

あえてそれに加えれば、船の簡易オーバーホールのための九月上旬の一〇日間にすぎない。操業期間中は、それこそ潮任せ、風任せの日々であった。

木曜島・ダーウィン・ブルームにおける各年度の総漁獲量は政府統計にもあり、経済史の研究ではよく見かける数値である。しかし、船主にとっても借船ダイバー[12]にとっても、年間の各真珠貝船の採貝量がもっとも気にかかる。それ以上に各船の乗組員たちには、目に見える日々ないし一潮（小潮―大潮の二週間）の採貝量が当面の目標である。

七　「死に金」か「抜き金」か

仲間内では、年間の最高漁獲量を揚げた人物が「№1ダイバー」としての尊称を獲得したが、多くのダイバーにとっては、「死に金（赤字）」を出すのか「抜き金（黒字）」を出すのかが問題であった（城谷氏談）。借船ダイバーたちは、白人船主からほとんど丸投げ状態で下請けする小企業主である。船以外に帆柱やエンジンギアの修理の一部と定期的なオーバーホールの費用は、船主が負担する。だが、借船料、乗組員たちの定額の給料、食料費とエンジン燃料費、ヘルメットや潜水服を含めた資材費は、借船ダイバーの負担である。一年の決算期に「死に金」か「抜き金」かの裁定を受けることになる。

赤字の場合は借船ダイバーの負債となり、翌年に繰り越される。それゆえ、仲間内の陰口として、「ソースパン（鍋）・ダイバー」と揶揄《やゆ》する言葉もあったという。それは、「ヘルメット（通称釜）」をかぶって潜るよりも、船上で「鍋」を扱うクック（飯炊き）がお似合いだという意味である（城谷氏談）。食事や上りやまの移動時間をのぞくと、浅水漁場の場合、一日平均八時間あまり、二人のダイバーを合わせると、七～八回の潜水を行った。ところで、日々の採貝量は、どのようなものであったのだろうか。

ノンフィクションともいえる司馬遼太郎氏の『木曜島の夜会』は一九七〇年代後半、戦後日本人に忘れ去られていたオーストラリア北部の真珠貝漁業をまさに波間から再浮上させた作品である。そこでは、「白人ならば、せいぜい日に一トン揚げれば上等だった。日本人（筆者付記）は日に五トン揚げて「五トン・ダイヴァー」と言われ、大変な鼻息だった」（文春文庫版、一九八〇年、二七ページ）とか、「日に一五トン、二〇トン」（四九ページ）と書かれているが、誤解であろう。

通常、貝の重量は、中身を抜き、真珠質層外側の殻縁部を除去した半完成品を量る。資源保護のために捕獲最小サイズが設定されていたから、一つの貝のペアーで、小さければ六〇〇グラム、大きければ四キロ程度、全体に混じるから一トンには八〇〇〜一二〇〇個ほどを必要とする。[13] 司馬氏の示す数値は明治末から大正中期の一日ではなく、ダイバー一人の年間漁獲量である。

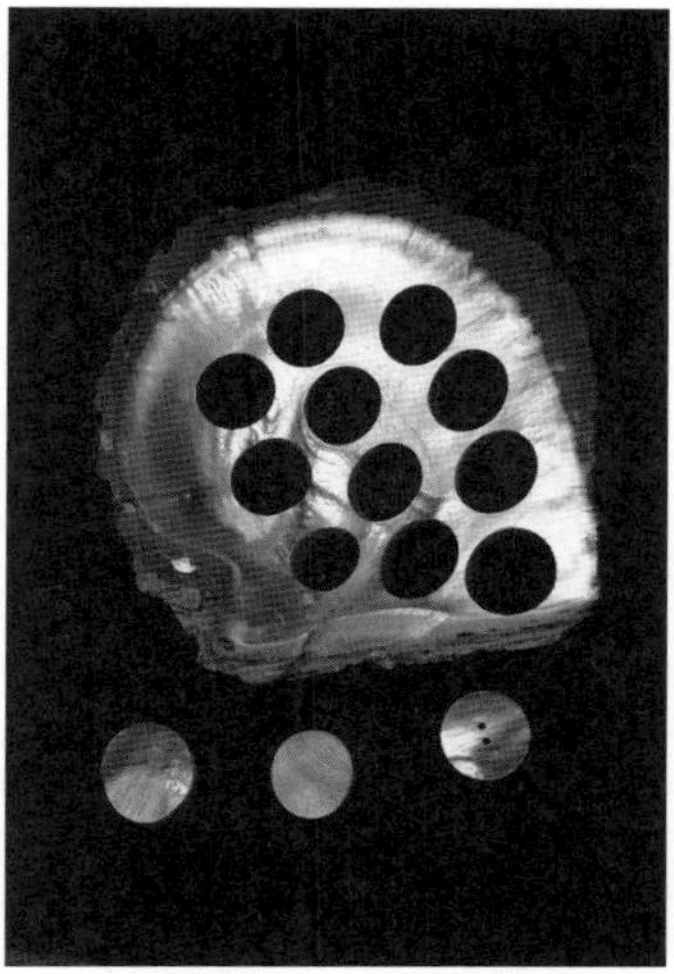
ボタン材料としての白蝶貝（串本町提供）

そうした日々の採貝量は、ほとんど記録に残っていない。手元の資料では、瀧本日記に断片的記録がある。一九二八（昭和三）年のメンダン沖漁場（浅水）、アカッパナ沖での数値を挙げれば、八月の採貝状況は次のとおりである。

一日の一〇〇個あまりから日を追って、一二〇、七〇あまり、二七、三八、三〇、四六、八〇、二三、一五個。満月の大潮から下弦の小潮にいたる潮の状況、風雨などの気象状況の変化の中での成果である。夜明け（午前五時）から昼食をはさみ、午後六時までの操業だ。二七個、三八個の日は午後から風が止まり、帆による操船ができず、二三個、一五個の日は暴風雨となって操業を中止せざるを得なかった。その翌日には船首のジブ帆に故障が生じ、暴風のためもあって、一一・一二日の両日は船を浜辺に寄せ、ジブ帆および船底キール(船首から船尾まで走る背骨材)の真鍮板の修理で操業を取りやめている。翌一三日から六二、二三、四〇、三〇。一七日(暴風休漁)をはさみ、二七、三七、三〇、二〇、四五、三五、二五、二三個。これらが第一ダイバーと第二ダイバーによる三週間の操業成果である。[14]

八月だから操業開始から四カ月程度を経ており、他の真珠貝船もすでに操業して漁場が荒れていたであろうから、数値としては平均より低いかもしれない。それでも、こうした数字をみれば、どれほど丹念な作業を必要としたか一目瞭然だろう。[15]

送風機械の故障・帆の破損・潮の濁り・気象の状況によって、終日操業可能な日は半分以下と言ってもよい。真珠貝漁業はかなり頻繁にある暴風雨の日は言うまでもなく、無風の日に潮に流されるままに操業しても、漁獲ゼロの日もあった。ごく稀に新漁場(ニューパッチ)が発見され、数カ月間大量に採取されることもあるが、たいていは辛抱強く丹念に操業しなければならない。瀧本日記の表現で、「本日貝少なし」と言えば三〇個以下、「本日普通」と言えば五〇～六〇個、「本日割合多くの貝あり」と言えば一〇〇個あまりといった具合である。だから、城谷氏によれば、「一九三五(昭和一〇)年ごろ、操業可能な海洋・気象の状況を考慮すると、小潮―大潮で構成される一潮(二週間)の間に、平均一トンないし一トン半採取できればよい」という状況だった。

八　道具の人間化、あるいは人間の道具化

真珠貝漁業の操業状況について、経験者の方々からお聞きできたトピックスをつなぎ合わせてみた。読者にとっては、あまりにも細部に立ち入りすぎていたかもしれない。しかし、こうした洋上での日々のありようはヒストリ

ーの史料となる記録に残ることはなく、またヒストリーの一般化に抵抗するような、その場その場での臨機応変さを要求される実践的世界である。人間の生きる細部のリアリティに目をとめれば、これまでわれわれは鳥瞰的なまなざしで一般化されたヒストリーを描きすぎてきたかもしれない。

真珠貝漁業は艱難辛苦をきわめたという一言で片づけられ、ときにはその内実を知らないまま、日本人出稼ぎ者の技量を賛美する報告もある。たとえば司馬氏のように、金銭欲と水揚げ高を競い合ったダイバー間の競争意識と並んで、何の根拠にもならない『魏志倭人伝』の記述を引きながら、日本人の潜水への先天的体質や勇敢さにその成功の理由を求める。オーストラリア政府の調査報告書でも、「海底で貝を見分け、生息しそうな底相のパターンを予知できるのは四人に一人、ときには一〇人に一人しか持ち合わせないような特殊な感覚を持った者たちだけが持ち合わせる資質のようなもの」と、日本人の先天的資質に帰す証言者の解釈も見られる。

こうした説明は、人をロマンのうちに物語化しようとする観念論にすぎない。一歩まちがえばダイバーの命取りになる仕事であったから、前節まで述べたように、その仕事ゆえに出くわさなければならない海況、海底状況、気象状況とその変化の多様性にできるかぎり折り合いをつけようと、身体能力と知識をつくりあげていったのである。ときおり帰国しながら二〇年以上にもわたった古参の出稼ぎ者もいたが、たいていは一期(三年)か二期(六年)の契約期間を過ごした。その間に、操業を通じて試行錯誤を繰り返し、それこそ「気候、言葉、生活形態、労働条件などすべてが不馴れな中で一日一日を生きた」のである(城谷氏談)。

川田順造氏の労働と技術と人間の関係性について比較考察した示唆に富む言葉を借りるならば、ヨーロッパ人が人間の手先の巧みさに依存せず、誰でも同じ結果が得られることや人力以外のエネルギー源を最大限に有効化する道具をつくりだして、「道具の脱人間化」をはかろうとしたのに比べ、日本人は技能の巧みさと人力を惜しみなく投入する「道具の人間化」あるいは「人間の道具化」をはかろうとした姿が見えてくる(『〈運ぶヒト〉の人類学』岩波新書、二〇一四年)。まさに真珠貝漁業は「道具の脱白人化」をはかる一方で、契約移民である「日本人の道具化」に依拠した産業であった。海と風という形のない流動性の中で、採貝の目的にそって海と風のきざしを身体化・知識化し、船と一体化しながらその極限まで身体の道具化をはかったのである。波間に消えてしまっているが、海の世界へ視点を移すことは、この「人間の道具化」の側面に一層注意を促すだろう。

(1) ここでは、主要なものだけをあげておく。① Sissons, D. C. S., The Japanese in the Australian Pearling Industry, *Queensland Heritage*, Vol.3 No.10, 1979, pp.9-27. ② Ganter, R., *The Pearl-Shellers of Torres Strait : Resource Use, Development and Decline, 1860s-1960s*, Melbourne University Press, 1994. ③ Shnukal, A. G. et. al., *navigating Boundaries : The Asian Diaspora in Torres Strait*, Pandanus Books, 2004. ④片岡千賀之『南洋の日本人漁業』同文舘、一九九一年。

(2) Ganter, *op. cit.*, p.114.

(3) 二〇世紀初頭オーストラリアの移民制限法の施行に伴って、渡航出稼ぎ者の員数制限が行われた。そのため、オーストラリアへの自由渡航は許されず、白人企業主による「呼び寄せ状」を必要とした。企業主は日本人の古参ダイバーやテンダーに依頼し、親類縁者に「呼び寄せ状」を送ったのである。

(4) 一九五四年作成の『在豪の写真記録』と題された城谷氏自筆のアルバムである(故・城谷勇氏蔵、コピーを筆者所有)。

(5) 大正末から西オーストラリアのコサック、北オーストラリアのダーウィンで一五年間真珠貝漁業に従事した、和歌山県東牟婁郡古座川町明神出身の故・藤田健児氏の追憶記である。それと合わせて、彼の手になるコサックの集落や操業風景を五〇枚ほど描いたスケッチブックも、ご遺族の手元に残されている。

(6) たとえば、城谷氏によると、有田村(現・東牟婁郡串本町)では一九二六(昭和元)年から一九四一(昭和一六)年の渡航者四七名のうち五名が潜水死している。

(7) 一九二四(大正一三)年の木曜島渡航から一九三〇(昭和五)年二月の帰国まで、六年間の日々の生活をほとんど一日も欠かさず書き綴った記録(一九二七年欠)である。なお、本日記は遺族の許可を得て筆者が全文を翻刻し、二〇一一年三月に

『瀧本庄太郎日記——トレス海峡・木曜島真珠貝漁業』（三〇九ページ、私家版）として冊子にした。

（8）より詳細については、松本博之・城谷勇「トレス海峡における真珠貝漁業補遺——漁場図を中心に」『奈良女子大学地理学・地域環境学研究報告』Ⅶ、二〇一〇年、三一～四二ページ。松本博之「オーストラリア熱帯海域における真珠貝漁業のSeascape—トレス海峡・木曜島を中心に」『地理学報』三七号、二〇一三年、五九～七六ページ、参照。

（9）潜水病は、船上から送られた空気が水圧のために高圧化し、それを体内に取り込むために起こる。つまり、高圧の空気が血管内に入るが、浮上過程で水圧が下がり、血管内の、とくに窒素が気泡化し、それが血行障害を引きおこすのである。従事者の間では、症状により三種に分類されていた。従事者の呼び方では、軽いものが「ロマテキ」（rheumatism）で、主に毛細血管の血行障害から起こる。痛みには幅があるが、手足や身体の部位に針で刺すような痛みをおぼえる。もっとも重症なのが「パレライス」（paralysis）で、引き上げると、すでに死亡していたり、意識不明、ときには船上で血を吐き、その後死亡したと言われる。両者の中間が「ハウカース」で、最初はめまい、嘔吐などの症状で、その後足腰が立たなくなる。

（10）城谷氏によると、一九二八（昭和三）年ごろ、それまでの全身の潜水服を改良して、「裸もぐり法」が日本人の手で考案された。ヘルメットとカスレット（肩当て）、足に地下足袋、手に軍手という軽装備である。保温のためにフランネル（羊毛と綿の混紡製ないし綿製）の肌着などを着用した。潜水病の罹患率は減り、軽装備のために採貝量は増えたが、容易にヘルメットを脱ぎ棄てられるので、事故が増えたという。のちには、上半身のみ五分袖の潜水服（半ドレス）も考案された。深水では裸もぐりが、中水・浅水では半ドレスが多かった。

（11）一五～二〇トンの真珠貝船では、薪燃料や真水の積載量は限られていた。真水は満タンにしても一トン程度である。そのため、避難の折には、付近の島でマングローブの薪材を切り出すか、真水の補給を行った。

（12）一九世紀末の「真珠貝・ナマコ法」により、日本人採貝者は船舶のライセンスを取得できなくなった。そこで案出されたのが、白人企業主が政府から真珠貝船のライセンスを得て、日本人の船長兼ダイバーに貸与する方法である。日本人ダイバーにとっては、単なる賃金制よりも漁獲努力への動機づけになった。多くは第一（責任）ダイバーが船長も兼ねていたが、自分自身が潜らず、後見的に船長のみに携わる古参ダイバーもいた。

（13）誤解のないように言っておけば、貝の買い上げ価格と市場取引価格は、必ずしも重量が唯一の基準ではない。貝はサイズと貝内面の真珠質への傷に基づいて査定された。重い貝は古く、真珠質に傷や害虫による損傷が見られ、重量単価は安かった。そのランクはＡＡ・Ａ・Ｂ・Ｃ・Ｄ・Ｅ・ＥＸの七段階に区別されていた。ＡＡ・Ａは若い小さな貝であり、それより成長したＢ・Ｃの価格が最上で、それより大きなＤ・ＥクラスはＢ・Ｃよりも安かった。

(14) 第一ダイバー(first diver)、第二ダイバー(second diver)は、英語による呼称である。日本人従事者の間では、前者を責任ダイバーと呼び、彼が白人船主から真珠貝船を借用する。後者は表《おもて》ダイバーと呼ばれ、責任ダイバーに定額賃金で雇用されている。後者の呼び名は二人のダイバーが同時に潜水するとき、船の「おもて」である船首側の位置を占めることに由来する。表ダイバーは経験を積み、機会があれば、責任ダイバーになる。

(15) 深水漁場は潜水の危険度が高く、操業船も少ないため、比較的貝が豊富な場所もある。二〜三人のダイバーが入れ替わって潜り、一人一回五〜六分の潜水で、他の漁場の一日分に当たる八〇個程度を採取するときもあったという(城谷氏・多田文男氏談)。

【謝辞】

私にとって未経験の真珠貝漁業に関する質問に根気よく答えてくださった皆様に、ここにお名前を挙げさせていただき、お礼を申し上げます。故・城谷勇氏(串本町有田)、故・多田文男氏(串本町有田)、山口政平氏(兵庫県宝塚市)、故・佐野伝之丞氏(串本町潮岬)、狭間巌氏(すさみ町)、出水勝美氏(すさみ町)、故・浜口宇之次郎氏(新宮市三輪崎)、故・藤井富太郎氏(クイーンズランド州・木曜島)。皆様の意を十分に汲み上げ、波間に消えかけている真珠貝漁業の日々を蘇らせることができたかどうかは、はなはだ心もとない。反省は残るが、こうした企てを試みたい気持ちにさせてくださった城谷勇氏が二〇一五年初頭に享年九三歳で静かに逝去された。ここに、城谷氏が彼の写真記録の最後に書きつけられた一文を掲げて、ご冥福をお祈りしたい。

「日本人移民にとっての一つの救いはトレスの美しい海であり、萍茫たる大自然であった。また、トレスの島人たちの友情も忘れられない」

コラム①　真珠貝漁業の住と食

松本博之

●大半の生活の場は真珠貝船

真珠貝船（ラガーボート）は日本人出稼ぎ者たちにとって漁業の手段であると同時に、「住まい」でもあった。彼らの木曜島滞在日数は一年の四分の一にすぎない。海上での操業中は言うまでもなく、木曜島の前浜に停泊中も、大半の乗組員は真珠貝船が生活の場であった。ダイバーや古参のテンダーだけが木曜島の簡易なボーディングハウス（木製総波型トタン張り）に寝泊まりしたのである。

昭和一〇年代には、和歌山県は三輪崎・宇久井・串本・出雲・上野・周参見の各地区、愛媛・広島（沖縄も合同）は各県ごとにボーディングハウスがあった（図コラム①―1）。城谷勇氏に復原してもらった串本ボーディングハウスの間取りは、一〇畳ほどの大広間、四～八畳の寝室が七部屋、それに便所・風呂場・洗濯

図コラム①―１　木曜島のボーディングハウスと前浜の真珠貝船

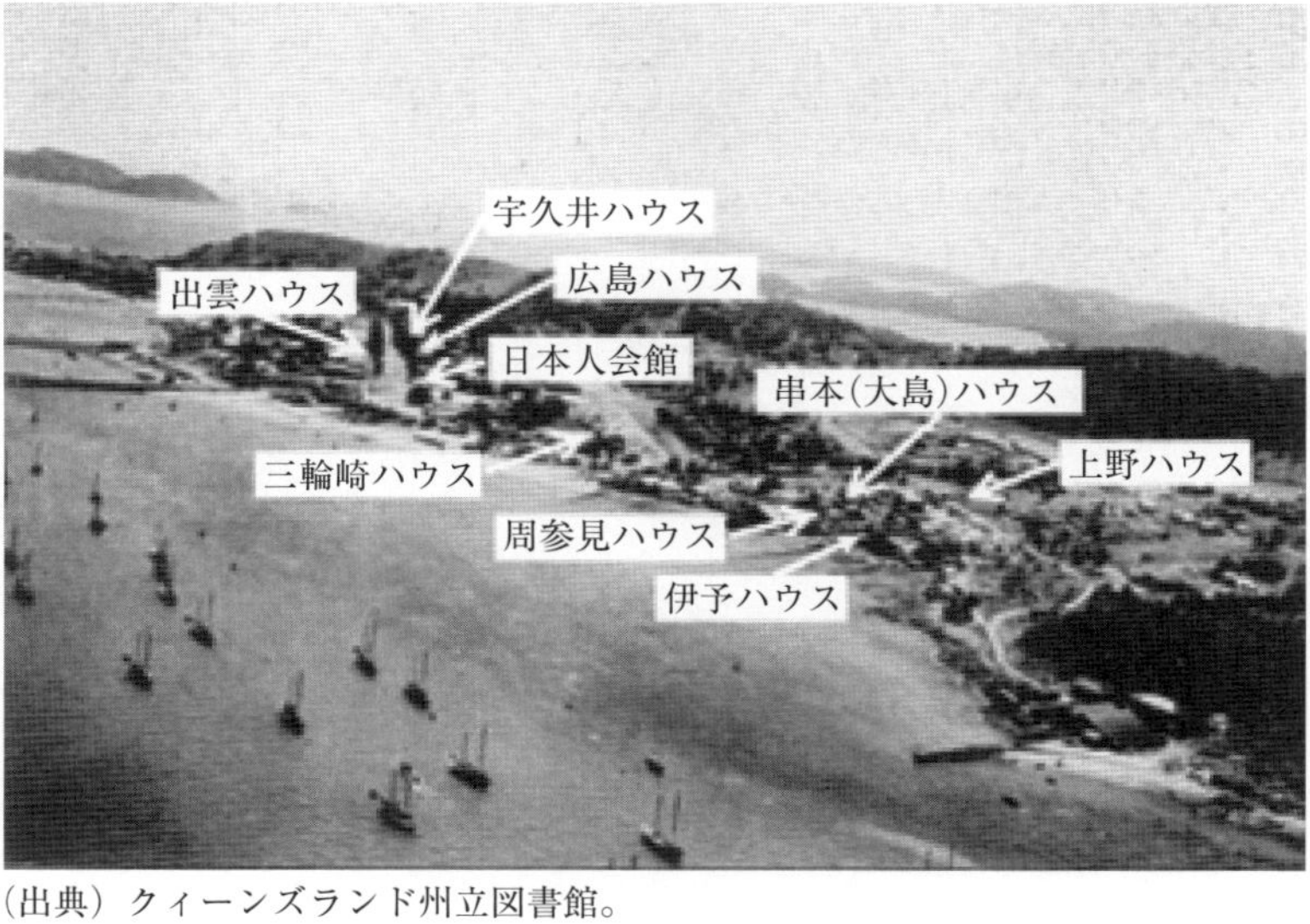

（出典）クィーンズランド州立図書館。

串本ボーディングハウス（穴蔵忠子氏提供）

図コラム①—２　串本ボーディングハウスの間取り

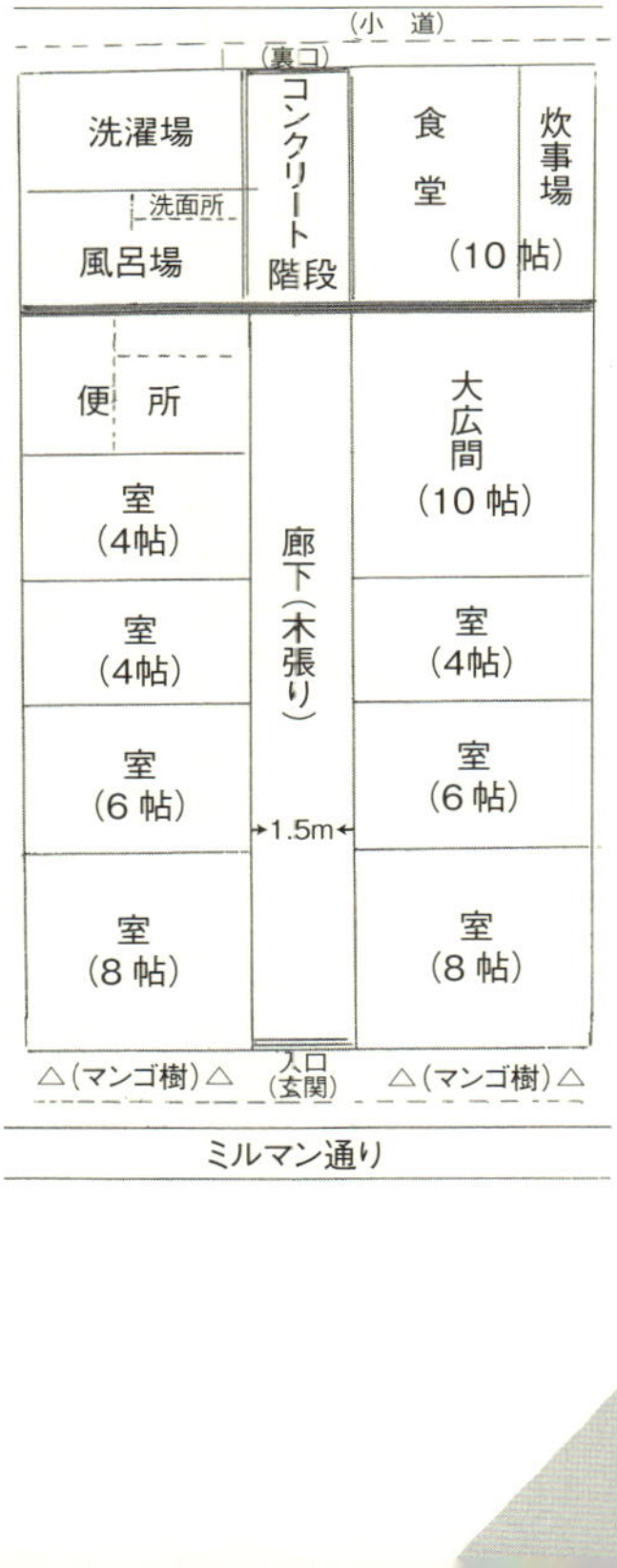

場・食堂・炊事場である（図コラム①—２）。大広間や寝室の床は板張りで、一～三台のベッドが置かれていた。串本ハウスに所属した従事者数からみれば、スペースは四分の一程度の収容力にすぎない。

「貝の荷揚げと食料の補給で木曜島に帰ることが何より楽しみじゃったのう」（佐野伝之丞氏談）と言うように、飯炊き、見習いダイバー、機関士も木曜島に上陸する。若い飯炊きや見習いダイバーは給料を年長者や親族が管理していたので、真珠貝の貝柱を乾燥させて木曜島の華人商人に売った小遣い銭で、映画を見たり、うどん、アイスクリーム、ミルクセーキ、レモン水などを楽しんだ。ボーディングハウスで湯浴（操業中は海水での水浴）しなかったわけではないが、基本的には休漁期も真珠貝船が住みかであった。もちろん、病気になったり、入院前後の養生期間は、誰もがボーディングハウスで過ごした。

　真珠貝船内の寝所は甲板下のキャビン内にあり、聞き取りによると二つのタイプがあった（図コラム①―3）。一つは寝台式の「カイコ棚」である。中央の通路を挟んで二段に棚が作られ、前後二区画・左右二列で都合八つの寝床があった（城谷氏談）。もう一つのタイプは船底に床を張り、両舷側および機関室側の三方に高さ二〇センチ、幅六〇センチの台を設け、ダイバーと責任テンダーの寝所とした。残りの乗組員たちはそのあいだの二畳ほどのスペースで雑魚寝する（狭間氏・出水氏談）。

　船身約一五メートルの甲板下には食料倉庫、貝倉庫、機関室もあり、キャビンは手足を十分に伸ばせるほど広いスペースではなかった。同乗の島人やマレー系の乗組員は、船首近くの食料倉庫を寝所としたという。

　船内には食料を積み込んでおり、ゴキブリが繁殖したほか、南京虫にも悩まされた。昭和初期の西オーストラリア・コサックでは、除去のために休漁期に船を一カ月間河川に沈めていたらしい（藤田氏記録）。木曜島では専門家が殺虫剤で燻蒸していた。翌日にはバケツに何杯もの死骸を集めたという。木曜島の浜辺にしろ操業中の沖合での掛かり場にしろ、停泊している

図コラム①―3　キャビン内での就寝

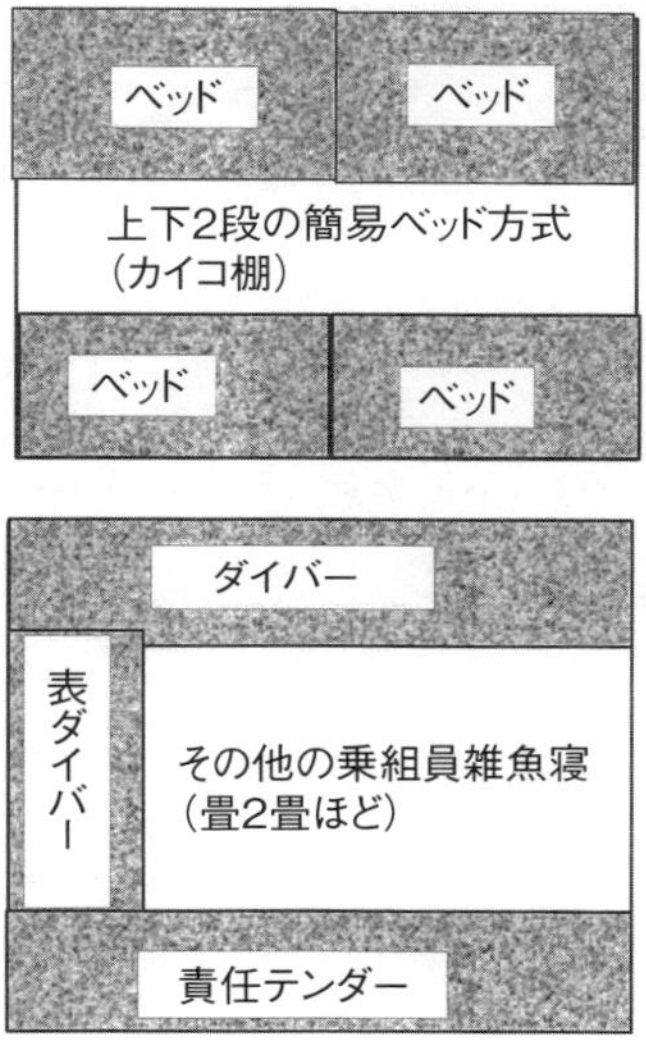

船上での食事風景（串本町提供）

折、操業中行動をともにする仲間の船の間ではディンギー（小艇）で往来し合い、ダイバーをはじめ、他の乗組員たちも一緒に食事し、雑談や花札などの遊びに時を過ごした。

●船上での食事

オーストラリア政府の報告書に「保存食品ばかり」と酷評された真珠貝漁業での食料事情。実際はどのようなものであったのだろうか。

日本からの新参者は、「飯炊き」として賄い係から仕事を始める。他の乗組員の起床前の午前三時ごろに目を覚まし、小麦粉とイースト菌で昼食用のパンを仕込む。故郷では一部の階層を除けば常食ではなかった米食も可能であった。朝食・夕食はご飯、昼食は好みに応じてパンかご飯を食べた（狭間氏談）。

副食は白人企業主のストアーから購入する保存食品が大半を占め、日本人商店の扱う食品と中国人の栽培するわずかな野菜類がそれらを補っていた。ストアーから入手したのは、米、小麦粉、牛肉（缶詰）、コンビーフ、玉ネギ、ジャガイモ、ジャム（イチゴ、オレンジ、リンゴ、プラムなど）、ビスケット、ショウガ、砂糖、塩、コショウ、バター、カレー粉、イースト、キュウリ酢、紅茶などである。日本人商店からは酒、梅干し、福神漬、らっきょう、餅の缶詰、うずら豆・小豆の水煮缶詰、昆布、海苔、番茶などであった（城谷氏談）。

日本人の食事に欠かせない調味料である醤油と味噌は木曜島在住の日本人が醸造し、朝食には味噌汁が添えられた。漬物は、糠ではなく残飯に塩を混ぜて漬けたらしい（狭間氏談）。瀧本日記には、小豆の水煮缶詰からぜんざいやおはぎを作っていたことも記録されている。

そして、稀にではあるが、木曜島在住の中国人が栽培する白菜、カボチャ、キュウリ、また操業中ときおり接触するトレス海峡の島人との間では、バナナ、マンゴー、鶏・豚、ウミガメ・ジュゴンの肉、水を、彼らの欲する小麦粉、カレー粉、砂糖、タバコとの交換で入手していた。

確かに保存食材が日常の多くを占めたのであるが、日本人にはそれ以外に大きな味方があった。海峡の豊富な魚類が最高の御馳走だったのだ。若者たちが多かったから、木曜島からの出航間際に必ず生の牛肉を白人店舗から購入していたが（瀧本日記、狭間氏談）、それも二～三日で終わる。あとの生鮮な動物性タンパクといえば、魚かウミガメの卵かウミガメである。

ウミガメの卵掘り（チチ・フジイ氏提供）

ヒラアジ、アイゴ、イサキ、カンパチ、マダイなどを操業後の夕刻に、マグロ、サワラの大型魚類も漁場間移動中に、自家製の白蝶貝の疑似餌を使い、流し釣り（船尾から疑似餌を付けた釣り糸を流す。疑似餌は海面か海面近くの海中を走る）で釣っていた。魚は刺身、焼き物、干し魚、「南京炊き」と呼ばれた鍋物などにした。ウミガメの卵は、季節的な偏りは見られるものの、年の後半は常食に近い状況であった。九～一一月、海面に浮遊する交尾中のウミガメは警戒心がないため、同乗の島人と一緒にたやすく狩猟できる。産卵のために上陸したメスウミガメも捕獲した（瀧本日記）。

「肉とバナナや果物を食べるのが楽しみやった」（狭間氏・山口氏談）、「骨付きの鶏肉をチョップ切りしたサンキー麺店のうどんがとても美味しかった」（城谷氏談）、「暑い休漁期、エビス商店のオタミばあさんと金時氷や薄皮饅頭を作った」（山口氏談）という声とならんで、「銀飯やね！」（藤井氏談）という弾んだ言葉の響きには、当人の誉れにも似た思いが加わっている。種類の豊富なジャムに初めて出くわし、「世の中にこんなうまいものがあるのかと驚いた」と語ったのは、戦後も木曜島に残った藤井氏である。

白人社会からみれば、生鮮食品が少なく窮屈な暮らしではあったが、和歌山県南部の出身母村では、水田が少なく、常食は麦飯か麦飯混じり、ときにはサツマイモを食べていたらしい。それに比べれば、出稼ぎ地での食生活は種類も量も豊かであった。出稼ぎ者たちはボーディングハウスごとに互助組織をつくり、年二ポンドの会費を村の農業会に送付して、盆と正月の二回、故郷の親元や妻子に、白米一俵に素麺《そうめん》一箱か砂糖一叺《かます》（袋）を付けて配っていたという（城谷氏談）。

第2章　オーストラリア文学に描かれた日本人

加藤　めぐみ

一　オーストラリア社会と日本人

オーストラリア文学に登場する日本人像は、植民地成立から二〇世紀半ばまでの排他的ヨーロッパ中心主義を反映し、作者の想像力による創造に任せられていた。オーストラリアでは長い間、主流となるイギリス系ヨーロッパ人以外のマイノリティとしての他者は、社会でも文学でも周縁に置かれた。ことに日本人に関しては、日本開国後の一八七〇年代から、曲芸師が公演したり、羊毛の買い付けに商人が訪れたりしたものの、その数は限られている。日英同盟や交易活動など実質的な面は別として、白豪主義の影響があり、民間人同士が交流する場面は、ほとんどなかった。実際、両国民が互いの姿を目にする機会は太平洋戦争の戦場からであり、本格的な関わりは戦後から始まったといえよう。

一九世紀半ばのゴールドラッシュ前後から多く流入してきた中国人とは異なり、オーストラリアの主流社会に不在の日本人は、多くの文学作品で、想像上の仮想敵や、蝶々夫人的な外国人妻として長く語られてきた。そこでは、南下を恐れるジャーナリストや政治家が日本を脅威とみなしている。

それが現実となったのが太平洋戦争だった。シドニー湾への日本軍潜航艇の攻撃、ノザーンテリトリーのダーウィンや西オーストラリア州のブルームへの空爆、東南アジアや太平洋における戦闘体験や日本軍による戦争捕虜体験など、オーストラリアの戦争に関わる記憶の中の日本および日本人像は、決してよいものではない。それは、オーストラリア主流社会の言説における、想像上ではなく実際に観察したうえでの日本人描写の始まりでもあった。

ダーウィンとブルームでは、犠牲者も出ている。南部のシドニーやメルボルンのような中心都市から遠く離れたこれらの地域は、南下する日本の脅威を間近に感じる場所だった。その一方で、真珠貝採取業を営む地として、白豪主義から逸脱し、日本人を含む多民族・多文化が共存するという歴史的背景も持つ。白人とそれ以外のマイノリティの接触の最前線であり、オーストラリア人が否応なしに日本人も含めた「他者」の存在に目を向けざるを得なかったという状況が、小説をはじめとする文学作品にも表れている。

「真珠」というロマンティックなイメージを掻き立てるモチーフから大衆的なロマンス作品が多い一方で、一九世紀後半から二〇世紀にかけての人種関係、異文化交流や軋轢を具体的に描く小説もあった。こうした作品は南部の作品にみられる他者表象とは一線を画した地域史であり、交流史の一資料ともいえる。南部の主流社会から生まれた作品は、オーストラリアらしさを模索し、その異質な自然や開拓者精神を取り込んだリアリズムを追求して、「英文学」から「豪文学」の差別化を図る。これに対して北部地域では、真珠貝採取業という特殊な産業を背景に、独特な多民族社会のリアリズムが描かれてきた。

本論考では、真珠貝採取業地域であるダーウィンとブルームを舞台にした文学作品に見る日本人像を追うことにより、オーストラリア文学におけるマイノリティとしての他者の表象の一部を明らかにする。同時に、実際的な人びとの関わりの記憶が構築されてこの地域の物語となり、歴史や日豪二国間関係の影響を受けながら現在に至っていることを検証していく。

二　ダーウィンの日本人とオーストラリア文学

ダーウィンの歴史的背景

ノザーンテリトリーの中心地であるダーウィン（六五ページ図Ⅱ―1―1）は、木曜島やブルーム、クィーンズランドの北部プランテーションと同様、オーストラリアの植民地史において特異な場所である。一九世紀後半から他地域が非白人系に対して排外的になっていくなかで、過疎のこの地（一八九一年統計では、白人人口三二四万人中、北部特別地域は約四八〇〇人）では労働力の必要性から、日本人をはじめ非ヨーロッパ系の誘致を続けていた。

たとえば一八七四年には、ポート・ダーウィンに一八七人の中国人契約労働者が到着した。一八七七年には、一八六三～一九一一年までノザーンテリトリーを管轄していた南オーストラリア植民地政府が、ウィルトン・ハック師に託して明治政府に書簡を送り、移民要請を持ちかけている。明治政府は一八八三年にこれを断っているが、このとき民間レベルで三七人の日本人労働者がオーストラレイシアン・パール・カンパニーに働きに来ている(1)。

ダーウィンの真珠貝産業はオーストラリア連邦結成後の一九〇二年に出された移民制限法の適用からはずれ、アジア系労働力が流入した。先住民や中国人に比べると日本人は少なかったものの、潜水夫などの労働力として重視されていた。一九一一年に、パーマストンからダーウィンに名が代わったとき、一四〇〇人弱の人口のうち、中国人が約三〇％、白人系が約二五％を占めており、日本人は六％である。ただし、真珠貝採取船のアジア系乗組員としては最大数を占めていた(2)。

太平洋戦争以前のダーウィンを舞台にした文学作品の中心は、この多民族・多文化社会を反映しており、オーストラリア主流社会の作品とは趣を異にしている。日本人は想像上の登場人物ではなく、コミュニティに確実に存在する「他者」として描かれた。だが、太平洋戦争はダーウィンに大きな影響を及ぼす。オーストラリア軍の進駐、日本軍による空爆、住民の疎開、日系人の強制収容により、ダーウィン社会は激変した。そのため、戦中から戦後の作品では、日本が敵である「他者」としてのイメージが定着することになる。

太平洋戦争以前の小説

一八八〇年代以降、日本人による真珠貝採取船所有への懸念が高まり、北部や他の植民地において、外国人による真珠貝採取漁ライセンス取得、船の所有やリースが禁止された。また、日本の軍備拡張にともないジャーナリストなどを中心とした作家が、日本を悪役とした「勧善懲悪」「因果応報」的な結末を伴う小説を書き始める。(3) そうした排他的な作品の中の日本人は想像上の産物であるが、集合体の仮想敵として描かれ、主流社会での国粋主義的扇動や徴兵制導入運動のプロパガンダに使われた。

だが、ダーウィンでは事情が異なる。一九二〇〜三〇年代にかけてダーウィンに拠点を置いていた作家ザヴィア・ハーバートは、真珠貝産業を間近に観察していた。当時は作家としてのキャリアが浅く、ペンネームも用いて作品を書いている。戦後の代表作は『かわいそうな私の国』(一九七五年)である。そこでは、オーストラリアの人種・民族の多元性を称揚し、イギリスに追従する植民地根性を捨てて、他の人種民族と混淆した「クレオール」国家になるべきだという独自の主張を繰り広げている。シドニーからダーウィンに流れ着いたときに現地の日本人に世話になったハーバートは、その後日本人との交流を持ち、白人としては珍しく日本人会にも所属していた。白豪主義時代のヨーロッパ系作家としては、かなり特異な存在といえよう。

日本人だけでなく、オーストラリア社会のマイノリティである先住民に目を向け、ノザーンテリトリーの歴史を四〇年にわたって描いた『カプリコーニア』(*Capricornia*, 1938)では、その不当な扱いを赤裸々に描いた。一九三六年にはオーストラリアを訪れた瑞鳳丸の通訳を務めていた小林織之助に同書執筆の経緯を語り、オーストラリア人に「道義を教え、日本国民の偉大さを著したい」と述べている。(4) この人種不平等への抗議の姿勢は、日本人を登場人物にした短編小説にも表れていた。

一九三〇年代に書かれた短編『危険に生きる』や『空威張り』『幸福の船乗り』『ミス・タナカ』などは、ハーバートがさまざまな日本人を描いた作品である。(5) これらのストーリーには老若男女の日本人が登場し、顔と名前、個性を持ち、民族的ステレオタイプの表象を逃れている。一方で当然ながら、典型的悪役日本人もいれば、『お菊さん』(野上豊一郎訳、新潮社、一九一五年)で知られるピエール・ロティ以来、ヨーロッパ人が日本を描く小説に必ず出てくる異国情緒豊かな若き「ムスメ」も登場する。『ミス・タナカ』の冒頭部分はこのように始まる。

「ミス・キソ・タナカは、ポート・ダーウィンで店を営むサイチ・タナカの姪だった。サイチによれば、シドニーで死んだ兄の娘で、最近になってこちらに身を寄せたという。シドニーに生まれて暮らし振りの良い幼少時を送り、その後日本に戻って日本人の良家の子女が身に付けるべき教育を受けてきた」

見目麗しく慎ましやかなこの娘は、実はサイチの息子の変装だった。結託した親子は、ミス・タナカに言い寄るダーウィンの独身者たちからまんまと金品を巻き上げるのである。

ハーバートの短編からは、人種によるヒエラルキーの存在、潜水夫(ダイバー)とそれ以外の職種の力関係など、法や民族などによる差が厳然と存在することもうかがえる。だが、その社会構造の中で実生活を生きる人びとの描写は、それがヨーロッパ系に限られていた主流文学と大きな違いを呈している

一九〇一年の連邦結成前後から、政治的な動きに連動して文壇においても「オーストラリア性」が追求されるようになり、脱植民地主義、ポストコロニアルの文学の先駆けとして「オーストラリアという地方色」(ローカルカ

ラー）を出そうと作家たちが腐心した。一九八〇年代からその旗振り役を務めた雑誌『ブレティン』に頻繁に寄稿していたヘンリー・ロースンは、オーストラリア文学の父と称されることがあるが、その「オーストラリア的地方色」は白人中心である。彼はエッセイで、「中国人というのは、……世界史の中に例のないような増え方をしている……いまに奴らを殺すか矯正するしかないだろう。おそらく、前者のやり方で」などと述べている。(6)

ハーバートはこうした主流文学とは異なり、日本人を含むアジアという異人種を取り込んだことにおいて、まったく新しいポストコロニアリズムとも言える方法でそれを打ち出したと言える。ダーウィンとその風土は、そうした新たな精神性を生み出す土壌を提供していた。

太平洋戦争・戦後の文学

一九四一年一二月八日の日本軍による真珠湾攻撃により、アメリカに次いでオーストラリアも日本と戦争状態になると、その日のうちに日本人、日系人やその家族の拘束が始まった。ダーウィンでもこうした人びとが拘束され、アデレードリバー仮収容所に集められ、やがて船でヴィクトリア州タツラやニューサウスウェールズ州ヘイの収容所に送られる。(7)ダーウィンは一九四二年二月から四三年一一月まで日本軍の空爆に遭い、町は壊滅状態になった。一九四五年八月の日本降伏後、オーストラリア市民がダーウィンに戻ることを許可されたのは、六カ月後の一九四六年二月である。

だが、計六五回もの空爆を受け、二四〇余名の犠牲者を出したダーウィンの反日感情は強く、タツラ収容所管理本部は収容者たちに帰還を勧めなかった。最終的にダーウィンに戻ったのはムラカミという一家族だけで、それも一九五六年以降である。そのころには再建が進み、多くの地域から人びとが流入しており、日本人が目立つこともなかったという。(8)

ダーウィンでは駐屯していたオーストラリア軍による略奪が横行し、強制収容された日本人や日系人だけでなく、民間人の空き家の多くが被害に遭った。ハーバートが戦後に著した短編『恥辱の日』("Day of Sha, 1963)は、それを告発的に描いた作品である。そこでは、オーストラリアの国家と人びとが持つさまざまな矛盾と人種主義、日和見主義が、ダーウィン郊外の入植地を守る老女の目を通して描かれる。

たとえば、海外でイギリス帝国の領土を守るために戦いながら、本土攻撃を前にして逃げ出すオーストラリア人たち、それを正当化するために「北部は先住民の土地で、南部とは違う」とする言い逃れ、南部とは単なるヨーロッパ文明の真似事の地である、という事実が挙げられる。老女の家は空爆によって破壊され、その残骸からオーストラリア人兵士が金品を略奪し、火を放って逃げ去る。老女は、敵である日本軍と味方のはずのオーストラリア軍の両方に凌辱されるのだ。戦争の傷跡と戦勝国の意識が残る時代に書かれたこの作品は、ハーバートに特徴的な、人びとを犠牲にしたイギリス偏向主義と植民地主義を糾弾しており、その背景として日本との戦争が用いられる。

このように、ダーウィンを舞台とする戦後のオーストラリア文学には、戦争が大きな意味を持つ。ダーウィン社会が再び多様化していき、日本人は非白人系人口の中で相対的に少なくなり、存在感は薄くなっていった。その一方で、日本はその後ダーウィンのみならずオーストラリアにとって、敵というイメージとして利用される。「国防の最前線――ダーウィン空襲を追悼する」で鎌田真弓が指摘しているように、一九九〇年代からダーウィンでは、当地の防衛に貢献して犠牲となったオーストラリア兵への顕彰が重要視され始め、追悼式を国家的行事として認知することへの声が高かった。(9) ダーウィンの人びとが経験してきた歴史には、オーストラリアの国土を守るフロントラインという大きな政治的意義が与えられることになる。

さらに、飯笹佐代子の「戦争の歴史を学ぶ――教材にどうえがかれているか」における指摘のように、学校教育にも結びついていく。(10) オーストラリアでは、とくに二一世紀になってから、初等・中等教育における歴史教育の充実が模索された。多文化・多民族となった移民国家を束ねるため、その歴史に国としての統一をはかる物語としての意味を与え、子どもを教育するうえで、戦争は非常にわかりやすい教材といえよう。

そうした状況で刊行されたアラン・タッカーの『ダーウィン爆撃――トム・テイラーの日記』(*The Bombing of Darwin: The Diary of Tom Taylor*, 2002)は、若い読者層をターゲットにした、ダーウィン空爆をテーマに歴史教育の副教材ともなるような小説である。白人系主人公の少年の日記の形を取り、ダーウィンでの生活、空爆、それに続く疎開体験をたどる。ハーバートの短編に見られるような、当局の攻撃への準備不足や民間人を顧みない姿勢への批判は微塵もない。タッカーの小説に強調されているのは、人びとの非常時における連帯と協調、ダーウィンの民族的多様性への賞賛である。白人の郵便局勤務者が、主人公の少年と母親に向かってこう言う。

「ここに来た当初は大変だったが、もう離れたくなくなったよ。フレンドリーな町さ。誰もがうまくつきあっている。白人も、アボリジニも、アジア人も。もちろん階級ってものはあるさ。だけど、それも自分なりに対応していくんだ」

多文化・多民族の国のナショナル・アイデンティティを支えるために「国民の物語」が必要となり、そこで歴史教育が重視され、飯笹が指摘するように、「日本軍による被害の歴史」が多く語られる。だが、そこでは「必ずしも現在の日本に対する憎悪や非難を生徒に喚起することが意図されているわけではない(11)」。タッカーの小説においても、先に述べたようにダーウィンにおける多民族の共存(主人公の親友は中国人の少年という設定にも見られる)、危機的状況における先住民や他のマイノリティを含めた住民の連帯意識、家族の絆が道徳的価値のある事柄として語られる。

一方、奇妙なことに日本人の存在が非常に希薄になっている。敵としての集団のほかは、戦前までの日本人の存在や強制収容にはほとんど言及がない。あたかも日本軍はイメージ上の敵であり、日本人を直接語らないことにより、敵という実態から目を逸らすための教育的配慮によるかのようである。

本作品は「ニューサウスウェールズ州首相・若い読者層の歴史」賞を受賞し、州の推薦図書に挙げられている。ダーウィンの空爆体験を背景にした戦争の語りとその追体験は、若い国民の記憶とするには効果的な物語と言えよう。他者である日本人の表象、また意図的とも言えるその物語からの脱落は、二一世紀初頭に書かれた日本との戦いの物語として、敵としての日本および日本人を、悪役でありながら悪人とは描かない一方で、オーストラリアの戦時における結束の物語とする意図が感じられる。

三　ブルームの日本人とオーストラリア文学

ブルームの歴史的背景

ブルームはオーストラリア北西部に位置し、インド洋に面した赤い砂土と青い空の対比が眩しい、ステップ気候の乾燥した土地である。四〜一〇月の乾季には雨が少なく、気温は四〇度まで上昇することもある。一一〜三月の雨季には気温は三〇度程度ながらスコールが降り、近くの町と結ぶ道路が冠水して通行が妨げられるほどである。この道路も、ブルーム市内も、一九八〇年代初期までは舗装されておらず、陸路では到達しにくい場所だった。一八二九年に西オーストラリア植民地が建設され、八〇年代に入植が始まった当初はロウバック・ベイと呼ばれ、のちにブルームと命名される。国内の大都市よりジャカルタやシンガポールに気候も距離も近く、むしろアジアの一都市のようであった。アジアとの間で、ヒトとモノを介した多文化・多民族が接する環境だったのである。

ダーウィンと同様に真珠貝採取業で発展し、国内で例外的に多文化・多民族の町となった。一八五〇年代にはシャーク・ベイで、六〇年代にはコサックで、真珠貝採取業が興る。これは、牧羊業者らが副収入を得るため潮が引いた遠浅で始めたものである。当初の労働者は砂漠から拉致してきた先住民アボリジニだった。彼らを使った「ブラックバーディング」(blackbirding、先住民を誘拐して奴隷とする)と呼ばれる採取は、真珠貝採取業の多民族化の始まりと言えよう。やがて遠浅の海で真珠貝が枯渇し、一八八〇年代には潜水による採取が始まった。このころマレー人らアジア系がシンガポールで契約労働者として雇われ、ブルームに送られるようになる。

一九六〇年代になるまで、真珠貝、やがては養殖真珠へと真珠貝関連産業が続けられた。潜水方法は、素潜りから「ハードハット」と呼ばれる真鍮のヘルメットと防水服による重装備へ代わり、やがて潜水服に酸素チューブをつけた方法、さらにアクアラングへと移行する。ここで活躍して地域に根差した存在となったのが日本人だった。

長年の真珠貝採取業により、ブルームはヨーロッパ系入植者に加えて、マレー人、中国人、先住民、そして日本人が住む多民族の町となった。中心部の繁華街は現在ではチャイナ・タウンだが、もとはジャップ・タウンと呼ばれた。その名が示すように太平洋戦争以前は日本人が多く、一九一七年には最大マイノリティとして記録されている。

法律で禁止されていたものの、異人種間の事実婚による混血児も多く生まれ、ブルーム社会の特殊な複合性を高める結果となった。その複合民族性は、一つの家族の中にも見られる。たとえば筆者が二〇〇七年にインタビューを行ったジョン・バックノール氏は妻とともにヴィクトリア州出身で、ブルームに来て先住民教育に関わってきたヨーロッパ系オーストラリア人だ。息子の嫁の父親はスラウェシ島出身のインドネシア人、母親はアボリジニである。バックノール氏によれば、一九八〇年代はブルーム在住者のおよそ五〇%が混血だったという[12]。

日本人やその他の非ヨーロッパ系人種が真珠貝採取業に不可欠な存在だったことにより、ブルーム社会もダーウィンと同様、連邦結成とともに政策として採択された白豪主義から例外的にはずれる。真珠貝採取船の所有権がオーストラリア人以外に認められないときにも、日本人が替え玉のオーストラリア人船主を仕立てて所有するなど、非ヨーロッパ系人種に抜け道が存在していた。

ただし、人種による社会的・経済的ヒエラルキーは厳然として存在し、差別構造は明白であった。各人種・民族はそれぞれのコミュニティ内での生活が主で、住む地域も区別されていた。日本人と中国人を中心に商業を営む者も多かったが、ブルーム社会における人種関係についてのスーザン・シッカートの著作のタイトル『格子柵の向こう側』(*Beyond the Lattice*, 2003)が示すように、ヨーロッパ系の人びとの住居の格子柵が人種的・社会的ヒエラルキーの境界となっていたのである。

シッカートによれば、人種ヒエラルキーの上位はヨーロッパ系白人、頂点はパーリング・マスター(Pearling Master)と呼ばれる真珠貝採取業者で、彼らの多くがイングランド出身だった。その下に潜水夫を務める日本人、そしてその他の役割や業種の中国人、マレー人、クパン(ティモール島民)人などのアジア人、さらに先住民が続いたという。(13)

ブルームの日本人と太平洋戦争

一九世紀から、日本人はブルームにおいて存在感を示していた。一八九一年には、西オーストラリア植民地に、ブルームを中心に三二二人が居住者として記録されている。(14)そのほとんどが真珠貝産業に携わる契約移民だった。雨季になって船が陸に揚がると、ブルームの日本人人口は一挙に増加した。彼らの多くはかたまって日本人向けの宿屋や下宿に居住し、息抜きは「博打と酒盛」。日本人街であるシバ通り(Sheba/Shiba Lane)には、日本人向けの酒場や売春宿が立ち並んでいた。シバ通りは一九三〇～四〇年代に火災で焼失し、昔の名残はとどめていない。

日本人コミュニティが定着した一つの証に、日本人医師の赴任が挙げられよう。一九一〇年に鈴木忠が到着し、翌年から開業を始めている(第二次大戦開戦まで続く)。ヨーロッパ系人種の優位性を保とうとするブルーム主流社会からは懸念の声もあったが、一九一二年に提出された鈴木医師の滞在延期請願に、日本人以外に一〇一名のブルーム市民が署名したことからも、日本人の定着振りがわかる。(15) ノリーン・ジョーンズの著作のタイトルが示すように、ブルームは多くの日本人にとって「ナンバー2ホーム」となった。

ブルームの複合民族性は、日本人と先住民女性との関係からも、うかがわれる。契約移民である日本人は、大部分が独身者か妻子を日本に残してきた者だった。やがて、先住民女性との付き合いが生まれる。異人種間の婚姻は法律で禁止され、とくに先住民と他人種との同居および性交は、一九〇五年の先住民法(The Aborigines Act)にもあるように固く禁じられていた。だが、実際にはアジア人と先住民との結婚が見られるようになる。日本人も、その例外ではなかった。現在でも先住民コミュニティの名前に日本人の苗字が残り、その名残をとどめている。

日本への帰国前に真珠貝採取で命を落とした者や、ブルームで生涯を終えた者もいた。一九七一年に有志により整備されたブルームの日本人墓地には現在、九〇〇基以上の墓がある。

よく管理されたブルームの日本人墓地

太平洋戦争以前の小説

真珠貝産業で成り立っていたブルームは、その異国情緒ゆえに太平洋戦争前から複数の小説の舞台になった。そこには、オーストラリアの他地域を舞台にした小説には見られない日本人像が描かれている。一九三七年に出版された人気作家イオン・イドリースの実体験に基づいた『四〇尋の深海――オーストラリア海域の真珠貝ダイバーと海の放浪者』(*Forty Fathoms Deep: Pearl Divers and Sea Rovers in Australian Sea*)でも、日本人は名前と顔を持つ、ブルーム社会のメンバーとして登場する。たとえばブルーム一の潜水夫「サカイのおやじさん」は、潜水中に鯨と衝突して海の藻屑となり、その死が惜しまれた。

「サカイのおやじさんは物静かで、いつもかすかな笑みを浮かべていた。グレゴリー船長の船団が八〇マイルビーチで操業していたとき、二頭の鯨がバンティー号の周囲に付きまとい始める。ダイバー長だったサカイは鯨が行ってしまうまで、二番手ダイバーとともに船上にいた。

午後に海が静かになったので、二人は一六尋(約三〇メートル)の緑に光る深さまで潜っていった。突然、二番手ダイバーが足を引っ張られた。命綱がぐいと引かれたのだ。驚いて見ると、クジラの巨大な白い腹と、その尾に自分の命綱が絡まっている。その尾が大きく上下すると、綱がはずれて二番手は海底に落ちていった。怯えた鯨は、今度はサカイのエアパイプに体当たりしてきた。強い力で上下する尾にエアパイプが絡まり、瞬く間にサカイは海中で放り出された(中略)。潜水ヘルメットの継ぎ目が飛んだ(中略)。サカイの潜水具には海水がどっと流れ込んできた。

盛大な葬式が営まれ、日本人、マレー人らだけでなく、白人もみな参列した。ウルム牧師が礼拝を行い、そのあと東洋らしい静かで厳かな日本式葬儀が続いた。可哀そうなサカイのおやじさん！　ブルームでは、腕一番だった。あらゆる人から好かれていた、本物の海の男だった」

一般に日本人は、個人というより一団として描写されてきた。だが、『四〇尋の深海』では、日本人がお盆の提灯祭りを開催し、他の人種・民族グループを招き、ブルーム社会の一体感を醸成する役割を果たすグループとして描かれる。それでもなお、当時の作品の例にもれず、先住民、マレー、インド系らヨーロッパ以外の人種民族を個人でなく民族として描く傾向にある。

ただし、実際にブルームで取材した作者は、内側から「他者」日本人を観察している。フィクション・ノンフィクション作家としてオーストラリア各地を広く取材旅行したイドリースは、紀行文を多く掲載する『ウォーク・アバウト』(*Walk About*、「先住民の放浪」という意味)などの雑誌の寄稿で、ヨーロッパ系主流社会とその他の民族が混在するブルームの状況を冷静に見ていた。それは、「東《イースト》とはギブアンドテークの関係にあればよい。彼らの要求には応えてやり、相互の利益のためにもこの国々と協調していけばよいのだ」といった叙述に表れている。日本人をはじめアジアの人びとと接したイドリースの著作には、当時の主流社会が抱いていた他者への無知からくる恐れや偏見は見られない。

イドリースとほぼ同時期に書かれたヘンリエッタ・ドレイク＝ブロックマンの『シバ通り』(*Sheba Lane*, 1936)は、一九三〇年代の異国情緒あふれるブルームの様子を背景にしている。物語はヨーロッパ系の登場人物が中心に織り成す人間関係が中心で、日本人は引き立て役にすぎない。とはいえ、コミュニティにおけるその存在は確固たるものがあり、ヨーロッパ系の主人公らに自らが持つ偏見を気づかせる役割を果たしている。イギリス系移民の男性主人公は、階級社会意識をそのままブルームに持ち込んだ。しかし、監督者として乗り込んだ真珠貝採取船で、乗組員と長期にわたる生活をともにし、ハシモトというダイバー長が潜水病にかかったことをきっかけに「他者」日本人への共感が目覚める。

「(主人公クリスには)ハシモトが、突然人間味を帯びて見えた。ハシモトには愛する妻、息子たち、そしてまだ会っていない末っ子がいる。何千マイルも離れた日本で息子たちは、おそらく潜水夫ごっこをして遊んでいるだろう。その仕事で、勇敢で誇り高い父親が、遠いオーストラリアで教育費を稼いでいるのだから」

以上の二作は、第二次世界大戦開戦直前の、日本の軍事的な動きが警戒されている時期に出版されているが、日本人に対する警戒感は表立って示されていない。

キャサリン・スザンナ・プリチャードの『欲望の月』(*Moon of Desire*)は、その数年後の一九四一年、太平洋戦争開戦の年に出版された。これも、開戦前の緊張した雰囲気を伝える作品ではない。当時、売れっ子女性作家だったプリチャード自身がこの小説について、「映画の原作としてお金になればよいと思って書いた駄作」(16)と述べている。確かにブルームという背景は、波乱と冒険に満ちたメロドラマ的な筋を展開させるためのセッティングとして選ばれているように見える。

物語の中心になるのは、その見事さゆえに「欲望の月」と名付けられた真珠をめぐる、一組の男女の別離と再会である。一方、日本の登場人物は、真珠を奪う悪人から、繁盛する売春宿の女性たち、異人種の嫁に冷たくあたる姑、店の奥で一心に真珠を磨く細工師などさまざまで、ブルームの「半植民地で半アジア的」な様子を強調している。こうした日本人の描写は、物語にドラマ的要素を与え、白豪主義の範疇から逸脱していたブルームの特異性を強く表現する。これは、当時の一般読者がオーストラリアにいながら見えない「他者」の姿を知ることを求めていたことも、示しているといえよう。

太平洋戦争と戦後の小説

太平洋戦争開戦と同時に、ブルームでは約一〇〇人の日本人、日系人とその家族が拘束され、四〇〜五〇人の収容能力しかない刑務所に詰め込まれた(そのほか自宅軟禁になった者もいた)(17)。その後。約一八五人が内陸の収容所に送られる(18)。彼らはいったん西オーストラリア州南部の収容所に船で送られ、さらに南オーストラリア州ラブデイやヴィクトリア州タツラの収容所へ転送されていく。

戦時中のブルームはオーストラリアとアメリカ軍の基地になった。一九四二年二月のダーウィン爆撃後、住民に疎開命令が出され、約五〇〇人の白人、約一〇〇〇人の混血の人びとが疎開し、四散する。主に中国人は西オーストラリア州南西部のパースへ、その他の混血やアボリジニはブルームより約一〇〇キロ北のビーグル・ベイへ移動させられた(一九四三年一二月にはいったん、民間人に帰還許可が出た)。

その一カ月後、ブルームも日本軍の空爆を受けた。一九四二年三月三日、ゼロ戦九機が仮設滑走路と隣接のロウバック・ベイを攻撃し、さらに八機がウィンダムの港を攻撃したのだ。湾に停泊していた一五隻の連合軍側飛行艇のうちオランダのカタリナ飛行艇には植民地から逃れてきた約五〇人が乗っており、彼らも犠牲になった。この爆撃の犠牲者数は、軍関係者を中心にあわせて一〇〇人程度といわれる。なお、ブルーム市民の死亡はなかった。

戦後、強制収容から解放された日本人のほとんどは日本へ強制送還され、元の居住地に戻った家族は数えるほどだった。持ち物は没収され、店や住居は荒らされたり焼かれたりして、コミュニティは原型をとどめず、敵だった日本人へは厳しいまなざしが向けられる。ブルームに戻ったのは一家族で、パースなどへ散った家族もあった。

戦後にブルームを舞台にして書かれた小説のひとつに、トム・ローナンの『パーリング・マスター』(*The Pearling Master*, 1958)がある。舞台は二〇世紀初頭のブルームと思しき真珠貝採取業の町で、戦争の影は見られない。作者の意図は、イギリス系オーストラリア人家族の二世代にわたる繁栄と没落を、真珠貝採取業に重ねて描くことだった。それゆえ、日本人は敵ではなく、この業界で苦楽をともにするコミュニティのメンバーとして登場する。

多少は日本人への警戒感が反映されているが、ブルーム社会の多民族・多文化のほうが強調されている。日本人の登場人物については、善悪含めてバランスが取れた、公平な描写がされている。主人公は、「(日本人が)有色人種として踏み台にされる時代は過ぎた。外交的手段をもって彼らと渡り合うべきだ。白人優越主義などというおろかな考えを捨てなければ、必ずつけが回る」と述べる。イドリースも戦前からこのような意見を述べていた。ブルームは、オーストラリア主流社会の一般的な考えから離れ、多文化主義にいち早くつながる考えを生む地域という可能性を示唆している。

ただし、その後は日本人を含めた小説はほとんど書かれなかった。ゲリー・ディッシャーの『神風』(*The Divine Wind*, 1998)は、ブルームを舞台に、多民族社会で戦争が個人に与えた影響に正面から取り組んだ少ない小説のひとつであろう。この小説では、真珠貝採取船船主である父親を持つオーストラリア人の少年が幼な馴染みの日本人娘を愛する。物語は、開戦や日本人強制収容、ブルーム空襲という一連の出来事のなかで、離れ離れになる運命をたどるさまを中心に展開する。オーストラリアに生まれながら、それまで属していた社会から排斥される日本人も、戦争により兵役や軍事奉仕で家族が離散し町も破壊されるブルームの人びとも、ともに戦争の犠牲者として描かれた。

作者は一九四九年生まれで、終戦から五〇年以上過ぎ、オーストラリアが一九七二年に多文化主義を政策として採択してからも二〇年以上経った時期に書かれた作品である。そのような背景のもとで、若い読者に向けたこの作品は反戦的であり、人種差別への反対姿勢を明確に打ち出している。一方で、抗い難い時代の波、超え難い人種や民族の壁が厳然と存在したことも、明らかにする。ブルームは日本・オーストラリア両国によって翻弄され、その複合社会にいた人びとも国と戦争の犠牲になったという現実が伝えられている。

空爆の影響を大きく受けたブルームは、戦後、緩やかな復興の道を歩んだ。一九四六年には真珠貝採取業が再開したが、当初は日本人抜きで始められた。やがて一九五一年に真珠貝採取船主らが政府に打診し、五三年には日本人ダイバーの勧誘が再開する。しかし、真珠貝採取そのものの衰退もあり、かつてのように日本人が大きなマイノリティグループを形成することはなかった。

一九七〇年代後半までのブルームは人口二〇〇〇人程度の小さな町だったが、以後アジア的要素を持つエキゾチックな土地として観光業が発展し、現在はリゾート地化の一途をたどっている。人口は約一万五〇〇〇人で、観光シーズンのピークには四万人を超える。そこで、かつて真珠貝産業で活躍した日本人の存在は一役買っているよ

チャイナ・タウンに立つ養殖真珠業界功績者の記念像

うだ。中心部のチャイナ・タウンには、日系とヨーロッパ系の養殖真珠業界功績者の記念像が一九七七年に建立された。その向かい側には、二〇〇一年の「真珠祭」で除幕された「ハードハット」(二一二ページ参照)のダイバー像がある。もっとも、一九七〇年から「伝統の再認識」で始められたこの真珠祭は、日本のお盆の風習に加えて、中国系やマレー系の祭りを取り入れたものであり、日本人の関わりがことさら強調されているわけではない。

二〇世紀初頭は日本人が最大マイノリティグループであったブルームは、ダーウィンと同様、日本人が関わる太平洋戦争の記憶は文学にあまり表象されていない。日本人コミュニティの消滅により、日本人としてのオーストラリアにおける戦争の記憶を語り継ぐ人がいなかったことが大きな理由であろう。戦前から多文化社会が機能する可能性を具現したと指摘されたブルームは、ダーウィンと同様、戦後オーストラリア主流社会が多文化化するのとは反対に、その複合民族社会性が強調される機会は少なくなったように見える。

四　真珠貝採取業と他者表象

本論考では、真珠貝採取業により日本人が例外的に存在したダーウィンとブルームを舞台にした小説を考察し、オーストラリア文学の他者表象を追った。ダーウィンもブルームも、かつて異なる民族が集まって創り上げた多民族社会であり、日本人も含めて文学作品における他者は、主流社会とは異なるリアリズムを持って表現されている。だが、戦争という契機により、多文化的独自性が十分に描かれる作品が徐々に影を潜めていった感がある。

太平洋戦争後の日本人の存在は、タッカーの『ダーウィン爆撃』に見られるように、戦前の主流社会で多く語られた日本＝想像上の仮想敵というステレオタイプに戻る場合もあった。ガンターの指摘のように、「(多文化だった)オーストラリア大陸の北部はとうとう白人化され始め、一方南部が多文化化するための長い旅路に乗り出した」[(19)]のであり、それが文学の傾向にも当てはまると言える。

けれども、ダーウィンやブルームの歴史とその物語は、民族的に相いれなかった「他者」を自らの社会に取り込み、語ることにより、オーストラリアの言説に重層性を与えてきた。日本人はその中で、「敵」だけではなく、真珠貝採取業におけるボスであり、同僚、部下であり、またその家族でもある。戦争中は強制収容の被害者であり、避難民であり、戦後の復興過程では社会を支える一員でもあった。コロニアリズムを超えた目で見て、描いたオーストラリアにおける日本人像は、この国の、より包括的で脱植民地的な物語を描くことになった。

ブルームでは近年、在住者によって太平洋戦争期を含めた土地の記憶や個人の記憶が記録されつつあり、その出版が続いている。先住民系、ヨーロッパ系、アジア系の人びとが体験を語り継ぎ、回想記として刊行されているのだ。日豪共同の取り組みとなった『西オーストラリア―日本交流史――永遠の友情に向かって』(*An Enduring Friendsip: Western Australia and Japan – Past, Present and Future*, 2009. デイビッド・ブラック／曽根幸子編著、日本評論社、二〇一二年)もその記録の一部と考えられる。こうした文献は、それ以前の日本人を含めた多文化社会の様相、オーストラリア北部における太平洋戦争の体験と記憶の新たな面を明らかにしていると考えられる。

歴史的体験に基づいて書かれた作品には、公的記憶と私的記憶、文学作品と回想記、オーラル・ヒストリーの要素が混じっていて、線引きするのは難しい。一方で、これらをまったくの同列に扱ってよいかにも疑問が残るし、分析方法にも課題がある。とはいえ、これらを全体的に見ていくうちに、「他者」がいかに構築され、語られ、表象されてきたか、そのプロセスが明らかになるだろう。

ブルームが「他者」日本人を包摂してきた歴史を再考させる事件が、二〇〇九年に起こった。それは、真珠貝採取潜水夫を多く送ってきた和歌山県太地町とブルームの姉妹都市提携の停止と再開に関するものである。真珠貝採取業に関わる歴史的関係により、両自治体は一九八一年に姉妹都市提携を結んだ。ところが、アメリカのドキュメンタリー映画『ザ・コーヴ』[20]の二〇〇九年の公開とともに太地町のクジラ・イルカ漁が問題視され、ブルームにも国内外からの批判が寄せられた。日本人墓地が荒らされたり、真珠祭が中止されたりするという影響も出た。[21]

姉妹都市提携は八月にいったん停止されるが、ブルーム住民の強い反対に遭い、一〇月に再開された。ブルームのコミュニティと歴史に詳しいローナ・カイノはこれについて、ブルームの住民、なかでもアジア系住民が受け継いだ文化的伝統遺産があり、それがコミュニティのアイデンティティに示された結果だと述べる。そして、それは「尊敬と相互主義」(Respect and Reciprocity)に基づいた「ブルーム文化」であると主張する。[22]その独特な文化が背景に存在し、日本人を含む「他者」アジアを取り込んだ複合社会が存続していたと考えられる。これが先に見てきた文学作品にも表象されているのではないか。

植民地主義の時代には、主流社会の強者側が他者、弱者を描いてきた。社会的言説や文学には、書き手と書かれる側との力関係がそのまま表れる。さらに、オーストラリアはイギリスからの移民植民地《セトラーコロニー》としての建国の経緯により、他者を外部化して差別化を図ることによって、宗主国からの距離を心理的に克服し、自らを植民地、やがては連邦国家として確立する手段としてきた。その歴史のなかで、先住民や外国人、外敵となった日本人のような他者は、作家ら知識層も含めて、その像の創造に、ときには積極的に加担し、利用してきた。

オーストラリアが多文化主義を政策とし、劇的な方向転換を遂げてから、すでに四〇年以上経っているが、その歴史は、異質な者同士の緊張と対立、和解と歩み寄りの繰り返しといえよう。文学作品にそれがいかに表れているかを見ることは、とりもなおさず、その過程を見ることである。真珠貝産業を背景にしたダーウィンとブルームの文学の歴史は、オーストラリア社会と文化の変遷の一面を明らかにすると考えられる。

（注）本稿については、以下の既刊の拙著や論考の一部が下敷きになっており、重複する内容があることをお断りしておく。

- 加藤めぐみ「オーストラリア文学にみる日本人描写と太平洋戦争：ブルームの場合」『南半球評論』二三号、二〇〇七年、五八～七〇ページ。
- Megumi Kato, "The Colonial Eye: Darwin and Representations of the Japanese 'Other' in Australian Writing"『明星大学研究紀要』一六号、二〇〇八年、一七～二五ページ。
- 加藤めぐみ「オーストラリア文学の中の太平洋戦争」鎌田真弓編『日本とオーストラリアの太平洋戦争——記憶の国境線を問う』御茶の水書房、二〇一二年。
- Megumi Kato, "Letting Literature 'Speak' in Today's University Courses: An Example of Using Broome-Taiji Relationship"『南半球評論』二七号、二〇一二年、四一～四八ページ。
- 加藤めぐみ『オーストラリア文学にみる日本人像』東京大学出版会、二〇一三年。

（1）Kay Kilgariff, "*A Sociological History, Japanese Pioneers of Northern Australia*", 1984, pp.4-5.
（2）Regina Ganter, *Mixed Relations*, 2006, P.123.
（3）たとえば Albert Dorrington, Randolf Bedford, C.H. Kirmess など。
（4）小林織之助『東印度及豪州の点描』統正社、一九四二年、七七～八一ページ。
（5）'Living Dangerously', first published in the *Wide World*, London, 1931; 'Sounding Brass', first published in the *Australian Journal*, 1933; 'Sailor Bring Joy', first published in the *Australian Journal*, 1933; 'Miss Tanaka', first published in the *Australian*

Journal, 1933. なお、『ミス・タナカ』は後にジョン・ロメリルが舞台劇に再編している(テキストは二〇〇一年刊行)。

(6) "The New Religion", Leonard Cronin (ed.), *A Camp-Fire Yarn*, 1984, p.113.

(7) 永田由利子『オーストラリア日系人強制収容の記録』高文研、二〇〇二年、七四～七六ページ。

(8) 前掲(7)、一九二～一九三ページ。

(9) 鎌田真弓「国防の最前線――ダーウィン空襲を追悼する」前掲『日本とオーストラリアの太平洋戦争』七八～九六ページ。

(10) 飯笹佐代子「戦争の歴史を学ぶ――教材にどうえがかれているか」前掲『日本とオーストラリアの太平洋戦争』九九～一一七ページ。

(11) 前掲(10)、一〇四～一〇五ページ。

(12) John Bucknall へのインタビュー、二〇〇七年八月四日。

(13) Susan Sickert, *Beyond the Lattice*, 2003, p.93.

(14) Anne Atkinson, *Bicentennial Dictionary of Western Australians v.5: Asian Immigrants to Western Australia 1829-1901*, 1988, p.325.

(15) Sickert, *op. cit.*, pp.87-92.

(16) Alison Broinowski, *The Yellow Lady*, 1992, p.38.

(17) Sickert, *op. cit.*, p. 236.

(18) この数字には資料によりばらつきがある。シッカートによれば、一七八人の男性(うち一四七人が契約漁民)と三四人の妻や子ども(*Beyond the Lattice*)、永田由利子によれば合計約一〇〇人(*Unwanted Aliens*)、ジョーンズによれば一七〇人の男性と一六人の女性(*Number 2 Home*)。

(19) Ganter, *op. cit.*, p.236.

(20) ルイ・シホヨス監督、二〇〇九年公開。二〇〇九年度第八二回アカデミー賞長編ドキュメンタリー映画賞など数々の賞を受賞。ただし、太地町のイルカ漁を潜入や盗撮などの方法で取材したことに批判も出ている。

(21) 姉妹都市関係の停止問題については Lorna Kaino, "Broome Culture' and its historical links to the Japanese in the pearling industry, *Continuum*, 2011, pp.479-490 に詳しい。

(22) Kaino, *op. cit.*, p.487.

第Ⅴ部

越境する人びと

バジャウの海上集落（鍛冶屋諸島カレドゥパ島、84 年7月、村井吉敬撮影）

第1章　越境する海の民

村井吉敬

一　国家を超える民族集団バジャウ

東京やニューヨークにも匹敵しうるほどのメガロポリスに成長したインドネシアの首都ジャカルタ。摩天楼にはさまれた高速道路は、押すな押すなの車の行列だ。一九八〇年代初めまでは輪タク（ベチャ）があふれ、物売りたちが所狭しと道路いっぱいに店を広げていた。しかし、いまや「成長するアジア」を象徴する大都市になった。

一九九三年一一月下旬、その摩天楼のど真ん中で、一風変わった国際会議が開かれた。「バジャウ社会に関する国際セミナー」（International Seminar on Bajau Communities）と題する会議である。「バジャウ」というのは、東南アジア島嶼部一帯に住んでいる「海の民」のことだ。英語では、シー・ノマッズ（漂海民）などと呼ばれることもある。しかし、マレー語・インドネシア語のオラン・ラウト（海の民）という言い方がもっともふさわしい呼び名のように思える。

この国際会議を主宰したのはインドネシア科学院（ＬＩＰＩ）で、インドネシアを含め八カ国約一〇〇人の参加者

家船に住むバジャウ（マレーシア・センポルナ）

があった。地元インドネシアから五〇名を超えたのは当然として、近隣のマレーシア、フィリピンだけでなく、フランス、ドイツ、アメリカからも参加した。海外からは日本人がもっとも多く、一八名にも達した。

バジャウは海の民だから、国境をいとも簡単に越えてしまう。バジャウは、本来的に、国家をまたいで存在する「民族集団」（エスニック・グループ）である。フィリピンにもマレーシアにもインドネシアにも、バジャウがいる。そのアイデンティティは国家にあるのか、それとも民族集団にあるのか。国境をビザもなく、自由に越えてしまう集団、国家をまたいで存在する民族集団の「おもしろさ」に私は惹かれて、この会議に出席したのである。

しかし、アナーキスティックな好奇心による参加者はむしろ少数派であった。およそ五つの参加動機が観察された。

まず、私と同じように、バジャウのコミュニティが好きで、国家や国境管理が忌まわしいと感じる一派がいる。

これと対極にあるのが官僚たちで、彼らは中央政府・国家の立場から、バジャウを忌まわしい存在であると思っている。バジャウは勝手に国境を無視したり、税を徴収しにくい家船《えぶね》で移動生活などしている。インドネシアの社会省や内務省の官僚は、バジャウの陸地定住化が「近代化」であると考えている。なかにはバジャウの漁業近代化を提唱する官僚もいたが、これはバジャウの獲る海産物でひと儲けしようと企んでいるのである。私もこうした官僚に接近され、日本への海産物輸出の仲介者になってくれという話を持ちかけられた。

第三は、アカデミズムに身を置く人たちだ。第一と近い場合も遠い場合もある。

第四は、NGO的関心ともいうべきものである。すなわち、「差別され、貧しいバジャウ社会」への支援活動を主眼に置いた立場だが、私がこれまで聞いたいくつかの欧米のNGO活動は、海上に居住するバジャウ社会を「遅れた集団」とみなし、官僚たちと同じく「近代化」させたがる傾向があるように思える。(1)

そして、最後は、当事者たるバジャウの人びとである。本来の主役であるべきなのだが、今回の会議では「観察される」脇役の立場だったため、かなりの不満が残ったようだ。とりわけ、フィリピン南部のスルー諸島南端に位置するシタンカイ島から参加したハジ・ムサ氏は、当事者を差しおいてバジャウのアイデンティティが議論されることにひどく不快感を覚えたようだ。一方、マレーシアのサバ州から参加したバジャウ人は海産物ビジネスマンといった感じで、会議の中味にあまり関心をもたずに、早々と引き揚げてしまった。インドネシアの少数のバジャウ人は、官僚がたくさんいたためほとんど発言すらしなかった。

会議の最後に、私にとっては非常に刺激的な報告があった。報告者はオーストラリアの人類学者ジェームス・フォックスで、「バジャウのティモール、アシュモア環礁、オーストラリアへの航海」と題する報告である。(2)なぜ刺激的だったのか。それは、きわめて個人的体験に基づいているが、フォックスのレポートに出てきた東インドネシア諸島、とりわけバジャウの人びとが住んでいる島々の多くを、私自身が実際に訪ね、歩いていたからである。そして、もっと衝撃的だったのは、バジャウの伝統的な航海がいまのいまに至るまで継続され、オーストラリアでは「ある事件」が起きていると述べられたことだった。

二　二つの領海侵犯事件

フォックスのレポートを少しなぞってみよう。

一九九二年三月二三日、「カンガルー'92」というコード名で空海軍事演習中だった北オーストラリア領海のメルヴィル島沖で、三隻の小さなバジャウの漁船が拿捕された。二五名の船員は船とともにダーウィンまで曳航され、裁判所で尋問を受けた。三隻は、いずれも一〇メートルほどの長さの、エンジンのないランボと呼ばれる伝統的な帆船で、東南スラウェシ州ワンギワンギ島に接するモラ・スラタン(南モラ)から来たものである。船長も船員も全員「海バジャウ」(Bajau Laut)で、サマル語をしゃべった。この海バジャウの人びとの東インドネシア諸島における居住・親族ネットワークは、北はハルマヘラ島から南はティモール島西部のクパンやロティ島にまで及んでいる。

モラの海バジャウは、鮫を求めて長い航海をする。二～三月の西風モンスーンを受けてモラを出帆、南南東に下り、レティ島とババル島の間に達する。そこから航路を北北東にとり、タニンバル諸島を抜け、アル諸島のドボに着く。その周辺が鮫の漁場である。モンスーンの風が変わると漁を止め、今度は北コースをたどって、セラム島あたりから進路を西にとり、モラに帰る。

その船がなぜメルヴィル島にまで来てしまったのか。彼らは尋問に、ババル島周辺で凪に遭い、その後は強い潮流に流されて漂着したと答えた。

フォックスはこの拿捕事件を紹介した後、バジャウの人びとの、古い昔からの南下の歴史を述べている。それは一一世紀、スルー諸島に始まる。そして、マカッサル海峡を通り、スラウェシ島に達し、一八世紀前半には小スンダ列島に至る。バジャウの人びとは、ポルトガル、スペイン、オランダ、イギリスなど植民地列強の争いをしり目に南へ南へと進み、多くの地(海)にカンポン(集落)をつくりつつ、ネットワークを広げていったのである。

今日でいえばフィリピン、マレーシア、シンガポール、インドネシアの四つの国をまたにかけて存在しているのが、バジャウである。彼ら、とりわけスラウェシ島に定着したバジャウの人たちは、一八、一九世紀(それ以前からという説もある)には、船団を仕立てて北オーストラリアへナマコ漁に出ている。(3)

これまで私は、バジャウのナマコ漁はもっぱら北東オーストラリア沿岸(アーネムランドからカーペンタリア湾)で行われていたと思っていた。しかし、フォックスは最近の研究成果をもとに、西北オーストラリアでの漁業活動にもふれている。オーストラリア領海に属するアシュモア環礁(ロティ島の南)から、さらに南下してオーストラリア西北部(キンバリー)海岸までもが活動範囲に入っているというのだ。これが、ロティ島周辺に居住するようになったバジャウの活動範囲である。

こうして、ナマコ、鮫(主としてフカヒレ採取)、タイマイ(海亀、べっ甲を採る)、高瀬貝(ボタンの材料)、白蝶貝(真珠の母貝、螺鈿細工・ボタンの材料)などを求める歴史的南下運動は、オーストラリア海岸にまで達した。オーストラリアの白人政府は、二〇世紀に入ると北海岸の領海管理に乗り出し、バジャウを含めた東インドネシア諸島民の漁業活動を取り締まるようになる。にもかかわらず、いまだにバジャウの活発な南下活動はやむことなく、近代領海国家オーストラリアとの間で摩擦を引き起こしているのである。(4) フォックスは最後に、ひとつの事件を紹介した。

一九九三年九月、オーストラリアの監視艇は、二〇〇隻を越える船をアシュモア環礁内およびその周辺で発見した。ロティ島のペペラやワンギワンギ島に接するモラから来たバジャウ人の船ばかりでなく、東インドネシアの島々から来たバジャウ人以外の船も含まれている。すべて鮫漁の船だ。数隻はアシュモア環礁を越え、オーストラリア領海深く侵入したため、警告を受け、ついには五隻が拿捕され、ダーウィンまで曳航されて、没収されたのである。

船員たちは尋問を受けた後にティモール島のクパンに送還された。

バジャウの人びとは、オーストラリア沿岸の鮫の好漁場を知っている。しかし、南の新天地をめざす彼らの航海の将来は、決して明るいものではない。

フォックスの報告には、ワンギワンギ島、モラ、ババル島、アル諸島、ドボなど、私にとってはなじみの地名がつぎつぎに出てきたので、まさに我を忘れて聞き入ってしまった。ナマコ、鮫、タイマイ、高瀬貝、白蝶貝など、この海域の人びとの採取・交易活動の要になる海産物の名前も、私の心を高ぶらせた。ただ、ひとつ不満だったのは、これらの物産が中国や華人ぬきには考えられず、また白蝶貝についてはおそらく紀州や沖縄出身の日本人ダイバーぬきには考えられないにもかかわらず、そうした中国・日本とのつながりがそれほど重視されていなかったように感じたことである。

本題とはずれるが、「海産物文化」になじみの薄い欧米やインドネシアの研究者には、バジャウについての関心のもち方にやや偏りがあるように思える。すなわち、ナマコやフカヒレをキーワードに、中国・日本―東南アジアーオーストラリアがバジャウを媒介者にしつつ、いとも簡単に結びつくにもかかわらず、欧米研究者やインドネシア研究者たちは、この事実を軽視ないし無視しているように思われる。海産物交易や、それに携わった人びとの活動は、歴史的・文化的に意味ある営みとして理解されるべきであろう。

干した海産物の調理文化や貝類採取の重要性を脇に置いてしまうと、往々にしてバジャウの営みのかなり重要な部分が見落とされてしまう。中国料理に典型的に用いられる乾物海産物には、ナマコとフカヒレだけでなく、ツバメの巣(これは純粋海産物ではないが)、貝柱、干しアワビ、魚の浮き袋などがある。これらはいずれも水に戻し、長い間かけて煮なければならない。かなり厄介な食材である。中国の調理文化では、これらはただの食べ物以上に、薬膳的な、あるいは精力剤、不老長寿食品としての意味をもつ。だから、きわめて珍重され、地の果てまでも探し求めようとする食文化があったのではないだろうか。

こうした中国とバジャウのモノのつながりは、きわめて重要な関係史の一面だったと考えるべきだろう。この側面をあまり考慮しないと、やたらに（というのは言いすぎかもしれないが）バジャウのコスモロジーとか儀式とか親族社会構造などを強調する研究に陥る傾向が生まれてしまう。今回の国際セミナーでも、そうした傾向がしばしば見られた。

三　バジャウとはどんな民族集団なのか

ここで、バジャウとはどういう民族集団なのかを考えてみよう。彼らは一般的には、オラン・ラウトあるいはサマと呼ばれる、東南アジア島嶼部の海上ないし海浜に居住する人びとである。バジャウの語源は定かではないが、一説では、スラウェシ島の大きな民族集団であるブギス人の言葉ブギス語で「群れをなして行く人びと＝ワジュ(wajo)」から発生しているといわれる。インドネシア語の海賊を意味するバジャック(bajak)からきたという、うがった見方もある。
バジャウを文献学的に考証したD・ソーファーによれば、家船ないし海上に杭上住宅を建てて暮らす「海の民」は、東南アジア島嶼部に広く分布する（図Ⅴ―1―1）。もともとはリアウ・リンガ諸島（インドネシア）やジョホール（マレーシア）の海上生活者で、ビルマ南部メルグィ諸島、タイ南部（アンダマン海寄り）、スラウェシ島、サバ州、スルー諸島などに移動したという「ジョホール起源説」を、ソーファーはとっている。[5][6]
一方、フォックスは、言語学者のパレンセン（A. Kemp Pallensen）の主張するフィリピン南部のサマル語グループの「南進」運動がインドネシアのバジャウの母体になっているとの説に傾いているようだ。スラウェシ島周辺のバ

図Ⅴ―1―1　バジャウの居住地域

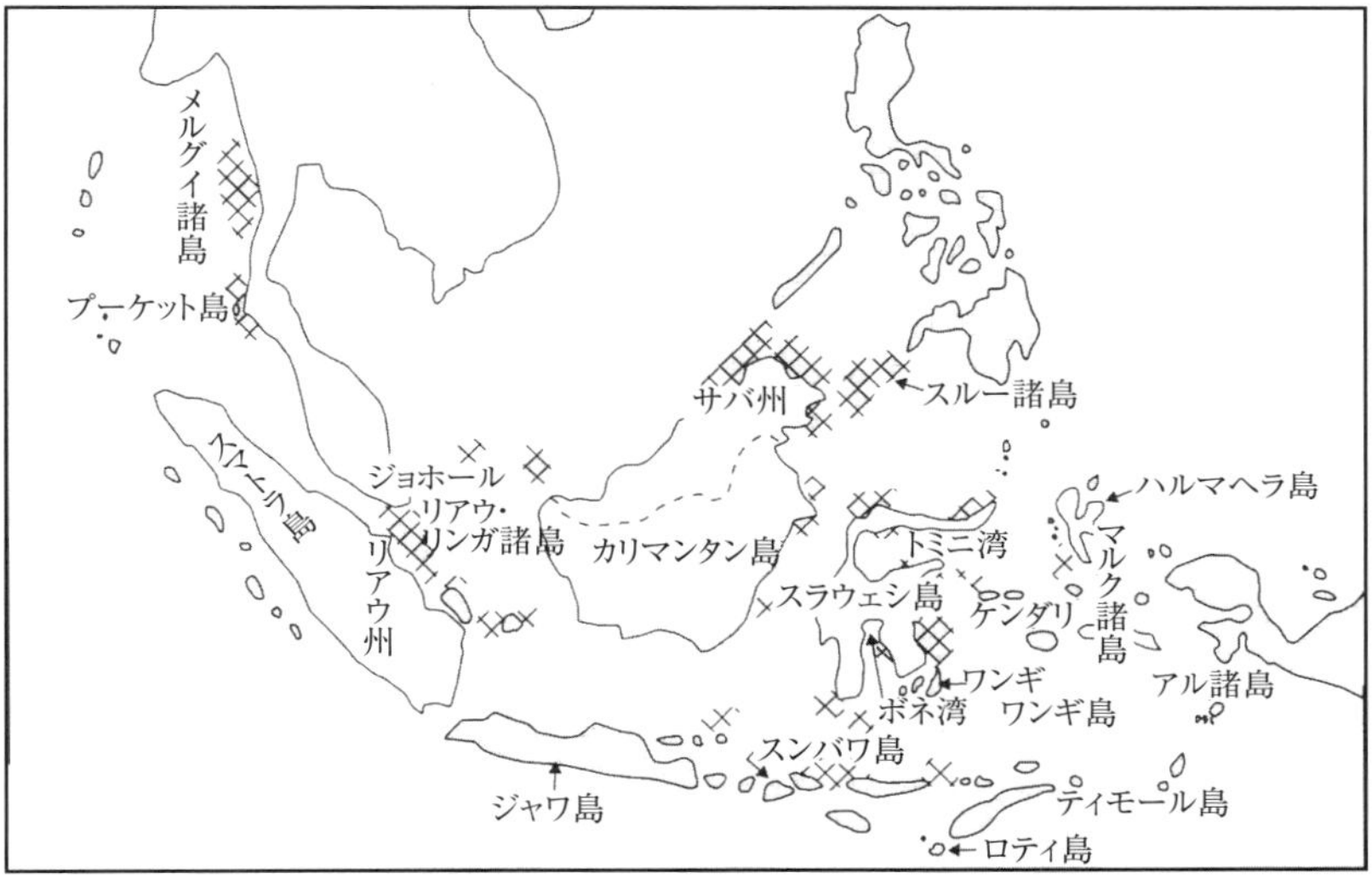

（出典）Sopher, David E., *The Sea Nomads: A Study based on the Literature of the Maritime Boat People of Southeast Asia*, Memoirs of the National Museum, No.5, Singapore, 1965 より作成。

ジャウは、南スラウェシのバジョエが起源であるとか、ボネ湾最深部のルウ地方が起源である、と主張している。

起源論には簡単な決着はつけられないだろうが、私がこれまでに訪問したいくつかの集団から得た印象では、ジョホールやリアウ・リンガ諸島のオラン・ラウト(海の民)と、スルー諸島やスラウェシ島のグループは、表面的には異なる集団のように見えた。とりわけ、タイ南部プーケット島に居住する集団は、形態人類学的にはまったくの別集団のようだ。「シー・ノマッズ」(漂海民)と呼ばれ、観光の対象にすらされている彼らは、いわゆる縮れっ毛で、肌の色もかなり褐色、メラネシア系の印象を受けた。

ただし、これは私の印象にすぎない。今後、言語学・形態人類学・文化人類学・社会人類学・民俗学などの比較総合研究からの成果を待つ以外にないだろう。

こうした海の民がどのくらい存在しているのか、正確な統計はない。ソーファーの推計によれば、総数は二〇万人(一九六五年)だという。

おそらく、まとまって一カ所に居住している最大規模のものは、スルー諸島のシタンカイ島に接した集落であろう。それは、海上都市とも言えるほど大規模な海上杭上住宅の密集地である。一万五〇〇〇人から二万人が居住し、そのうち約三〇％が海の民サマであると言われる。(7) つまり、約四五〇〇人から六〇〇〇人のバジャウがいることになる。

また、フォックスの報告に出てきたワンギワンギ島に接するバジャウのカンポンであるモラ(行政上は北と南に分かれている)には、私が訪問した八四年の時点で、約八〇〇世帯、三七〇〇人が住んでいた。かなり大きな集落である。南モラの村長は「バジャウの人口はインドネシア全体の一〇％にも達する。一つの州ができるほどだ」と語ったが、話は大げさにすぎるにしても、バジャウという民族集団の強固なアイデンティティを表しているのかもしれない。

スルー諸島、サバ州、東・南カリマンタン、北スラウェシのトミニ湾、南・中・東南スラウェシ、ハルマヘラ島、スンバワ島、フローレス島、ロティ島、さらにはリアウ・リンガ諸島、ジョホールと、ほとんど東南アジア島嶼部全域に広く分布する海の民が、一つの民族として強いアイデンティティを共有しているようには見えない。おそらく言語学的にも、かなりのバリエーションが存在しているだろう。しかし、フォックスの報告では、東南スラウェシのバジャウは明らかに、ロティ島という新開地(海)にせり出し、血縁・地(海)縁的紐帯でつながっているようだ。海の民としての、おそらくゆるやかな同族集団意識があるのだろう。

これまで私は、シタンカイ島、センポルナ(サバ州)、バジョエ(南スラウェシ)、モラ、カレドゥパ(鍛冶屋諸島)、ティナキン・ラウト(スラウェシ島東部のバンガイ島)、タンジュン・アラン(マルク州バチャン島)、シンケップ島、ビンタン島(マラッカ海峡)、プーケット島などの海の民のカンポンを訪れてきた。ほとんどが海上の杭上家屋の集落で、家船生活者を目撃したのは、シタンカイ島、センポルナ、ビンタン島くらいである。

一九九四年八月に訪れたシンケップ島(といっても、シンケップ島に接する小さな島)の海の民はマタン人(suku Matang)と呼ばれ、家船生活をしてきたが、八七年以来インドネシア社会省が建設した陸上家屋に住まわされることになった。それにともなって、宗教(キリスト教)をもたされた。インドネシアでは、あらゆる人が宗教(公認宗教はイスラム、プロテスタント、カトリック、仏教、ヒンドゥーなど)に属さねばならないとされており、彼らがキリスト教になったのはかなり便宜的なものだったのだろう。

一方、ビンタン島に接するブトン島に住む海の民も一九八〇年になって、社会省建設の陸上住宅に移住させられた。モスクも建てられていたが、彼らがムスリムになったのはほんの数年前のことのようだ。現在、多くのバジャウ人は、イスラムの信者である。しかし、海の民はもともとは独自のアニミズム信仰をもっていたといわれる。ムスリムの海の民は、海上にモスクを建て、墓は近くの島につくる。

たいていの人間は、海上生活は不便、不快、不都合だと想像する。しかし、熱帯東南アジアでは、海上は思いのほか健康的だと言われている。生態学からの東南アジア地域研究を深めている高谷好一は、熱帯では意外にも海の上こそ居住に適した場所であると、次のように述べている。

「熱帯多雨林は……緑の魔境なのだけれども、その島々の汀線だけは別の世界である。そこは健康と食糧に恵まれている。そこが健康地だというのは、潮風に蚊が吹き飛ばされ、燦々と照りつける太陽に病原菌が追い払われてしまっているからである(8)」

東南アジアは古くからミニ交易国家が発展してきたが、交易国家の中心地は多くの場合、港であった。バジャウの人びとが海上に家船を浮かべて暮らしてきたのは、決して不自然なことではないのだ。

では、彼らがしばしば集団的に別の場所へ移動してしまうのはなぜだろうか。それは、彼らの生活を支える海産資源とかかわっているのかもしれない。定着性の資源であるナマコや貝類が捕獲で減ってしまえば、他の場所に移

バジャウの旗(スラウェシ島バジョエ、1984年)

らざるを得ない。あるいは疫病とも関係があるかもしれない。

四　エスニシティのゆらぎ

　バジャウは自分たち一族の旗を持っている。初めてバジャウの旗を見たのはバジョエであった。白い布を人の形にした細長いもので、男の旗と女の旗があり、てるてる坊主のような細長い平面だった。モラの旗は黄、青、黒、赤の四色の細長い人型で、色はこの社会のカーストと関係があるらしい。黄が高貴な色だという。

　タンジュン・アランでは細長い逆三角形で、ウラウラと呼ばれている。長い竹竿に四枚の旗が掲げられるのだ。一番大きく長い旗は半分が赤、半分が白で、左右にそのミニチュア版が二枚(この紅白旗はインドネシア国旗を擬したものであろう)、そして中央に小さな黄色がくる。センポルナで見た旗も、細長い逆三角形だった。やはり黄が高貴な色で、細長い逆三角形がどうやらバジャウのシンボルらしい。

　タンジュン・アランでは、死者を葬るときや病気の厄払いをする儀式のときに、船で近くの島に行く。その際、旗が掲げられるそうだ。エスニシティとか民族のアイデンティティというと、やたらに難しく考えがちである。しかし、エスニック・アイデンティティというのは、暮らし(もちろん言語も)を共有する人びとが艱難辛苦に立ち向かい、喜怒哀楽の感情を共にするというほどのものではないだろうか。

　こうしたエスニシティやアイデンティティは当然ながら、他集団との関係で「ゆらぐ」ものである。バジャウ人は海に依拠して生活する。だが、海産物だけでは暮らせない。魚や貝や亀や海草だけ食べては生きていけないからである。家でもあり漁具でもある船を造るには、木材が必要だ。加工する道具もいる。釣り糸や銛《もり》も必要だ。そして、何より穀類や炭水化物が欠かせない。だから、バジャウ人は陸上の民と接触し、必要な物を交換・交易する。そこに他民族集団との関係が生まれる。それは、歴史的に生成発展あるいは衰退消滅する。

バジャウと他集団との歴史的関係でとりわけきわだった産品は、干しナマコとフカヒレではないだろうか。ほかにも、べっ甲、アオウミガメ、高瀬貝、白蝶貝、アガルアガル（テングサのような海草）、ジュゴンなどがある。これらはバジャウの人たちにとって貴重な、多くは「海外」（域外）との交易品であった。それに対して、一般の魚介類は自らの食料であり、日常的な生活を支えるために、周辺の陸地民と交易するものである。

「海外」というのは、主として中国だ。すでに述べてきたように、ナマコもフカヒレも中華料理の素材である。ナマコ交易は、明の時代にまでさかのぼるといわれる。しかし、バジャウの対外関係には仲介者が存在した。スラウェシ島のバジャウの場合は、ブギス人やマカッサル人、さらには華人である。バジャウ人は中国に至る産品の交易ルートの末端に位置づけられ、長い歴史の文脈でみればブギスやマカッサルに従属する立場に置かれていたと思われる。ときには、ブギス、マカッサルあるいはタウスグなど陸上の強力民族によって奴隷にされた。

ブギス人は南スラウェシを本拠地にする民族グループで、古くから海の交易に携わり、マレー半島にまで進出した。マカッサル人も、ブギス人と境を接して住んでいる。一方、タウスグ人はスルー諸島のホロ島を中心に住み、強固なイスラム教徒としても知られ、モロ民族解放戦線の主要な役割を担ってきた。海賊の出身母体でもある。

しかし、最近では華人と直接取引きする者も現れてきた。たとえば、南モラの村長は機帆船を所有し、海産物は直接ウジュン・パンダンの華人と取引きしている。べっ甲を買いつけに来る日本人商人とも、つきあいがあった。

彼らは植民地時代も、おそらくそれ以前も、国境や国家にとらわれずに海を生活の場として暮らしてきた。彼らに自覚はなくとも、その交易品は国境を越えた国際交易品だった。中国やオーストラリアやオランダや日本とどこかでつながる当事者だったのである。

南モラの村長は遥か北東のパラオ諸島、マリアナ諸島、ミクロネシアまで漁に出るという。もちろん、オーストラリア北海岸にも出かける。たとえそこが他国の領海であったにしても、彼らにとっては昔からの生活圏なのかもしれない。スラウェシ島の東南に位置するブトン島の船が、パラオで高瀬貝の漁をして拿捕されたという話もある。

バジャウというエスニック・グループを見ていく場合、その周囲の民族をぬきには考えられない。これまで東南アジアについては、えてして植民地宗主国との関係を重視した歴史が語られてきた。しかし、たとえばオランダ植民地を土台にしてできあがったインドネシアという近代国民国家は、二百数十ものエスニック集団を内部に抱える多民族国家であった。その多くのエスニック集団にとっては、オランダという宗主国との関係性だけが重要なのではない。実際、広大な領域に及ぶ多数のエスニック集団の隅々まで宗主国が支配したわけではない。

そして、植民地下で燃え上がったナショナリズム、すなわち多民族を糾合して一つの「想像の共同体[9]」たるネーションをつくりあげる運動も、あらゆるエスニック集団で均等に盛り上がったわけではない。ジャワ人、ミナンカバウ人（スマトラ島西部に居住する母系社会で有名な民族）、バタック人（スマトラ島北部トバ湖周辺に居住する民族）、スンダ人など比較的大きな民族、植民地支配が深く浸透した地域で、ナショナリズムはより強かった。あるいは、宗教的な要因もある。たとえばイスラムは、汎インドネシア運動の大きな基盤を形づくった。

バジャウ人のなかにも、もちろんナショナリズムの一端を担った人はいたかもしれない。だが、インドネシア民族独立運動史において、バジャウ人が語られることはほとんどないといってよいだろう。ナショナリズムとバジャウという視点で論じられたものは目にしたことがない。

日本の敗戦から二日後の一九四五年八月一七日、インドネシアは独立を宣言した。これに対して、オランダが再植民地化を図ろうと軍隊を進駐させ、四年間にわたって戦争が続く。その際、オランダに同調するエスニック集団もあった。一方、新国家形成の過程では、宗教紛争、地域紛争あるいはエスニック集団を基盤とした紛争が後を絶たなかった。

とりわけ、一九四八年から六五年まで続いたダルル・イスラム（DI）運動は、宗教紛争でもあり、地域紛争でもあり、またエスニック紛争でもある。イスラム国家建設を目指すこの運動は、西ジャワ州を中心にインドネシア各地で、共和国軍との間でゲリラ戦争を繰り広げた。南スラウェシでは、カハル・ムザカル（一九一九〜六五年）という伝説的指導者のもと、激しいゲリラ戦を展開した。バジャウの人びともこの紛争に受け身ながら巻き込まれている。モラにバジャウ集落ができたのは、このDI運動のためである。もともとワンギワンギ島の南に位置するカレドゥパ島のマンティゴラに住んでいたバジャウ人が、DI運動によって家が焼かれたり殺害事件が起きたため、移り住んだといわれる。

ナショナリズムの運動を語るときには、どうしてもエスニック集団間で強弱が生まれてしまう。スカルノはジャワ人とバリ人の「混血」、ハッタもタン・マラカもミナンカバウ人で、いずれもムスリムと西洋の知識を身につけている。[10] バジャウ人はナマコやフカヒレに関する知識が豊富で、航海術にたけている。ブギス人やマカッサル人とのつきあいが多いし、華人とも、場合によっては中国や琉球、オーストラリア北海岸のアボリジニとのつきあいもあった。だが、こうした知識やつきあいとナショナリズムの運動とは、なかなか切り結ばない。

五　天空ほどに高く、海原ほどに深い

フォックス、サバ州のバジャウの優れたモノグラフを著したサザー（Clifford Sather、オレゴン大学）、故・鶴見良行、国立民族学博物館の秋道智彌、[11] ジャーナリストの門田修、[12] オーストラリアの歴史家ピーター・スピレット（Peter

Spilett）など、バジャウ（海の民）研究者・応援団には、通底する共通した感性があるようだ。それは、海で暮らす民への並々ならぬ憧憬と共感であり、バジャウの「越境文化」への喝采と言えるものかもしれない。

バジャウについて考えるとき、学問的あるいは思想的な次元で言えば、「想像の共同体」たる近代国民国家を相対化する契機が内包されているように思える。(13) 多くの新興独立国家は、内部に多くのエスニック集団を抱え込んだ多民族国家である。反植民地、独立運動期においては、多数のグループが存在しても「ワン・ネーション」という想像上の標語に結集する凝縮力があった。

「想像上の共同体たるネーションのために死ぬことができる」のがナショナリズムだと定義すると、冗談ではないと言う人がたくさんいるだろうことは容易に想像できる。しかし、帝国主義という一方の膨張的・侵略的なナショナリズムに立ち向かおうとした場合、想像上であれ何であれ、ナショナリズムという「正義」を武器にせざるを得ないことも容易に了解できる。抵抗のナショナリズムには、確かに「正義」を主張できる基盤が濃厚にあった。毛沢東やホーチミンやスカルノの顔を思い浮かべれば、よほど皮肉に考えないかぎり、やはり彼らは正義を担ったのだと思っても不思議はない。

それでも、なおかつ問題が残る。ひとつは、想像された共同体の構成メンバーからはずれてしまった人やグループの存在だ。海の民バジャウが正確にそうかどうかは充分に検証されるべきだが、陸上民や定住農耕民とかなり異なる集団が、バジャウであったり、熱帯林の中に住まう移動焼き畑農耕民や狩猟・採取民だったりする。日本の中世史でも、こうした移動民の存在の意味が最近、重視されるようになってきた（たとえば、網野善彦氏の仕事）。海民、移動民、狩猟・採取民などは多くの場合、ネーション・ビルディング（国家建設）から疎外されてきた。この人たちの立場から、近代国家（帝国主義国家であれ、旧植民地新興独立国家であれ）は改めて相対化されるべきではないか。

もうひとつの問題は、抵抗の上に成立した想像上の共同体たる国家といえども、いつまでも「正義」なのか、という問題である。抵抗のナショナリズムに支えられ、多くのエスニック・グループがとりあえずはまとまって、ワン・ネーションが成立した。だが、その成立のあかつきには、あらためてエスニック集団間の関係性が問題になる。

ワン・ネーションは他ネーションとの関係上、強力であらねばならない。なかんずく東西体制崩壊後の今日、社会主義イデオロギーや社会主義国家という「つっかい棒」もほとんど消失してしまった。世界は、ますます経済的な弱肉強食原理を支えにした自由市場経済に向かい始めている。強力な多国籍資本はいともたやすく国境を越え、世界の隅々にまで浸透しつつある。

新興独立国家の多くはこの弱肉強食の自由市場経済を生き延びるため、強力な中央集権政治体制のもとで、経済成長・開発を追い求めている。小さなエスニック集団、ナショナリズムの運動とは遠かったエスニック集団、もともと遠隔地で比較的独立して生活してきた先住民族などは、こうした多国籍資本の浸透、中央集権国家の開発から無視され、邪魔者扱いされている。(14)

世界各地で小さなエスニック集団や先住民族の蜂起が伝えられるのは、こうした背景があるからだ。たとえば東ティモールでは、一九七五年に三〇〇年のポルトガル植民地支配を脱して独立の産声をあげようとするやいなや、隣の「大国」インドネシアが独立の声を抹殺し、軍隊を進駐させた。そして、事実上の支配を確立しようとしている。これが、「正義」であったインドネシア国家の現実なのである。(15)

高谷好一は、国民国家の上に成り立った近代国際秩序の弱肉強食原理を批判したうえで、生態環境、そこに住む人の暮らし、そして流入した外文明の複合体である新たな「世界単位」による世界再編を提唱している。(16) 脱国民国家システムともいうべき大胆な問題提起だ。容易ならざる世界再編論ではあるが、この世界単位ならば、バジャウのような小さな集団が培ってきた個性があるいは相当程度生かされるのかもしれないと、私も思う。

バジャウ社会に関する国際セミナーのとき、インドネシアの国立博物館でバジャウの特別展示企画があった。そこで用いられた標語は次のようなものだった。小さな集団の人びとも高い誇りと知恵に生きているという当たり前の事実の前に、謙虚になりたいものである。

Ilmu Bajau Setinggi Langit, Sedalam Samuda
バジャウの教え　天空ほどに高く、海原ほどに深い

（1）リアウ・リンガ諸島で調査活動していたドイツのNGOに、そうした傾向が見られた。また、この会議には参加していなかったが、東南スラウェシ州で活動していた欧米のあるNGOは、バジャウの陸上居住化プロジェクトを実施していたといわれている。なお、日本では、バジャウとつきあっているNGOは、私の知るかぎりまだない。

（2）Fox, James J., "Bajau Voyage to the Timor Area, the Ashmore Reef and Australia", paper presented to International Seminar on Bajau Communities, 22-25 November, 1993, Jakarta. なお、彼の代表作には、ロティ島など東インドネシア諸島の生活誌を著した *Harvest of the Palm: Ecological Change in Eastern Indonesia*, Cambridge, Mass.: Harvard University Press, 1977 がある。

（3）東インドネシア諸島民のナマコ漁については、村井吉敬「東インドネシア諸島民と北オーストラリア先住民の交流史」『上智アジア学』第三号（一九八五年一二月）、五五〜七九ページ、鶴見良行『ナマコの眼』筑摩書房、一九九〇年（ちくま文庫、一九九三年）、参照。

（4）詳しくは Campbell, Bruce C. & Bu V. E. Wilson, *The Politics of Exclusion: Indonesian Fishing in the Australian Fishing Zone*, Indian Ocean Centre for Peace Studies Australia & the Australian Centre for International Agricultural Research, 1993 参照。

（5）杭上住宅とはいわゆる高床住宅のことで、住居の床面が地面からかなり高く設置されている。東南アジアでは一般的である。通気性がある、外敵から守る、あるいは床下で家畜を飼うなどの理由で、普及したといわれる。バジャウの海上の杭上住宅は、珊瑚礁の海を土台にして木柱を立て、その上に居室を造っている。満潮時になっても冠水しないための住居である。建材は木材、ヤシ（ニッパなど）の葉、サゴヤシの葉柄、竹などだ。

（6）Sopher, David E., *The Sea Nomads : A Study based on the Literature of the Maritime Boat People of Southeast Asia*, Memoirs of the

National Museum, No.5, Singapore, 1965.

(7) 寺田勇文「スルー諸島の海の民サマ——フィールド・ノートから」『ソフィア』第四三巻第一号(一九九四年春号)、参照。

(8) 高谷好一『新世界秩序を求めて——21世紀への生態史観』中公新書、一九九三年、一八ページ。

(9) Anderson, Benedict, *Imagined Communities: Reflections on the Origin and Spread of Nationalism*, Verso, London, 1983(白石隆・白石さや訳『想像の共同体——ナショナリズムの起源と流行』リブロポート、一九八七年).

(10) モハメド・ハッタ(一九〇二〜八〇年)はインドネシア共和国初代副大統領。長いオランダ留学後、民族主義運動に身を投じ、独立後は副大統領として活躍した。タン・マラカ(一八九七〜一九四九年)は、やはりオランダに留学、帰国後、共産主義運動に身を投じ、海外に亡命を余儀なくされ、独立後に暗殺された。

(11) 『海人の民族学——サンゴ礁を超えて』(NHKブックス、一九八八年)、『なわばりの文化史』(小学館、一九九五年)、『イルカとナマコと海人たち——熱帯の漁撈文化史』(編著、NHKブックス、一九九五年)など、太平洋、東南アジアの海の民について多くの著作がある。

(12) 『フィリピン漂海民——月とナマコと珊瑚礁』(河出書房新社、一九八六年(新装版、一九九七年))、『海賊のこころ』(筑摩書房、一九九〇年)、『海が見えるアジア』(めこん、一九九七年)などの著作がある。

(13) やや視点は異なるが、東南アジアの国家相対化については次の論文が参考になる。山本信人「国民国家の相対化へ向けて——東南アジア華人の可変性と越境性」(濱下武志・辛島昇編『地域史とは何か(地域の世界史1)』山川出版社、一九九七年、所収)。

(14) Koentjaraningrat et. al. (eds.), *Masyarakat terasing di Indonesia*, Gramedia, Jakarta, 1993 は、インドネシアの先住民族を取り上げた初めての本だが、先住民族をどちらかというと近代的開発にとっての「やっかい者」扱いしている。

(15) 一九七五年に独立派(フレテリン)が東ティモールの独立を宣言するが、インドネシア軍が侵攻して制圧。インドネシア政府は翌年、二七番目の州として併合を宣言した。その後、一九九八年にハビビ大統領が独立を容認し、二〇〇二年五月二〇日、東ティモール民主共和国として独立した。

(16) 前掲(8)、一四ページ。

第2章　希望を求めて海を渡る――「ボートピープル」になった人びと

飯笹　佐代子

一　海の移動を余儀なくされた人びと

海域では、さまざまな人びとがさまざまな目的で移動する。そのなかに「ボートピープル」と呼ばれる人たちもいる。政治的迫害や紛争などによって祖国や居住地から逃れ、難民申請を目的に、密航によって第三国への上陸を試みようとする人たちを指す。難民(refugee)とも、庇護(難民)申請者(asylum seeker)とも呼ばれる。入国のための査証を持っていないので、違法移民(illicit migrant)と称されることもある。オーストラリアではしばしば、「列に割り込む者(queue jumper)」という独自の表現が使われる。これは正規の難民申請の手続きを経ずに難民受け入れの順番待ちに割り込んでくる人を意味し、否定的な響きを持つ。

ボートピープルは世界各地で発生しており、近年、とくに動乱のシリアなどから地中海を移動して欧州を目指す人たちが、その規模や相次ぐ遭難事故の報道によって日本でも注目を集めている(1)。他方、本書が主な対象とする日本からインドネシア、オーストラリア北部を含む海域においても、多くの人たちがやむにやまれぬ事情により、海路の移動を余儀なくされてきた。一九七五年のサイゴン（現ホーチミン）陥落後にヴェトナムで大量のボートピープルが発生して、国際的な取り組みがなされたことは、まだ記憶に新しい。

当時、その大半はマレーシアなどの近隣諸国の難民キャンプで保護されたが、ヴェトナムから自力で船を漕ぎ続け、はるかオーストラリア本土にたどり着いた人たちもいた。オーストラリアを目指してやってくるボートピープルはその後増え、出身地域も多様化していく。本土や領土ないし領海に漂着したボートピープルの総数は、一九七〇年代から今日までに五万人を超えているであろう[2]。小さな船での、そして近年では多くの場合、違法な手段で乗船を斡旋する、いわゆる密航斡旋業者（people smuggler）が手配した古い漁船での航海は、過酷で危険きわまりない。上陸することなく、海路の途上で命を落とした人びとも数えきれない。

たとえ無事に上陸できたとしても、その後の命運は国際関係や国内政治を反映した時々の政策によって、大きく左右されてきた。とくに二〇〇一年に九・一一同時多発テロが起こって以降は、国境管理の強化が優先課題となる。折しもイスラム系のボートピープルが増えるなかで、彼らを潜在的テロリストと結びつけるような言説が流布していった。難民申請のための行為が、あたかも国家主権の侵害として、国家の安全保障に対する脅威とみなされるようになったのである。

これはオーストラリアだけではなく、他の西側諸国にも程度の差はあれ同様にみられる傾向ではある。しかし、長期にわたる強制収容措置や、とりわけ後述するようにボートピープルを南太平洋の第三国（ナウルとパプアニューギニア）に送り込んで難民認定の審査を行うオーストラリア政府のやり方は、難民の人権保護という観点から国際的にも懸念の対象となってきた。

それでも、人びとは海を渡り、未知の、しかし確実に今よりは良い世界であることを信じて、オーストラリアにたどり着こうと試み続けている。はたして誰が、どのような経緯で、危険な海の移動を選択することになったのだろうか。その航海とはいかなるものであろうか。そして、彼らの命運は政府の対応によって、いかに翻弄されてきたのか。本章では、主に三つの時期区分を設けてみていきたい。

第一は、ヴェトナム難民が相次いで漂着し、オーストラリア政府がボートピープルの対応に初めて直面した一九七六年から八〇年代までである。第二は、中央アジア、中東からの難民が増え始め、政府が強硬策を打ち出した一九九〇年代から二〇〇〇年代初めまでである。その後いったんボートピープルの波は止まるが、二〇〇八年以降、再び波が訪れる。第三は、それ以降、最近に至るまでの、政府の対応が紆余曲折しつつ、さらなる厳格化に舵を切っていく時期である。それぞれの特徴と変遷を追いながら、二次資料に頼らざるを得ない限界を承知しつつ、できるだけボートピープルの移動体験に光を当て、その内実を描いてみたい。

なお、本章では、庇護申請者や難民という語をボートピープルと互換的に用い、国連の難民条約に基づいて認定された難民については「難民」と記して区別する。

二　ヴェトナムからオーストラリア本土へ——一九七六〜八〇年代

オーストラリアのボートピープル受け入れの歴史は、一九七六年に始まる。もっとも、それ以前に庇護を求めてきた人びとがいなかったわけではない。

一九六九年二月一六日、八人の西パプア人がニューギニア島のインドネシア側（当時の西イリアン）のメラウケに近い村から筏で、トレス海峡のモア島に上陸した。その間の距離は三〇〇キロであったが、風向きが悪かったために一カ月以上の航海を強いられたという。

彼らは西パプア独立運動の活動家たちで、インドネシア政府による迫害に言及してオーストラリアに庇護を求めた。しかし、いったん木曜島に送られた後、当時のオーストラリア(委任統治)領パプアニューギニアへ送られる。そして、最終的には西イリアンへ強制送還された。(3) 当時は白豪主義の時代であり、難民の受け入れに際しても、いわゆる有色人は敬遠されていた。(4) また、オーストラリア政府は、第二次世界大戦によって生じた難民を対象とする「難民の地位に関する条約(一九五一年)」に一九五四年に加入していたものの、保護対象を戦後に生じた難民にも広げて条約の適用を普遍化した「難民の地位に関する議定書(一九六七年)」には加入していなかった。

一九七五年八～九月には、東ティモールから計二五〇〇人の避難民が海路でダーウィンに到着した。東ティモールでは、前年に宗主国ポルトガルのクーデターによって生まれた新政権が海外植民地の領有権を放棄する方針を出したことにより、独立をめぐって内戦状態となっていたからである。

この時点では、オーストラリア政府は「難民の地位に関する議定書」に加入していた。また、国籍法の改正(一九七三年)によって国籍取得における人種や民族、出身国による差別が完全に撤廃され、白豪主義も少なくとも制度的には廃止されていた。しかし、政府はティモール人たちを「難民」とはみなさなかった。ポルトガル国籍を持っているからポルトガルに移住する権利を有し、かつポルトガルで政治的迫害を受ける可能性は考えられないというのが、その理由である。結果的に七〇〇人がポルトガルへの出国を希望し、一八〇〇人には「難民」に交付される「定住ビザ」ではなく、一時滞在ビザが与えられた。(5) ボートピープルが国際法上の「難民」として受け入れられるのは、その翌年からである。

最初のボートピープル

一九七六年四月二六日、ダーウィンの海岸に五人のヴェトナム人が漂着した。オーストラリアにとって最初のインドシナからのボートピープルである。五人は初めからオーストラリアを目指していたわけではない。当事者への

図Ⅴ―２―１　オーストラリアに漂着した最初のボートピープルの航海

(出典) My-Van Tran, *The Long Journey: Australia's First Boat people,* Centre for the Study of Australian-Asian Relations, Griffith University, 1981, p.3 の図をもとに作成。

聞き取り調査を踏まえたミーヴァン・トランの研究報告『長い旅――オーストラリアの最初のボートピープル』(6)から、彼らがどのようにしてダーウィンにたどり着いたのか、経緯をみてみたい。

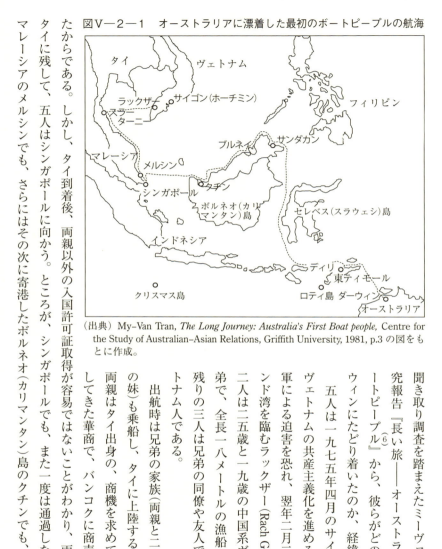

五人は一九七五年四月のサイゴン陥落後、南ヴェトナムの共産主義化を進めるヴェトナム人民軍による迫害を恐れ、翌年二月二八日に、タイランド湾を臨むラックザー(Rach Gia)港を出航した。二人は二五歳と一九歳の中国系ヴェトナム人の兄弟で、全長一八メートルの漁船は兄が調達した。残りの三人は兄弟の同僚や友人で、非中国系ヴェトナム人である。

出航時は兄弟の家族(両親と二人の幼い弟、二人の妹)も乗船し、タイに上陸するつもりであった。両親はタイ出身の、商機を求めてサイゴンに移住してきた華商で、バンコクに商売を営む親類もいたからである。しかし、タイ到着後、両親以外の入国許可証取得が容易ではないことがわかり、両親と幼い弟妹をタイに残して、五人はシンガポールに向かう。ところが、シンガポールでも、また一度は通過しながら引き返したマレーシアのメルシンでも、さらにはその次に寄港したボルネオ(カリマンタン)島のクチンでも、五人は入国を拒

図V—2—2　ボートピープルの漂着地と船の数（1976〜81 年）

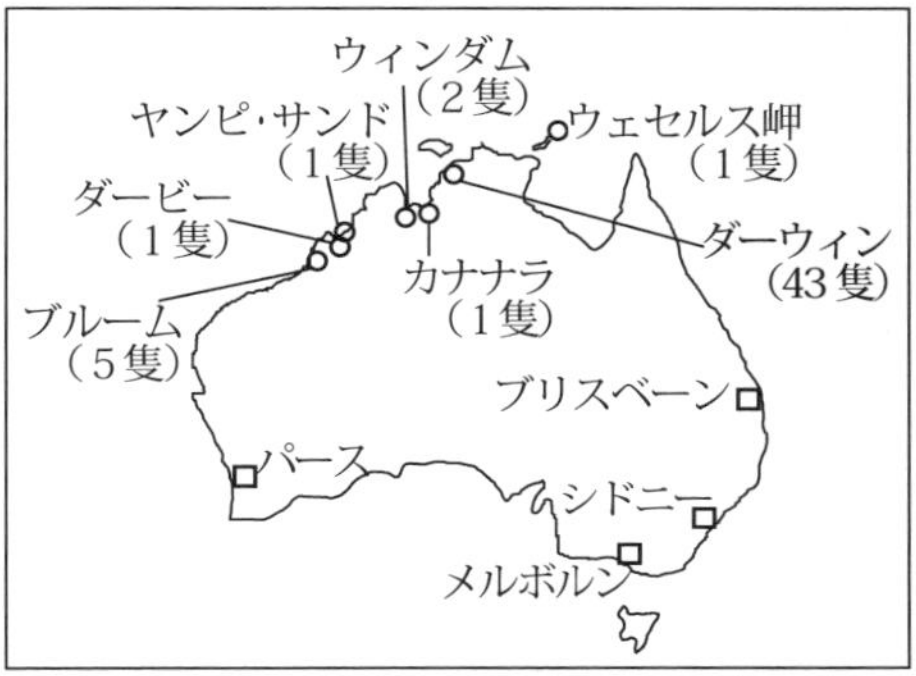

（出典）竹田いさみ『移民・難民・援助の政治学』（勁草書房、1991 年）をもとに加筆。

表V—2—1　オーストラリアに漂着したボートピープルの人数と船の数（1976〜81年）

年	人数	船の数
1976	111	3
1977	868	24
1978	746	20
1979	304	6
1981	30	1
合計	2,059	54

（出典）Phillips, Janet, *Boat Arrivals in Australia: A Quick Guide to the Statistics*, Research Paper Series, 2013–2014, Parliamentary Library, Parliament of Australia, 2014.

否されてしまう。

メルシンでの入国拒否後、彼らはアメリカ行きを思いつく。クチンに行ったのは、フィリピン経由でグアムを目指そうと考えたからである。だが、クチンで偶然オーストラリア人船乗りたちと出会ったことが、五人の運命を決定付けることとなった。船乗りたちは、オーストラリアが難民を受け入れていることを知らせ、学校の授業で使う地図帳しか持っていなかった一行に、詳細な地図をこっそり提供したのである。こうして五人は、サンダカンを経由してセレベス海を南下し、ティモール島からティモール海を渡り、当初はまったく想定していなかったダーウィンに着く。二カ月近くに及ぶ約七〇〇〇キロの航海であった[7]（航路を図V—2—1に示した）。

五人は上陸後、国際法上の「難民」として認定され、三カ月後にオーストラリアの永住権を付与された。以後、一九八一年までの五年間に、二〇〇〇人を超えるヴェトナム人が計五四隻の船で主に北部の海岸に到着した（表V—2—1、図V—2—2）。これらの船の多くは、当初からオーストラリアを目指していたわけではない。目的地のあてがないまま、どこであろうと共産主義下のヴェトナムよりましだという思いで、ともかくも漕ぎ出したという[8]。

彼らはどのような船でオーストラリアまで航海したのだろうか。多

1978年6月にダーウィンに漂着した難民船。船には
ヴェトナム語で「繁栄」を意味する名前が付けられていた

くの船は漂着後に当局によって焼却処分されたが、焼却を免れた一隻がダーウィンの北部準州ミュージアム(Museums and Art Galleries of the Northern Territory)に展示されている。一九七八年に漂着した四四隻目の船で、ダーウィン港から引き揚げられた実物である。東南アジア全域でよく見られる平張り木造のトロール漁船で、船尾に操舵室があり、全長一七メートルだ。漂着時、九人のヴェトナム人が乗っていたという。この規模に九人というのは余裕があるほうで、似たような大きさの船に数十人がすし詰め状態(英語表現では鰯の缶詰状態)で乗っていることも少なくなかった。

海賊が跋扈する海

一九七五年からの二〇年間にヴェトナムから国外に逃れたボートピープルは、一説には一〇〇万人以上ともいわれる。新しい社会主義体制下で迫害を受ける恐れのある南ヴェトナム政府や軍の関係者、資産家たち、さらには新体制に不信感を持つ人びとであった。大半は海上で遭遇した船舶や漁船に救援され、あるいは自力でタイ、マレーシア、シンガポール、インドネシア、フィリピン、香港などにたどり着き、難民キャンプでいったん保護された。そこで「難民」として認定された後に、アメリカやカナダ、オーストラリア、欧州諸国、日本などに受け入れられた。

こうした人びとの移動の体験は、二〇一〇年にオーストラリアで刊行された『ボートピープル――ヴェトナム脱出の体験談』[9]で生々しく語られている。南シナ海に跋扈する海賊による略奪やレイプなどの屈辱的な体験、朝になって幼子が夜中に船から転落していたことに気づいて半狂乱になる母親、食料が尽き、嵐に揉まれる船上で衰弱し、ついに命尽きる高齢者や幼児たち、そして絶望の淵で外国船や漁船に救われたこと。約四〇人の回想からは、筆舌に尽くしがたい航海の状況が察せられる。そのなかで唯一ほっとさせられる記述は、しばしばインドネシア漁船の漁師たちから食料や水をもらい、難民キャンプがある島まで誘導されていることである。

オーストラリアで人気の高いヴェトナム難民出身のコメディアン、アン・ドー(Anh Do)がこの回想録と同じ年に出版した自叙伝『最高に幸せな難民』[10]にも、自身の体験が綴られている。アン・ドーは一九八〇年にサイゴンから家族らと一緒に小舟で脱出した。全長九メートル、幅二メートル半の船に、四〇人が乗ったという。出航直後にタイの海賊船に二度も遭遇し、略奪の憂き目にあっている。しかし、二隻目の海賊集団に襲われた際、意外にも海賊の一人が去り際に水の入った容器を投げ込んでくれ、それによって命拾いしたという。航海五日目に南シナ海でドイツの船に救助され、マレー半島の東にあるビドン島の難民キャンプへ。その後、アン・ドー一家はオーストラリアに受け入れられ、定住した。

ボートピープルからオーストラリア国民へ

オーストラリア政府は、一九七五年からの二〇年間で一六万人近くのヴェトナム難民を受け入れた。[11]呼び寄せられた家族を除く大半は、船で故国を逃れ、近隣諸国の難民キャンプを経て移住した人びとである。それに対して、前述のように五〇隻以上の小舟が、海路はるか六〇〇〇キロ以上も離れたオーストラリアまで航海を続けられたことは驚きである。

実は当時、東南アジア諸国は難民船に食料や燃料を供給し、意図的にオーストラリアへ向かわせたといわれる。すでに自国の難民キャンプが飽和状態になっており、受け入れの負担を軽減するためであった[12]。ミーヴァン・トランの研究報告からも、最初にダーウィンに漂着した五人が、寄港した先々で上陸を拒否されながらも、当局から十分な食料や物資を提供されたことがうかがえる。

白豪主義政策のもと一九七〇年代初頭まで、若干の例外を除いてヨーロッパ系に限定して難民を受け入れてきたオーストラリアにとって、アジアからの大量受け入れは大きな政治的決断であった。その背景には、ヴェトナム戦争に参戦したことによる贖罪感や、アジア諸国との関係、人道主義をめぐる国際・国内的な政治力学が複雑に絡み合っている[13]。強調しておきたいのは、その決断がかなりの程度、外交政策上の「国益」を追求する形でなされたという点である。

当時、アジア・太平洋国家の一員を標榜し、東南アジア諸国との貿易、経済関係を重視しつつあったオーストラリアにとって、これら諸国からの受け入れ要請を軽んじれば、ＡＳＥＡＮ外交を展開していくうえでも、国際協調という観点からも、圧倒的に不利となることは明らかであった。また、悪名高き白豪主義の廃止を名実ともにアピールするうえでも、不可欠であったともいえる。現に、当時のシンガポール首相リー・クアンユーは、ヴェトナム難民を受け入れるか否かが白豪主義撤廃のリトマス試験紙になると圧力をかけている。

ボートピープルの相次ぐ上陸という事態はオーストラリアにとって初めての経験であったが、一九七六年から八一年までに上陸した約二〇〇〇人のほとんどが受け入れられた。彼らは定住するためのさまざまな支援を受けながら、多くがオーストラリア国籍を取得するに至っている。慣れない地での新生活は、あらゆる面で決して楽ではなかったかもしれない。しかし、上陸の際に当局による阻止や強制収容とは無縁であり、その後のボートピープルと比較するならば、きわめて「寛容」に受け入れられたということができよう。

三　インドネシアからオーストラリア領土への密航――一九九〇年代～二〇〇〇年代初め

ボートピープル政策の転換と中東・中央アジア出身者の増加

ヴェトナムからのボートピープル上陸が一段落して約一〇年、一九九〇年代に入ると、オーストラリア政府のボートピープル政策は大きく転換した。「防御、阻止、収容政策(Policy of 'defend, deter, detain')」[14]、すなわち国境を防御し、ボートピープルを阻止し、上陸者を強制収容する政策の始まりである。強制収容措置(mandatory detention)が一九九二年の移住法(Migration Act)の改正によって合法化され、すべてのボートピープルを含む非合法入国者が対象とされた。この改正の直前、一九九〇年前後にカンボジアからの難民が一五隻の船で北西部に到着した際、すでに強制収容され、以前のヴェトナム人たちとはまったく異なる待遇を受けている。

ボートピープル政策の厳格化が冷戦の終結と時期的に重なるのは、単なる偶然とは言えないだろう。冷戦のもとでは、共産主義諸国からの難民は西側の優位を示すものであり、ヴェトナム難民の受け入れに対して有利に働いた面は少なくない[15]。加えて、カンボジアからのボートピープルの場合は、「難民」とは認めがたい政府側の事情もあった。当時オーストラリアが中心となって進めていたカンボジアの和平プロセスでは、カンボジアの内戦によりタイ国境内に避難したカンボジア人の帰還を促していた。これは、カンボジアがすでに安全な地であるとの前提に基づいて実施されており、ボートピープルを難民として認めることは、その前提を大きく覆すからである。

中国人や、再び増え始めたヴェトナム人のボートピープルも強制収容され、一九七〇年代のように容易には「難民」として認定されなかった。多くの場合、政治的な理由ではなく、より豊かな生活を目指してやってくる「経済難民」とみなされたからである。

二〇〇〇年前後から、オーストラリアに向かうボートピープルに新たな状況がもたらされる。中東・中央アジア地域出身者の増加である。一九九九年度と二〇〇〇年度の上陸者数はそれぞれ四〇〇〇人を超え、大半がアフガニスタンやイラク、イラン出身者で占められた。その背景には、タリバンの台頭はじめ中東・中央アジア情勢の悪化があった。

彼らの多くは、密航の斡旋業者の手配により、イスラム系に対して条件の緩やかなビザを発給するマレーシアやインドネシアへ空路で移動後、インドネシアの海岸から出航する。そして、本土の海岸のほかに、アシュモア島やクリスマス島など、よりインドネシアに近いオーストラリア領土を目指す船が増えた。[16] たとえば、インドネシア最南端のロティ島からアシュモア島までは一五〇キロ足らず、ジャワ島からクリスマス島までは約三四〇キロの距離である(二五七ページ図V―2―3参照)。「タンパ号事件」や、沈没して多くの犠牲者を出した「SIEV X」の悲劇(コラム②参照)が起きたのは、後者の航路である。

密航業者が手配する船は、ほとんどが遠洋航海にはとても耐えられない老朽化した漁船であった。一隻に数人から数十人が乗る場合もあれば、全長二〇メートル程度の船に四〇〇人以上が詰め込まれる場合もあった。船の操縦に雇われたのはインドネシア人漁師である。第I部第1章や第V部第1章に登場するフカヒレ漁やナマコ漁に従事するバジャウをはじめとする海の民が、しばしば密航斡旋業者から依頼された。大海に浮かぶ一隻の船の中で、インドネシアの海の民とこれまで海とほとんど縁のなかった難民たちとが、一時の運命共同体となったのである。後に人手不足から、船の操縦に不慣れな農民も動員されるようになったという。[17] 老朽化した船に加えて、操縦技術の問題に起因する事故も少なくなかったであろう。

オーストラリア政府はボートピープルの密航を阻止するために、さまざまな対策を講じた。そのひとつが一九九九年一〇月の「一時保護ビザ(temporary protection visa)」の導入である。それまではビザを持たずに上陸しても、「難民」として認定されれば永住資格を得られた。それに対してこの新たな措置は、「難民」認定後の滞在期間を三年間に短縮するとともに、その間の家族の呼び寄せや、出国後の再入国を禁止し、年金などの社会保障や定住支援も制限する。(18) ところが、意図せざる結果として起こったのは、オーストラリアに「一時保護ビザ」で滞在する夫や父と、少なくとも向こう三年間は合法的な合流が不可能となった祖国や難民キャンプの妻や子どもたちに、むしろ密航を促してしまったことである。ＳＩＥＶ Ｘの犠牲者に女性や子どもが多いのはそのためである。

たとえ無事にオーストラリアに上陸できたとしても、難民審査を行うために幼児や児童も例外なく強制収容の対象とされた。政府はボートピープル急増への対応として、一九九九年以降、南オーストラリア州のウーメラ、クリスマス島、ヴィクトリア州のバクスターに収容施設を相次いで増設している。収容は多くの場合、「難民」として認定されるか強制退去させられるまで、あるいは不認定の取り消し請求の決着がつくまで、長期にわたった。そのストレスにより、収容施設内ではハンガーストライキや放火などの抗議行動が相次いだ。一般社会から隔絶され、鉄条網で囲われた収容施設の劣悪な環境は「人間の虐待(human abuse)」として非難され、国内外の人権擁護団体から批判された。とりわけ心配されたのは、幼児や児童への精神的・肉体的な影響である。(19)

あるアフガニスタン人少年の物語

子どもの将来を案じた親が、自らは祖国にとどまり、未成年の子どもだけを密航で送り出すことも少なくない。『難民――ぼくのオーストラリア物語』(20)は、タリバン政権下のアフガニスタンから逃れ、ボートピープルとしてオーストラリアに上陸した少年による日記形式の物語である。フィクションではあるが、事実を踏まえて書かれており、当時のボートピープルの移動や収容施設での体験がうかがえる。

アフガニスタンの村に暮らす一〇代のパシュトゥン人少年アリ・イスマイルは、タリバンによって父を殺害され、自身もタリバンの少年兵として強制連行される危険が迫っていた。我が子を守りたいという母の願いにより、叔父が手配した密航によって生まれ故郷を去ることとなる。二〇〇一年三月に密航業者の車で村を出発し、翌日国境を越えてパキスタンに入り、偽造パスポートで空路ジャカルタへ飛ぶ。五日ほど足止めされた後、ハザラ人を含む一〇〇人ほどがひしめく漁船で、ジャワ島の海岸からオーストラリアに向けて出航する。目的地については言及がないが、おそらく本土という設定であろう。

食料はすぐに尽き、水も乏しく、嵐にも見舞われ、過酷な船旅で幼児たちは死んでいく。乗船九日目にオーストラリア当局の船と遭遇したとき、沈没寸前であった。それでもインドネシアに引き返すようにと迫るオーストラリア当局との押し問答の末、乗船者は全員当局の船に乗せられてダーウィンに入港する。そこから飛行機で南オーストラリア州に送られ、ウーメラの収容施設(一九九九年に新設され、二〇〇三年に閉鎖)に到着したのは、故郷を発ってからおよそ一カ月後であった。

タリバンといえばパシュトゥン人の武装集団として知られ、その迫害の対象となるのはハザラ人などの非パシュトゥン人であると思われている(そのため、アリ・イスマイルは「難民」として容易には認定されない)。しかし、同じパシュトゥン人でありながらもタリバンから逃れざるを得ない深刻な状況もあることが、この物語からわかる。

はるか南太平洋の収容施設へ

仮に、この物語の時期設定が半年以上後にずれていたならば、後半部は異なるストーリーとなっていたはずである。アリ・イスマイルは国内ではなく、はるか南太平洋のナウルか、パプアニューギニアのマヌス島に新設された収容施設に送られていたであろう。二〇〇一年八月の「タンパ号事件」を契機に、オーストラリア政府はこれら海外の地にボートピープルを送り、そこで難民審査を行う、いわば収容・難民審査の海外移転を開始したからである。

図Ｖ―２―３　ボートピープルの主な出航・到着地と南太平洋の収容地

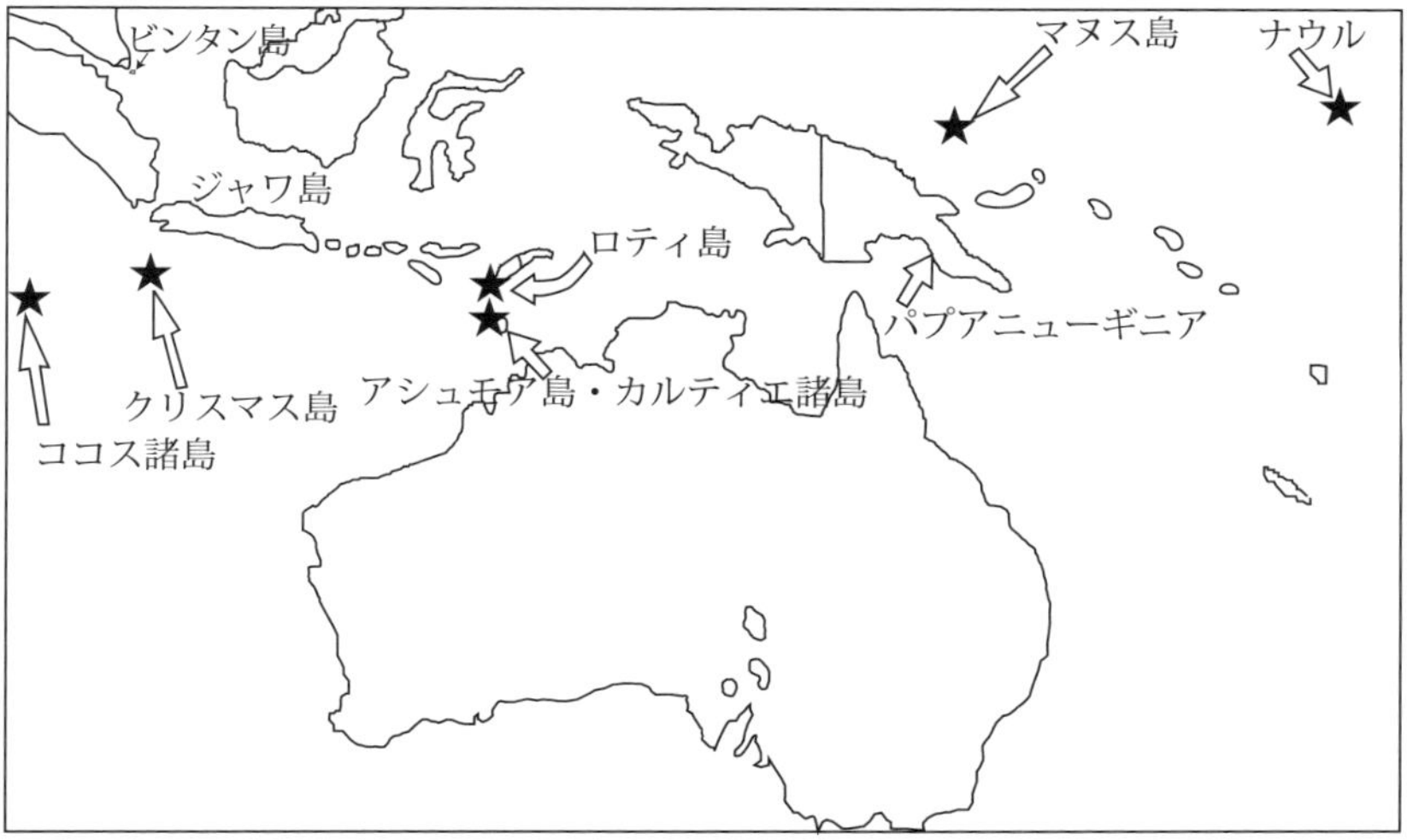

「パシフィック戦略」（あるいは「パシフィック・ソリューション」）と呼ばれる措置である[21]（コラム②参照）。

ナウルは二〇一一年まで、「難民の地位に関する条約」も「難民の地位に関する議定書」も批准しておらず、パプアニューギニアは批准してはいるものの、多くの条項を留保している。これらの収容施設の環境が国内よりもさらに劣悪であることは想像に難くなく、国内外の人権団体がこうした措置の道義性を問題視したのは言うまでもない。

パシフィック戦略がいったん廃止される二〇〇八年までの間に、オーストラリアを目指したボートピープル一六三七人が、これら南太平洋の予期せぬ地へのさらなる移動を強いられた。出身別にみると、アフガニスタン人七八六人、イラク人六八四人、スリランカ人八八人、その他七九人である。彼らはその後、一一五三人が「難民」として、あるいは別枠で先進諸国に受け入れられ、その六割以上の七〇五人がオーストラリアで生活を開始した（一人は収容中に死亡）。オーストラリア以外の受け入れ国は、ニュージーランド四〇一人、スウェーデン二一人などである[22]。なお、四八三人は出身国などに帰還したとされるが、うち四二〇人はアフガニスタン人である。その多くは、タリバン政権が崩壊していなければ(九・一一同時多発テロ事件に対するアメリカの報復攻撃によって、二〇〇一年一二月に崩壊)、難民認定された可能性が高いと思われる。

タンパ号事件とSIEV X事件の翌年以降、オーストラリアへのボートピープルは減少した。二〇〇二年度と〇四年度には一隻も到着しておらず、〇二年度から六年間の合計は三〇〇人程度である。オーストラリア政府による強硬姿勢に加えて、この時期は世界的にも難民の減少傾向がみられる。[23]タリバン政権の崩壊も、理由のひとつとして挙げられるだろう。

この間で特筆すべきは、二〇〇六年一月にインドネシアのパプア州から五日間の航海を経てクイーンズランド州ヨーク半島のマプーンに漂着した、四三人の西パプア人をめぐる動きについてである。[24]彼らが乗ってきた全長二五メートルの伝統的なアウトリガー船には非合法の西パプア旗がはためき、インドネシア軍によるジェノサイドと脅迫を糾弾する横断幕が掲げられていた。オーストラリア政府は四二人(一人は帰国)の庇護申請に対して、人道的見地から異例の速さで保護ビザを発給する。ところが、これに対してインドネシア政府が西パプアの独立を支持する行為として批判し、両国関係が一挙に険悪化した。

その後オーストラリア政府は、一転して西パプアの独立に反対の立場を明確にし、西パプア人の庇護申請にはきわめて厳格に臨むという姿勢をとった。人道よりもインドネシアとの外交関係を優先させる政治的判断である。

四　混迷化する世界、増加するボートピープル――二〇〇八年以降

パシフィック戦略の廃止とタミール人難民

悪名高いパシフィック戦略は「一時保護ビザ」とともに、二〇〇八年に労働党のラッド首相(在職：二〇〇七年

一二月〜一〇年六月、一三年六〜九月）により廃止された。これによりナウルとマヌス島の収容施設も閉鎖され、以降、オーストラリアに漂着したボートピープルは主にクリスマス島の収容施設に送られた。ところが、その直後からボートピープルが再び増加し始める。二〇〇八年度は二三隻で約一〇〇〇人が、〇九年度には一一七隻でその五倍以上が、オーストラリア領土に到着した。その背景には、タリバン勢力の復活によりアフガニスタン情勢が再び悪化したことや、内戦終結後のスリランカから反政府側タミール人が脱出し始めたことなどがある。

タミール人難民の存在が注目を集めたのは、二〇〇八年一〇月にクリスマス島沖で、オーストラリア政府の税関巡視船オセアニア・ヴァイキング（Oceanic Viking）号が密航船を拿捕した事件である。この巡視船は七八人のタミール人を収容してインドネシアのビンタン島にあるオーストラリア政府が資金援助する収容施設に向かったが、スリランカへの強制送還を恐れたタミール人らが下船を拒否し、海上で一カ月近く立ち往生する。ラッド首相は、彼らが正式に難民認定された場合は一二週間以内に定住を約束するという条件で、下船の同意を取り付けた。

その後、七八人全員が「難民」として認定される。ところが、オーストラリア政府がその約束を実行していないとする記事を、二〇一〇年九月二五日の『週刊グリーンレフト』（*Greenleft Weekly*）が報じた(25)。同誌が取材した時点で実際に定住できていたのは、アメリカ、ニュージーランド、ノルウェー、カナダに受け入れられた四〇人のみ。しかも、クリスマス島の収容施設には安全保障上の理由から四人が拘留されており、彼らは国際法上れっきとした「難民」であるにもかかわらず、スリランカに送還される可能性が懸念されている。スリランカはタミール人にとって安全で問題のない国であるとの見解から、オーストラリア政府はこれまで多くのタミール人の庇護申請を却下してきたからである。

この事件の直前には、二五五人のタミール人を乗せた漁船がインドネシアの領海を航行中に、オーストラリア政府の要請によってインドネシア海軍に阻止され、西ジャワ州のメラク（Merak）港へ曳航されるという出来事も起き

図Ⅴ―2―4　ボートピープルの上陸数

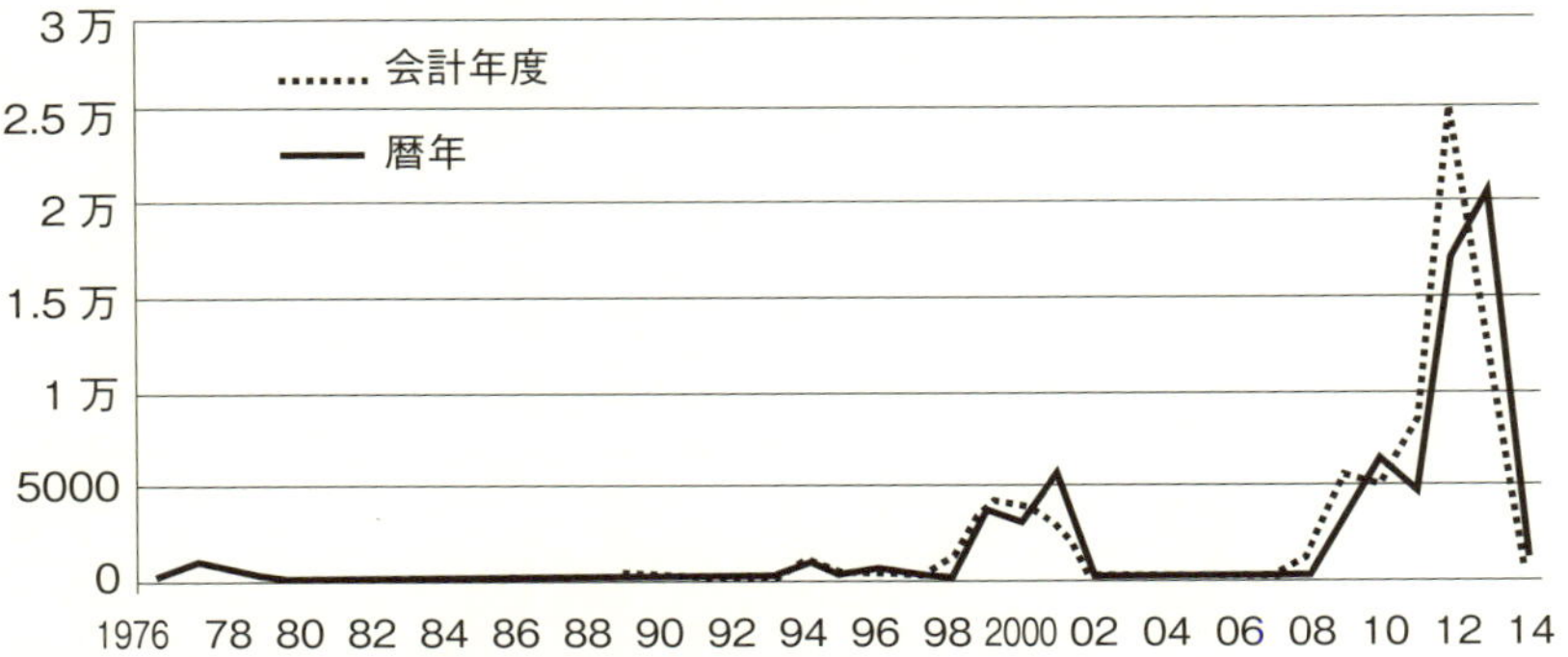

（注）オーストラリアの会計年度は7月1日から6月30日。

（出典）Phillips, Janet, *Boat Arrivals in Australia* の図をもとに、オーストラリア移民・国境保護省の以下のデータをもとに加筆。Monthly Operational Update: http://newsroom.border.gov.au/channels/Operation-Sovereign-Borders/releases/monthly-operational-update, 2015.

ている。この時期、ラッド首相は密航を阻止するためにインドネシア政府に協力を依頼しており、ビンタン島の収容施設への資金援助やインドネシア海軍への密航船阻止の要請もその一環である。パシフィック戦略を廃止しながらも、オーストラリアを目指すボートピープルを国外へ送り出す政策は、形を変えて続けられていたことになる。

パシフィック戦略の再開――さらなる厳格化へ

オーストラリア領土を目指すボートピープルは、その後も二〇〇〇年前後をはるかに越える規模で増え続けた。二〇一一年度の上陸数は八〇〇〇人近くで（図Ⅴ―2―4）、クリスマス島の収容施設は飽和状態となった。何より深刻な事態は、ジャワ島とクリスマス島の間の海域を中心に、ボートピープルの海難事故が相次いで起こったことである。

二〇一〇年一二月には船がクリスマス島海岸の岩場に激突して大破し、主にイランやイラクの出身者五〇人以上が犠牲となった。二〇一一年末には、約二五〇人を乗せた船がジャワ島沖で沈み、二〇〇人以上が亡くなった。二〇一二年六月にはパキスタン人など約二〇〇人を乗せた船と、主にアフガニスタン人からなる約一五〇人を乗せた船が、続けてクリスマス島沖で転覆。双方あわせて、一〇〇人以上が死亡または行方不明となった。これら以外にも、事故自体は確認されていないものの、二〇〇九年一〇月と一〇年九月に、それぞれ一〇〇人前後が乗っていた二隻の船がインドネシア・オーストラリア間の海域で消息を断ち、全員が犠牲になったと想定されている(26)。

二〇〇一年のSIEV Xの沈没事故を含め、一二年六月までに航海途上のボートピープルの犠牲者は計約一〇〇〇人に及ぶ。その大半が二〇〇九年以降、すなわち労働党への政権交代後に集中しているとして、野党は厳しく政権を非難した。

こうした状況のもとで二〇一二年八月、ギラード首相(在職：二〇一〇年六月～一三年六月)はパシフィック戦略の再開を決定した。廃止決定から四年後である。閉鎖されていたナウルとマヌス島の収容施設を再利用するための整備も急遽、開始された。それでも二〇一二年度には、アフガニスタン、スリランカ、イランなどの出身者を含めてボートピープルの上陸者が二万五〇〇〇人を越えた。これはかつてない増加である。

そこで、オーストラリア政府はさらなる厳しい措置を講じる。それまではナウルやマヌス島に送られても、「難民」として認定されれば、オーストラリアで定住する道が開かれていた。ところが二〇一三年七月一九日、「難民」として認められても、パプアニューギニアに定住させ、オーストラリアには受け入れないという決定を下したのである。それは、パシフィック戦略を非人道的であるとして批判し、五年前にいったん廃止したラッド首相自身と、パプアニューギニアのP・オニール首相の共同記者会見という形で公表された。

「夢のボート」の命運——ジャワ島からの密航

その決定からほどなくして、アフガニスタンの首都カブールに、取材のためにインドネシアからオーストラリアまで密航船に同乗しようとする人たちがいた。アメリカ人ジャーナリストのモーゲルソンと、同行するオランダ人カメラマンのファン・ハウトの二人である。その体験は、二〇一三年一一月一五日の『ニューヨーク・タイムズ・マガジン』(*The New York Times Magazine*)に掲載された「夢のボート(The Dream Boat)」と題する記事に詳細に描かれている。

二人がカブールで密航斡旋業者を見つけるのは、驚くほど容易であったという。ただし、問題があった。これまで、インドネシアから出航するボートに西洋の白人ジャーナリストが乗船できたことはなかったのだ。そこで、彼らは名前を偽り、自国政府の機密情報を持つグルジア(ジョージア)人を装うことにする。

ジャカルタからクリスマス島まで一人四〇〇〇ドルを支払い、まずカブールからジャカルタへ空路で移動した(記事には記されていないが、八月中旬ごろであろうか)。市内から車で一時間半ほどのジャカルタ湾に面した高層アパートで他の密航希望者たちと何日間か過ごした後、密航業者が手配した車でジャワ島南岸に向かう。一度目は途中で警察に見つかってジャカルタの南に位置するスカブミの警察署に連行された後、高層アパートに引き返したが、二度目は無事に到着した。明け方の三時ごろであったという。

海岸は、密生したジャングルを抜けた先にあった。記事では場所が明らかにされていないが、ジャカルタ市内から南方へ車で約二時間半の位置にあるようだ。まずモーターボートに乗せられ、木造の漁船へ。その船を見たときモーゲルソンは、「別のもっと大きな船が沖に停泊していて、この酷い船は自分たちをそこへ連れて行くだけなのではないか、という儚《はかな》い希望を抱いた。他の人たちも同じ思いだろうと考えた」と記している。

全長九メートルの粗末なその船には、客室はおろか甲板の仕切りもベンチも、さらにはトイレもない。そこに、二人のインドネシア人乗務員と五七人の庇護申請者が詰め込まれた。モーゲルソンとファン・ハウト以外は、一人のアフガニスタン人を除いて全員イラン人であった。子どもが九人、女性はもっと多く、七カ月の妊婦もいた。その妊婦と夫は二カ月前にジャカルタ入りし、今回の密航は四度目の試みであるとモーゲルソンに語っている。最初の二回は航海の途中でインドネシア当局に拿捕されて収容され、賄賂を使って逃れた。三回目は出航直後に船が沈没した。二人は生まれてくる子どものために密航を選択したという。

彼らを乗せた木造の漁船は、強力な南東貿易風による荒波の中、水しぶきを浴びながら三〇〇キロを超える南方のクリスマス島へ向けてインド洋を進んだ。六〇人近くもの乗船は明らかに許容積載量を越えており、四～五ノットの速度がせいぜいであった。毎時一〇キロにも及ばないのろさである。

乗船者は次々に船酔いにやられ、身体を横たえるスペースもままならず、船内は嘔吐物や汚物でまみれていく。夜が明けて二日目、海は穏やかになったものの、今度は灼熱の太陽が容赦なく無防備の船を照りつけた。二頭のイルカが船に近づいてきて、ジャンプのショーを披露してくれたことが、せめてもの慰めとなった。暑さと船酔いと睡眠不足と疲労と脱水症状とで、人びとは憔悴する。とりわけ、妊婦の体調は深刻であった。

三日目、乗船者が衛星電話でオーストラリア当局に救助を要請した。オーストラリア領海に入ったところで救助を要請するというのは、密航船がよく行うやり方である。ほどなく水平線に船が現れ、同時にオーストラリア政府の飛行機が彼らの船の上を旋回したり急降下したりした。乗船者たちは歓喜のなかでシャツを振り、声をあげた。

オーストラリア海兵隊員の誘導で庇護申請者たちを乗せた船がクリスマス島の浅瀬に着岸したのは、その日の夜遅く、下船が許可されたのは翌日である。身元を知られたモーゲルソンとファン・ハウトはオーストラリア当局にコーヒーなどをふるまわれて高級ホテルに送られ、イラン人たちは現地の施設に収容されたという。

「夢のボート」――この記事のタイトルが示すように、命を賭した危険な航海の先には、自由で民主的なオーストラリアでの生活という「夢」が待っているはずであった。だが、現実に待っていたのは、ナウルかマヌス島の収容施設へのさらなる移動である。彼らが選択できるのは、自主的に祖国に舞い戻るか、収容施設での辛く長い生活に堪えるか、のいずれかでしかない。しかも、従来のように収容施設での生活後にオーストラリアに移住するという可能性すら完全に閉ざされてしまった。七月のラッド首相の決定によって、たとえ「難民」として認定されてもパプアニューギニアでの定住となったからである。

モーゲルソンはクリスマス島滞在中に、自分たちが乗ってきた粗末な「夢のボート」がオーストラリア当局によって焼却処分されると聞く。かつてのヴェトナム難民のボートも多くの場合、同じように焼かれていた。オーストラリアの政治学者ナンシー・ヴィヴィアーニは、ヴェトナム人ボートの焼却について、「決して故郷に戻ることがないという事実のみならず、オーストラリアでの定住という新たな旅の始まり」を象徴するものと記している。(27)翻って「夢のボート」の焼却が象徴しているのは、オーストラリアからの永遠の拒否に他ならない。

「夢のボート」がクリスマス島に到着した前日の二〇一三年九月七日、オーストラリアでは連邦総選挙が行われていた。「ボートピープルの到着をストップさせる」ことを公約の一つに掲げた自由党・国民党の連立政権が勝利し、アボット新政権のもとでボートピープルの命運はまた大きく変化する。「主権国家の境界作戦（Operation Sovereign Borders）」の名のもと、オーストラリアに向かう密航船を海上で拿捕してインドネシア側に追い返すことがより徹底化されたからである。同作戦の実態は軍事機密同様に秘匿されているが、追い返しの際に密航船が航海不能の場合は、政府が特注して用意した救命ボートが使われているという。現に、オレンジ色をしたそのボートが、ジャワ島やロティ島の海岸に打ち上げられているのを目撃したという情報もある。アボット政権下でボートピープルの上陸数は激減し、二〇一四年一月から一五年一二月までは一五九人となっている。(28)

五　希望に向けた航海を阻むもの――なぜボートピープルは厳しく排除されるのか

人びとはそれぞれの事情から、命がけの密航という重大な決断をする。いったんボートピープルとなってからの命運は、文字どおり大海に浮かぶ木の葉のように儚い。自らの意志ではどうすることもできず、海という大自然の波のみならず、政治という気まぐれな波に翻弄されるに任せるしかない。

人が移動するもっとも決定的な動機は「絶望」であるという。(29)「夢のボート」に同乗取材したモーゲルソンも、ジャカルタで出会った密航者たちが祖国での生活の現状を語るとき、口々に「希望がない」という語が発せられると記している。

「絶望」は政治的な迫害だけに起因するわけではない。イランからの密航者たちは、自由が束縛されているうえに、核開発に対する二〇〇六年以降の国際的な経済制裁の強化によって経済的困窮が深刻化し、子どもたちにまともな教育を受けさせることもできない、とモーゲルソンに訴えている。だが、経済的要因は難民条約における「難民」認定の条件には該当しないだろう。本来、その条件に該当するはずの政治的迫害ですら、難民審査を行う国の解釈に委ねられる。現に、オーストラリアに向かうボートピープルのなかには、すでに「難民」として認定された人たちも少なくないが、彼らがオーストラリアで受け入れられるとは限らない。

誰を上陸させ、どこに収容するのか。そして、誰に庇護を与え、どこに定住を許可するのか。それらすべての選別基準が常に政治的判断によって揺れ動く。当事者にとっていかに恣意的に理不尽な決定がなされようとも、国家主権の名のもとに正当化される。それが、一縷の希望を託して密航を選択する人びとに立ちはだかる冷徹な現実である。

それにしても、ボートピープルを排除するオーストラリアの姿勢は、他国と比較しても行き過ぎの観がある。しかも、それに対して世論も一定の支持を示している。他方で、決して難民自体に門戸を閉ざしてきたわけではない。第三国定住に関して二〇一四年には、カナダに次いで世界で三番目の受け入れ国となっている。(30)二〇一五年九月には、シリアとイラクから一万二〇〇〇人の「難民」を受け入れることを表明している。

では、なぜ海を渡ってくる庇護申請者のみが、かくも厳しい排除の対象とならなければならないのだろうか。一つには、オーストラリアの歴史的・地理的な特殊性が挙げられよう。英国の植民地として形成されたオーストラリアには、欧州から隔絶され、人口過密なアジア諸国を控えた島大陸として、人口希薄で無防備な北部沿岸が侵略されることへの不安感、すなわち「脅威のエートス」(Fitzpatrick, 1997)が根強く存在し続けていると言われる。一九〇一年のオーストラリア連邦の誕生とともに採用された白豪主義は、まさにその表れであった。それは、白豪主義の撤廃から四半世紀を経た一九九〇年代後半においても、アジア移民の増加に対して声高に異議を唱えた政治家ポーリン・ハンソンの「オーストラリアがアジア人にのみこまれてしまう」という発言に見て取ることができる(31)。

こうした「脅威のエートス」は、一九九〇年代以降のイスラム諸国からのボートピープルの流入と、九・一一同時多発テロによって、新たな懸念が加わる形で高まっていったといえる。ただし、このことだけでは、一連の厳しいボートピープル対策の動機や世論の支持を説明するには不十分であろう。問題とすべきは、そうした文脈のなかで、いかにボートピープルが政治的に利用されたのか、ということにある。

一九七〇年代後半、ヴェトナムからのボートピープルは今日に比べるとはるかに寛容に受け入れられたと述べた。しかし実際には、当時も受け入れに対して懸念を訴える報道や政治家らによる発言がなかったわけでは決してない。一九七七年の連邦総選挙において、ボートピープル問題が政治化される可能性も十分にあったのである。それをきっぱりと退けたのは、当時の与党フレイザー政権(自由党・国民党の連立)であった。歴史家のクラウス・ニューマンは、フレイザーはボートピープルに対する人びとの不安感、すなわちゼノフォビアが、いったん政府によって許容されたならば制御不能な状態に陥ることを危惧したのではないかと推測している(32)。当時の政権が、二〇〇一年にどういう事態が起こるのかを知る由もないが、政治的意思によってそうした状況に歯止めをかけたといえよう。

まったく対照的に、ボートピープル問題が選挙課題の焦点に据えられたのが、二〇〇一年一一月の連邦総選挙である。与党ハワード政権(自由党・国民党の連立)は、「オーストラリアは主権国家であり、その領土に誰が入国し、滞在できるのかを決定する権利を有する」というスローガンを掲げ、テロリストかもしれないボートピープルから断固として国家主権を守り抜くという姿勢によって、圧倒的な国民の支持を得た。タンパ号事件と九・一一同時多発テロを追い風として、ボートピープルへの不安感をときに恣意的に煽り、それを最大限利用して達成された政権三期への続投は、「黒い勝利」(33)とも称される。以降、ボートピープル問題は選挙のたびに、程度の差はあれ争点の一つとなっている。

労働党政権下の二〇〇九年一一月、ウィキリークスは、自由党のあるキーパーソンがアメリカ大使に語った「ボートピープルが増えれば増えるほど、党にとってはより好都合だ」という趣旨の発言をリークしたという。(34)その直後に自由党の党首に就任したアボットは、ただちに次の連邦総選挙でハワード政権時代の政策を復活させて「ボートピープルの到着をストップさせる」ことを公約にすると宣言した。そして二〇一三年九月、それを果たして首相の座を獲得した。

ところで、ハワード政権の選挙スローガンに見られるように、ボートピープルの上陸を阻止する理由として政府が強調してきたのが、「主権」が侵されるという言説である。アボット政権が開始した「主権国家の境界作戦」でも、より直截に、「主権」の保護が謳われている。筆者はかねてより、S・クラズナーの主権論を援用しつつ、ボートピープルがオーストラリア国家にとって都合のよい、海からの「主権の侵害者」としての役割を演じさせられているのではないか、と主張してきた。(35)クラズナーは、人や物、情報などの越境管理に関わる主権の弱体化が国内の統治権限に関わる主権をも危うくすると述べている。(36)それは、国内での政治力を維持するうえで、国境管理において主権の力を示すことが効果的であることを示している。加えて、主権の力は軍隊が国境を守るという構図によって、いっそう鮮明に視角化され得る。

本来、どこまでも果てしなく広がる海の上に境界はなかった。比較的最近まで、人びとはその海を自由に移動できた。かつて入植者たちが英国からはるばるオーストラリアの海岸にたどり着くことができたのも、そのためである。そして、オーストラリア大陸に何万年も前から住んでいたアボリジニたちは、自らの主権を振りかざして武装し、彼らを海上で組織的に排除しなかったはずである。現代の多くのオーストラリア人たちは、そのことを忘れてしまったのだろうか。

(1) 国際移住機関(IOM)によると、二〇一五年の一年間に地中海を渡ってギリシャやイタリアなどの領土に到着した移民・難民は一〇〇万人を超え、海難事故による犠牲者は三七七一人に及ぶという。https://www.iom.int/news/iom-counts-3771-migrant-fatalities-mediterranean-2015.

(2) Phillips, Janet, *Boat Arrivals in Australia: A Quick Guide to the Statistics*, Research Paper Series, 2013–2014, Parliamentary Library, Parliament of Australia, 2014. のデータから推計した。以下、ボートピープルの人数についてはこのデータに基づいている。

(3) Neumann, Klaus, 'Been there, done that?', Lusher, Dean and Haslam, Nick (eds.), *Yearning to Breathe Free: Seeking Asylum in Australia*, Annandale: The Federation Press, 2007, pp.21-34.

(4) 有色人であっても、第二次世界大戦中に日本軍の侵攻を恐れて太平洋諸国から逃れてきた華僑を受け入れるなど、いくつかの例外は存在する。竹田いさみ『移民・難民・援助の政治学――オーストラリアと国際社会』勁草書房、一九九一年。

(5) 前掲(4)、七四~七五ページ。

(6) My-Van Tran, *The Long Journey: Australia's First Boat people*, Centre for the Study of Australian-Asian Relations, Griffith University, 1981.

(7) ミーヴァン・トランの研究報告では三五〇〇キロと記されているが、地図で見るかぎり、実際にはその倍の約七〇〇〇キロと推定される。

（8）My-Van Tran, *op.cit.*, p.6.

（9）Hoang, Carina (ed.), *Boat People: Personal Stories from the Vietnamese Exodus1975-1996*, Carina Hoang Communications, 2010.

（10）Do, Anh, *The Happiest Refugee: The Bestselling Memoir*, Sydney: Allen & Unwin, 2010.

（11）受け入れ人数の内訳は、一九七五～八〇年度：三万六三〇人、八一～八五年度：四万九九五〇人、八六～九〇年度：三万八九一〇人、九一～九五年度：三万九〇二二人。Viviani, Nancy, *The Indochinese in Australia 1975-1995: From Burnt Boats to Barbecues*, Melbourne: Oxford University Press,1996, p.159.

（12）前掲（4）、九五ページ。

（13）詳しくは、前掲（4）の第2章を参照。

（14）当時のマッケナン移民大臣の表現。Crock Mary（ed.）, *Protection or Punishment: The Detention of Asylum Seekers in Australia*, Annandale: The Federation Press, 1993, p. 3.

（15）もっとも、労働党のウィットラム政権（一九七二～七五年）は、戦後、東欧から大量に受け入れた反共の難民が保守政党を支持したという歴史的経験から、当初はヴェトナム難民受け入れに消極的であった。

（16）アシュモア島の陸地面積計一・一二㎢（アシュモア環礁全体の総面積は五・八三㎢）の無人島で、税関船が停泊している。クリスマス島は面積一三五㎢、人口約一五〇〇人である。

（17）Balint, Ruth, *Troubled Waters: Borders, Boundaries and Possession in the Timor Sea*, Crows Nest: Allen & Unwin, 2005, p.125.

（18）この時点ではまだ、「一時保護ビザ」の発給から三〇カ月後に永住ビザを申請する可能性が残されていたが、二〇〇一年九月の法改正により、原則としてそれもできなくなった。Department of Immigration and Multicultural and Indigenous Affairs, *Fact Sheet 64, Temporary Protection Visas*, July, 2002.

（19）Human Rights and Equal Opportunity Commission, *A Last Resort?: National Inquiry into Children in Immigration Detention*, Sydney: HREOC, 2004.

（20）Sunderland, Alan, *Refugee: My Australian Story*, Lindfirld: Scholastic Press, 2006.

（21）パシフィック戦略について詳しくは、飯笹佐代子「豪州の「対ボートピープル戦争」――変幻自在で脱領土化する排除の「境界」」『21世紀東アジア社会学』第七号、二〇一五年、三五〜四九ページ、参照。

(22) Expert Panel on Asylum Seekers, *Report of the Expert Panel on Asylum Seekers*, Australian Government, 2012, p.131.

(23) Crock, Mary, Saul, Ben and Dastyari, Azadeh, *Future Seekers II: Refugees and Irregular Migration in Australia*, Annandale: The Federation Press, 2006, pp.40-41.

(24) *idid.*, pp.121-125.

(25) 'What happened to the Oceanic Viking refugees?', https://www.greenleft.org.au/node/45507.

(26) Weber, Leanne and Pickering, Sharon, *Globalization and Borders: Death at the Global Frontier, Hampshire:* Palgrave Macmillan, 2011.

(27) Viviani, *op. cit.*

(28) Monthly Operational Update: http://newsroom.border.gov.au/channels/Operation-Sovereign-Borders/releases/monthly-operational-update, 二〇一六年二月一日アクセス。

(29) 森千香子、エレン・ルバイ編『国境政策のパラドクス』勁草書房、二〇一四年、一二ページ。

(30) アメリカが七万三〇一一人、カナダが一万二二七七人、オーストラリアが一万一五七〇人を受け入れている。UNHCR, *UNHCR Global Trends Report*, 2014.

(31) これは、ハンソンが連邦議員としての最初の演説で述べた有名な言葉である。原文は、I believe we are in danger of being swamped by Asians (Hanson, 1996)。

(32) Neumann, Klaus, *Across the Sea: Australia's Response to Refugees A History*, Collingwood: Black Inc., 2015, p.279.

(33) Marr, David and Wilkinson, Marian, *Dark Victory: How A Government Lied Its Way to Political Triumph*, Sydney: Allen & Unwin, 2003.

(34) Manne, Robert, 'Tragedy of Errors', *The Monthly,* March, 2013, p.24.

(35) 飯笹佐代子「国境管理をめぐる政治――オーストラリアのボートピープル問題からの考察」『国際政治』第一四九号、二〇〇七年、七七〜九二ページ。

(36) Krasner, Stephen D., *Sovereignty: Organized Hypocrisy*, New Jersey: Princeton University Press, 1999.

コラム② タンパ号事件とSIEV Xの悲劇

飯笹 佐代子

●庇護申請者の上陸を拒否

タンパ号事件は、当時のオーストラリア政府のボートピープルに対する強硬姿勢をもっとも印象的に内外に知らしめ、その後のボートピープルの運命を変えることになった出来事である。(1)

二〇〇一年八月二六日、四〇〇人以上を乗せた密航船が、ジャワ島からクリスマス島へ向かう途中で沈没寸前となり、公海上でノルウェーの貨物船タンパ号に救助された。乗船者の大半はアフガニスタン人であった。タンパ号の船長は当初、ジャワ島のメラクに向けて進路をとるが、彼らの要求にしたがってクリスマス島へ航路を変更。それに対してオーストラリア政府は、「国際法上、インドネシアとノルウェー間で解決されるべき問題である」として、領海への進入を拒否した。インドネシア政府も受け入れを拒否し、タンパ号はクリスマス島沖で立ち往生することになる。

オーストラリア政府は二つの手段によって、庇護申請者の上陸拒否を貫いた。一つは軍の精鋭部隊の投入である。タンパ号の船長が乗船者の健康悪化を懸念してオーストラリア領海内に船を進めると、ただちに四五人の特殊空挺部隊(陸軍で最強エリート部隊といわれる)が出動してタンパ号に乗り込み、侵入を阻止した。それは、無防備の難民に対して、あまりに不釣り合いで大がかりな軍事的パフォーマンスであったといえる。

もう一つが、すでに述べた「パシフィック戦略」(あるいは「パシフィック・ソリューション」)の初の適用である。タンパ号事件が起こるやいなや、オーストラリア政府はインドネシアをはじめ東ティモール、フィジーなどの周辺諸国に対して庇護申請者の収容を要請した。それに応じたのが、ナウルとパプアニューギニアである。

ナウルは一九六八年に独立するまで、オーストラリアはじめ三つの国を施政国とする国連信託統治地域であり、パプアニューギニアはかつてオーストラリアの植民地であった。政府がこうした関係を利用し、さらには協力の見返りとして政府開発援助（ＯＤＡ）を上乗せし、両国に庇護申請者の収容を押し付けた感が否めない。当然ながら、移送や収容施設の運営にかかる費用はすべてオーストラリア政府の負担である。

クリスマス島への上陸を実力行使によって阻まれた難民は全員、オーストラリアの軍艦マヌーラ号に強制的に移され、ナウルへ護送された。軍艦の航路は定かではないが、ティモール海、アラフラ海を通過したかもしれない。ナウルに入港したのは事件発生から三週間以上も経った九月一九日であった。

その後、庇護申請者のうち女性と子どもを中心とする家族一三二人が受け入れを表明したニュージーランドへ空路で移動。一人を除いて「難民」として認定され、ニュージーランドの永住ビザが付与された。

●事件後のボートピープル対策

タンパ号事件を受けて、オーストラリア政府は速やかに九月末の連邦議会で、ボートピープルを阻止するための、より厳しい関連諸法案を可決した。事件の進行中に起きた九・一一同時多発テロによる衝撃が、その追い風となる。イスラム諸国からのボートピープルが、潜在的なテロリストのイメージと容易に結びついたからである。

第一に、「国境防護法」を制定し、政府に領海内の難民船を領海外に強制的に排除する権限を付与した。(2) これにより、タンパ号にとられた措置が遡及的に合法化された。

第二に、ボートピープルが漂着する可能性の高いクリスマス島、ココス諸島、アシュモア・カルティエ諸島などをオーストラリアの「移住ゾーン（migration zone）」から除外した（二五七ページ図Ⅴ―２―３参照）。「移住ゾーン」とは、非オーストラリア国民が合法的に入国・滞在するためにビザが必要な地域を指し、それまではオーストラリア領土の境界とほぼ一致していた。(3) この新たな措置により、移住ゾーンの除外地に非合法に到着した庇護申請者は、移民大臣による裁量権が行使される場合を除いて、オーストラリア当局に対していかなるビザの申請もできず、第三国へ移動させられることになったのである。さらに、移住ゾーンの除外地に到着したボートピープルは、自らの入国や法的地位、収容に関して法的な訴訟を行うことも禁止された。(4)

第三に、七日以上第三国に滞在後に非合法にオーストラリア本土に上陸した庇護申請者に対して、その国で庇護申請できなかった理由が証明されないかぎり、最善の措置でも「一時保護ビザ」の更新までしか認めないことになった。(5)現実にその証明はきわめて困難であり、この改正は、オーストラリアに運よく上陸でき、たとえ「難民」として認定されたとしても、その多くに事実上の「監禁状態」(6)を強いるものである。永住ビザの申請や家族の呼び寄せ、オーストラリア出国後の再入国の権利さえ禁じたこの措置は、人権問題の論客・シドティ(Sidoti)が表現したように、彼らがオーストラリア社会に所属することの「永久的な拒否」(7)に等しい。

加えて注目に値するのは、国境管理政策におけるオーストラリア国防軍の役割がより重要視されたことである。戦時でもなく、しかも無防備のボートピープルの上陸を阻止するために、空軍機による監視に加えて海軍の軍艦が動員され、インドネシアからクリスマス島およびアシュモア環礁にかけて「レリックス作戦(Operation Relex)」と呼ばれる徹底的な海域警備が開始された。同作戦が実施された二〇〇一年九月からの四カ月間に、一二隻のボートピープルを乗せた船舶が「SIEV」——「不審な不法侵入船(suspected illegally entry vessel)」の略称——として発見される。うち四隻はインドネシア側へ追い返され、八隻(うち三隻は沈没)に乗船していた難民はナウルかマヌス島の収容施設へ送られた。(8)

●未解明の沈没事故

このレリックス作戦下で起きたのが、SIEV Xの悲劇である。

タンパ号事件の約二カ月後の二〇〇一年一〇月一九

日、主にイラク人の難民三九八人を乗せた全長一九・五メートルの密航船が、スマトラ島のバンダル・ランプン（Bandar Lampung）からクリスマス島に向けた航海の途中で沈没した。通りかかったインドネシアの漁船に救助されて一命をとりとめたのは、わずか四五人。三五三人もの犠牲者には多くの女性や子どもが含まれ、その大半はオーストラリアに「一時保護ビザ」で滞在する夫や父のもとに行くことを望んで乗船していた。この事故で娘たちを亡くしたある男性は、「一時保護ビザ」の再入国制限により、助かってジャカルタに運ばれた妻のもとに行くことができず、特別の裁量を求める支援者らの声にも移民大臣は応じなかった。

後に「ＳＩＥＶ　Ｘ」と称されたこの船に関して、オーストラリア政府は事前に情報を得ておらず、しかも事故はインドネシア領海で起きたと明言している。他方、オーストラリアの外交官を辞して沈没事件の真相を究明しているＴ・ケヴィン（Tony Kevin）によると、「レリックス作戦」のもとで、当局がこの船舶を見逃したとは考えにくいうえ、沈没現場はインドネシア領海ではなく公海上の可能性も高いという。ケヴィンは、オーストラリア当局が状況を把握しながらも人命救助を怠ったとしたならば、この事件は国家犯罪にも値すると主張している。(9)

（1）タンパ号事件について、詳しくは飯笹佐代子『シティズンシップと多文化国家――オーストラリアから読み解く』日本経済評論社、二〇〇七年、第2章、参照。

（2）Border Protection (Validation and Enforcement Powers) Act 2001.

（3）Migration Amendment (Excision from Migration Zone) Act. 二〇〇五年に移住ゾーンからの除外地域はさらに拡大され、二〇一三年には、ついにオーストラリア本土全域が除外対象とされた。詳しくは、飯笹佐代子「豪州の「対ボートピープル戦争」―変幻自在で脱領土化する排除の「境界」―」『21世紀東アジア社会学』第七号、二〇一五年、三五～四九ページ、参照。

（4）Migration Amendment (Excision from Migration Zone) (Consequential Provisions) Act 2001.

（5）Ibid.

（6）Mares, Peter, *Borderline: Australia's Response to Refugees and Asylum Seekers in the Wake of the Tampa*, Sydney: University of New South Wales Press, 2002, p.203.

（7）Sidoti, quoted in *ibid.*, p.205.

（8）密航船は発見された順に、ＳＩＥＶ１、ＳＩＥＶ２というように番号が付けられ、コードネームとされた。

（9）Kevin, Tony, *A Certain Maritime Incident: The Sinking of SIEV X*, Melbourne: Scribe Publications, 2004.

終章　海域研究への道

松本　博之

一　村井・内海の海の道

本書は故・村井吉敬氏へのオマージュである。生前、村井が問いかけた課題は多岐にわたる。本書では、その一つに取り組んでみた。ことは、村井と内海愛子が鶴見良行らとともに東インドネシアの海を渡り、島々をめぐり歩いた調査行に始まる。一九八〇年代、二人は東インドネシアの海をスラバヤ(ジャワ島東部)とマカッサル(スラウェシ島南西部)から出発して、東へ、ときには北東へ、ときには北へ、ときには南東へと、島々の港市《こうし》と村々をたどりながら、アラフラ海のサンゴ諸島アルに行き着いた。スラバヤから東西直線距離にして、二五〇〇キロである。

本来なら二人はそのまま、さらに東へ、あるいは南へたどって行きたかった。だが、目に見えない海上の「国《くに》境《ざかい》」が阻んだ。二人は水平線の向こうに思いを馳せた。そのため、国境を空路で越え、アラフラ海に臨むオーストラリア北岸のダーウィン、アーネムランド、カーペンタリア湾を歩き、さらにオーストラリアの北東端、トレス海峡の木曜島、サイバイ島にまで足を運んだ。

これは、果てしない海のロマンに魅かれてのことではない。直接の動機は、日本人の食卓をにぎわすエビを追ってだった。ところが、二人の目の前には、立ち寄る港々で、自前の木造船を使い、人・もの・情報を乗せて海路を行き来する、活気に満ちたブギス、マカッサル、あるいは華人系の人びとの姿があった。また、港々や周辺の村々では、港の住人にサゴヤシ澱粉やタロイモの食料を供給し、商人たちと希少海産物を交換するバジャウをはじめマレー系の、海を生活の場とする人びとに出会った。

商人たちはシンガポールやスラバヤ、それにマカッサルから食料品・日用品や雑貨類を仕入れ、逆に東から西へアラフラ海・フローレス海・バンダ海の「生活の海」(1)で採取される干しナマコ、真珠貝(白蝶貝)、高瀬貝、べっ甲、フカヒレ、海草などを運んでいた。それは歴史をさかのぼると、二〇〇〇年、三〇〇〇年という厚みをもって営々と続けられてきたものである。それに加えて、二人の行き着いたアラフラ海の片隅アル諸島やカーペンタリア湾の湾奥では、遠く海を越えてきたエビトロール船や南洋真珠養殖に従事する日本人たちにも出くわした。

ただ、村井と内海は、海を素材に入念に編み上げられた組紐のような、果ては中国や日本の沿岸にまでおよぶ海上のメッシュワークにのみ注目したわけではない。二人を捉えたのは、立ち寄る港々(ローカルな交易中心)での、長い時間をかけて培われた諸民族の混淆と混血、彼らの間での不文律の分業と共生関係である。そこでは、競合や軋轢があるとしても、相互に顔見知りの関係と個々人が主体的に駆け引きする「交易ないし商いの論理」を基軸にしていた。強権的な中央政府や近代資本による圧力を掻《か》い潜《くぐ》った、活力に満ちた人模様に魅かれたのである。

二人の胸の内では、それがロマンと言われようと、グローバル化した近代資本の渦に掻き消されてしまう一歩手前の姿であろうと、将来の人間社会の一つのモデルを示していると思われた。世界都市や戦後の新興独立国家の首都圏を支配する、顔の見えない排外的な人びとの生活の対極にある、人間性《ヒューマニティ》に満ちていたからである。

本書の直接のきっかけは、村井と内海がさらに東インドネシアの海からナマコを求めた船の行先を追ったことにある。それがアラフラ海に臨むオーストラリアの北部海岸だった。二人の行く手を遮った国境が引かれるはるか以前から、バンダ海・ティモール海・アラフラ海を越え、二〇世紀の初頭まで二〇〇年間も続いたと言われるマカッサル・ブギス・バジャウらの「ナマコ漁」の道を追ったのである。ティモール海やアラフラ海の南端は、彼らにとってインドネシア多島海の最前線、つまりアジアの民衆の「生活の海」であった。

オーストラリア北部の熱帯海岸で二人が出会ったのは、旧蘭領東インド(インドネシア、以下「蘭印」)時代のマレー系の人びとによるナマコ漁の残照である。彼らが持ち込み、そこに根付いたタマリンドの木々、アボリジニの言葉に混じったマレー起源の諸単語、「マカッサン」と懐かしく語られる老人たちの追憶に触れることができた。

だが、それとならんで大きく目の前に現れたのは、一八七〇年代からの近代植民地産業である真珠貝漁業だ。そこでも、当時のシンガポールとティモール島のクパンを門戸としたフィリピン系・マレー系の人たちとともに、多くの日本人が契約労働者として越境していた。一方、海底から採取された大型の真珠貝(白蝶貝)は、高級ボタンや装飾品の材料として、ロンドンやニューヨークの世界市場に送られていく。ダーウィンと木曜島には、その名残を伝える無数の御影石の墓碑が建っていた。墓碑銘は、はるか明治の中頃から太平洋戦争まで七〇年間におよぶ日本人出稼ぎ者たちの足跡を語っていたのである。

一九八〇年代、九〇年代に海を行き来し、東インドネシアのみならず、国境を越えた人やものの移動を目の当たりにするなかで、村井は現在の海上に引かれた国境に疑問を抱いていく。大海原が一見遠く離れているように見える島々の人と人、ものとものを連鎖状につなぎ、開かれた海には遮るものがなかったからである。また、そのことが、地図帳のなかで違ったページに割り振られている地理像にも違和感をもたらした。村井と内海のたどった海上の道は、東アジア・東南アジア・オーストラリア(ニューギニアを含む)に分断されていた。そこには、陸地を中心とした世界の地理像が描き出されており、「海理像」を結べなかったからである。

二　本書への道

本書の執筆に加わった人間たちも、「地域研究(Area Studies)」の名のもとに、地図帳にある、戦後アメリカの戦略的な地域的枠組みに従った「フィリピン」「インドネシア」「東南アジア」、あるいは「オーストラリア」に分断されたまま、研究を続けてきた。しかし、陸上を中心とした地域研究は、アカデミズムの世界にあって、一種の袋小路に入り込んでいる。研究者間の地域的分業体制だと、外面をつくろっても、もはや現今(あるいは昔から)の地域を越えた人・もの・情報、それに資本の流動のダイナミズムには対応できない。また、地域間の研究者のコミュニケーションの不足のみならず、各地域がタコツボ的に、それぞれの雑多な知識の集積だけを招く結果となっているからである。

本書は、村井と内海のモチーフに沿いながら、その袋小路に少しでも風穴を開け、風通しを良くしようとする試みである。それはまた、世紀の変わり目頃、村井・内海の参画した日本の先駆的な研究書『海のアジア』(2)の守備範囲を、さらにその南へ伸ばそうとした。

ここでの対象は、オーストラリア北部のアラフラ海、ティモール海、それにトレス海峡を含むサンゴ海とよばれる海域である。それらは、いずれも古いポルトガル語やスペイン人名や英語名だ。今から振り返れば、一六世紀以降、ヨーロッパ人の地理的視野に組み込み、自らの足跡をとどめ、自らの支配下に置こうとした、歴史の澱のようなものである。この周辺の地名にせよ海域名にせよ、いずれも中立的な地球上の位置を示す呼び名ではない。ときどきの、この海域や地域を訪れた「探検者名」や「船舶名」や国々の言葉によって、強権的に自らの歴史を編もうとした軌跡の残滓なのだ。

本書は、村井と内海が渡り歩いた島から海を越えて、日本へ流れ着いた一つのヤシの実と言えるかもしれない。本書のもとになった研究会の初期の目的は、一九世紀後半からの西欧植民地勢力と日本による植民地分割、それを戦後引き継いだ領域的主権国家の狭間にあって、その後「辺境」として特色づけられてきた空間を、人・もの・情報の越境という観点から、再びつなぎ、新たな展望を得ようとしたものである。

研究会のメンバーはそれぞれ、歴史社会学・政治学・国際社会学・歴史人類学・文化地理学・文学を専攻し、日本、東南アジア、オーストラリアの個別の「地域研究」のなかで営みを続けてきた。今回は、この海域に焦点を当てるために、それまでオーストラリア研究に取り組んできたグループとインドネシア研究に軸足を置いてきたグループとの連携作業である。

ところで、「海域」「人・もの・情報の越境」という二つのキーワードを核に出発するにしても、どこの海域でも同じトピックを扱えるわけではない。それぞれの海域には、それにふさわしいトピックを吟味しなければならない。研究会ではまず、日本あるいは日本人に関わる課題が浮上した。それには次のような理由がある。本書で取り扱った真珠貝漁業ないし真珠貝採取業については、鶴見や村井の目指した「ナマコ漁」とならんで、戦後オーストラリアの研究者による、かなりの蓄積がある。それに比べると、日本人出稼ぎ者がその契約労働者として独占的な地位を占めていたのに、日本のアカデミズムでは、ほとんど無視されてきたからである。

まさにこの海域は太平洋戦争の戦場であり、明治以降の南進政策や植民政策下の人やものの越境が、在地の人びとに多くの困難や犠牲をもたらした。戦後在地の人びとによる反日感情もあったため、戦前西太平洋の海に深く関わった日本人の足跡は近年まで顧みられなかった。それを考えると、これまで曖昧にされてきた日本の南進政策や植民政策についてのポストコロニアルな議論も含め、この海域での真珠貝産業の展開は、海へ視点をシフトさせる最初の試みとして格好のテーマであった。後で述べるように、この植民地産業であった真珠貝漁業に関わった南太平洋系、マレー系、フィリピン系の人びとの足跡は、近年オーストラリアの研究者の手によって盛んに掘り起こされている。その産業を中心となって支えた日本人出稼ぎ者について、日本の研究者が手をこまぬいているわけにはいかない。

三　海域研究への道

植民地政策と海の囲い込み

海に関わる研究は多くの可能性に開かれている。当面、本書が描き出した海に関わる課題について、いくつか振り返ってみよう。

第Ⅰ部の村井の論考は、これまで述べたように、この海域における人・もの・情報の越境と研究テーマの輪郭を与えてくれる。それに続く第Ⅱ部の鎌田真弓の論考は、ダーウィンを基地とした真珠貝産業を描く。ダーウィンはブルーム・木曜島に比べれば規模が小さかったために、これまでオーストラリアの研究者にも日本の研究者にも、ほとんど触れられたことがない。しかも前半部では、オーストラリア北部熱帯海域の真珠貝産業と日本人出稼ぎ者の歴史にも触れ、以下の諸論考の導入部となっている。

しかし、それ以上に、そこには西太平洋の南端に、海でつながるアジア世界（とくに日本）に脅威を抱きながら、それまでとは異質なオーストラリアというアングロサクソン系の国家を建設しようとした緊張感が読み取れる。一九世紀後半から二〇世紀前半にかけて、北部熱帯域の開発にあたり、一方では当時大英帝国の傘下や同盟関係にあった南太平洋諸島やアジア諸地域から、海路を通じて労働力を越境させ、他方では領域的な主権国家の形成、しかも排他的な「白豪主義（White Australia Policy）」という海を隔てる太平洋・アジアに向けた人種差別の眼差しと海の囲い込みの進行過程を、オーストラリアの政治制度に詳しい鎌田の論考が明らかにする。

その点では、第Ⅲ部の内海の論考も見逃せない。当時、オランダの植民政策下にあったアラフラ海西北部のアル諸島ドボの真珠貝漁業(真珠貝採取業)を取り上げるからである。国境を越えた蘭印域にあるために、オーストラリアの研究者はこれまでドボを埒外に置いてきた。しかし、オーストラリア側の木曜島・ダーウィンを基地とした白人船主たちは、船団を越境させ、アル諸島周辺の海も操業域に組み込んでいたのである。それに加えて、日本人によるオーストラリア領海外での直接操業「アラフラ海出漁」も、ドボを在地の立ち寄り港にしていた。それゆえ、この海域での真珠貝産業の全貌を知ろうとすれば、当然視野に収めなければならない範囲が、本書によって初めて実現されたのである。連携研究の成果の一端を示すと言えよう。

しかも、内海は長年のインドネシアの旅の蓄積を活かして、蘭印政府の植民地政策と日本の明治以降の「南進」の実態を鮮明に描き出し、アラフラ海の真珠貝採取業を当時の日本・蘭印の文脈のなかで浮き彫りにしている。

さらに注目すべきは次の点である。日本にせよオーストラリアにせよ、アラフラ海を取り扱う研究者は、もっぱら「よそ者」たちが展開した近代産業としての真珠貝漁業に視野を限ってきた。内海の論考は、そうした世界の表舞台、あるいは蘭印植民政府の支配・管理および海上交通の独占化の陰で、ブギス・マカッサル・バジャウの人びとによる海上交易(ときには政府から密貿易とみられている)や「生活の海」での生業活動といった、真珠貝漁業以前からのなかば自律的な営みが、表舞台と連携しながら、連綿と続けられていた実態を明らかにしている。とかく入植者の展開やよそ者の持ち込んだ近代産業が正史として語られるが、そこには在地の人びととの「生活の海」がある。内海の論考は今後、海を視野に収める研究が目指すべき方向性を示唆している。

この二つの論考と村井の論考を振り返ると、オーストラリアの「ナマコ漁」研究の第一人者マックナイトの最近の再検討を付け加えておくことも無駄ではない(3)。マックナイトによれば、オーストラリア北部海岸におけるヨーロッパ人とマカッサル人との関係は、一九世紀前半まで対等であったと言う。マカッサル人に初めて出くわしたイギリスの海路測量者M・フリンダースやその後の行政官にしても、当時の船や操船の技術水準は大きく隔たらず、海岸域の地理や情報を平等に交換し合い、またマレー系の人たちの知識に敬意を抱いていたらしい。

第Ⅱ部の田村恵子の論考が示すように、一九世紀前半は言うまでもなく後半に至っても、オーストラリアは開発途上にあった。北部熱帯沿岸域は、真珠貝産業と副次的な高瀬貝とナマコの採取によって唯一経済活動を展開できた地域である。海防など埒外にあり、一九世紀後半から二〇世紀前半に至る経済開発はゴールドラッシュに伴う中国人出稼ぎ労働者(苦力)をはじめ、サトウキビ農園や真珠貝産業では、南太平洋やアジアの出稼ぎ労働者の手を借りなければならなかった。

しかしながら、マックナイトは、オーストラリアの経済基盤が整う過程で、一九世紀後半からしだいに、人種的な容貌や生活様式の違いへの嫌悪、さらには労働市場における白人雇用の狭隘化などのために、「よそ者」への排斥的な眼差しが強くなっていったと言う。マカッサルからのナマコ漁者やアボリジニに対する行政官の態度は変化し、自らのホスト社会へのよそ者ないし異物として、高圧的な管理対象へと姿を変えていく。オーストラリアは、陸地中心の領域的主権国家、さらに戦後の領海延長や排他的経済水域(ないし二〇〇海里)宣言へと逸早く踏み出している。この海域の事象の展開を見るだけでも、一九世紀後半から二〇世紀の海を通した、再検討すべき領域的主権国家の形成と海の囲い込みの課題が得られる。

民族・国家を超えるアイデンティティの形成

第Ⅲ部の永田由利子の論考は、真珠貝産業従事者の抑留生活の模様を描き出す。太平洋戦争中、オーストラリアに抑留された日本人が、英連邦下のオーストラリア、パプア保護領、ニューギニア信託統治領、ニューヘブリデス諸島のみならず、連合国傘下の仏領ニューカレドニアと蘭印も含まれたことは示唆的である。彼(彼女)らは戦前の「外南洋」における日本の南進政策を映し出し、いずれも日本から海伝いに南下越境した出稼ぎの人びとであった。連合国側から見ても、一九三三(昭和八)年に日本海軍が編集した『海の生命線』(海軍省海軍軍事普及部)の「表南洋」の主要部にあたり、その地理的範囲が妥当性を持つ単位と思われたのであろう。

そして、二〇世紀オーストラリアの施策を映し出すように、抑留された日本人たちの大半が日本へ強制送還される。ごく少数の、戦後も在留を認められた日系人とその家族たちだけが、木曜島、ブルーム、ダーウィンに帰還した。それは、無一文からの再出発である。そして、それは日系人だけの問題ではない。

オーストラリア北部の真珠貝産業に従事していたアジア系の人間は太平洋戦争中、いずれもオーストラリア本土の特定地に強制疎開させられた。戦後は、やはり一からの生活の立て直しである。オーストラリアの研究者は一部を除けば、日系人のその後について目をとめていない。ただ、真珠貝産業に限っても、オーストラリアの地へ労働者として越境した人物の二世・三世が、過去の歴史を風化させず、またそのルーツやアイデンティティを求めて一世の個人史を復原している。研究者の間でも、フィリピン系、[4] マレー系、[5] そしてアボリジニやトレス海峡諸島人と移住者との混血およびその後の展開を追うなど、[6] 近年、トランスナショナルな「ディアスポラ」の人びとへの関心が高まっている。

二世・三世による一世の故郷訪問やその後の相互交流も見られ、[7] 西太平洋の海洋の中に、彼(彼女)らは二つのアイデンティティのよりどころを確かめる。オーストラリアの白人にしても、いまやイングランド、スコットランド、アイルランドなどへのルーツを求める系譜学が盛んである。二世、三世たちにとって、海は境界を引かれたものではなく、遮るものでもない。南太平洋大学(フィジー)のハウオファ(Hau'ofa)が、太平洋諸島を「海に囲まれた辺境の島々ではなく、島を取り巻く海[8]」という比喩によって、島々をつなぐ広大な太平洋へのアイデンティティを喚起するように、二つの故郷を持つ人びとにとって、海は一世の故郷と現在の居場所を包み込むアイデンティティのよりどころになる可能性がある。

こうした問題をめぐって、村井は東シナ海・南シナ海・インドネシア海域・アラフラ海・ティモール海・サンゴ海を視野に収め、日本・中国・フィリピン・インドネシア・シンガポール・マレーシア・オーストラリアの研究者をつないでみたかったであろう。P・ギルロイの『ザ・ブラック・アトランティーク(The Black Atlantic)』(9)になぞらえて、ヨーロッパや日本の植民地政策が翻弄した世界の「正史」ではなく、アジアの民衆を主役とした「流動する西太平洋(The Mobile Western Pacific)」の構想を、他日の課題としてみたくなる。

陸地から陸地への移動拡散というより、海域世界をイメージ化することによって、「国境」「国民」という狭隘で硬直化している集合的なアイデンティティに代わり、越境する個人のレベルに立ったアイデンティティの展望を拓くことは、海域研究の一つの課題である。

社会経済としての海のエコロジー

海に視点を移した場合、陸上に比べ、より制御の難しい海の流動性や目で見ることのできない深さをもった特徴も、一つの課題となる。田村と第Ⅳ部の松本博之の論考がそれを垣間見せてくれる。

真珠貝漁業の高級貝ボタン、戦後の養殖による南洋真珠は、いずれもぜいたく品である。景気と市場に大きく翻弄され、たぶんに投機的な性格が強い。同時に、陸上とは違って、コントロールの難しい海やその生き物という、きわめて不安定な自然の諸要因の作用する産業である。その点は、東インドネシアの海を行き来する交易者や、そこを「生活の海」とするマレー系の人びとにとっても、変わらない。そのため、真珠貝漁業にせよ、真珠養殖にせよ、海を生活の場とする者は、海での活動を左右する自然の諸要因に習熟しなければならない。越境する海の従事者は、単に労働力の移動ではない。仕事の質に従って、海の特性を把握し、経験を蓄え、継承していかなければならない。

その点で、田村の論考は興味深い。うがった見方かもしれないが、戦後、日系企業の南洋真珠養殖事業の開始にあたり、オーストラリア側の反日感情を掻い潜って、企業家たちの見せた日本・オーストラリア・アメリカをつなぐ行動は、「契約」という近代システムではなく、顔見知りの個人的な信頼関係を基礎にしていた。それは、戦前の真珠貝漁業において海で築かれた人間関係の再現であった。海という不安定な世界、それに真珠貝という特異性が戦前・戦後の関係企業の持続性をもたらしたのである。

ただし、その信頼関係も、企業家たちではなく、個人としてはほとんど名の残らない、現実に海に取り組む従事者たちの技術ないし経験を下支えにする。南洋真珠養殖が、大正年間に日本人の藤田輔世によって、村井と内海のたどった東インドネシアのブトン諸島(スラウェシ島の南東部)の海で開始されたことは、よく知られている。戦前そこで経験を蓄積した技術者を総監督として、彼と顔見知りの鹿児島県奄美大島の海でのマベ貝(真珠貝の一種、貝内面の真珠質層に半球の核を貼り付けて半円真珠を生産)による養殖経験者たちが、戦後オーストラリアに越境したのである。それも、白蝶貝の生息域に制約されて、ティモール海に近いインド洋の片隅に持ち込まれた。

歴史は人の営みだけで形作られるものではない。海と生き物と人との協働の所産である。海を生きる人間には、東インドネシアの人たちの「生活の海」も含め、記録や文書としてマニュアル化されることのない、海や海の生き物についての特異な経験知が要求される。それが社会経済の基盤にある海のエコロジーである。

村井と鶴見のナマコ研究に多くのヒントを与えたマックナイトは、彼の研究のオリジナル性を、「北部の水平線を越えてやってきたものを、海岸から眺めるのではなく、アーネムランド、すなわちマカッサル人がそう呼んだマレゲ(Marege)へ向かって南に出かけてくるプラウ船の船上から、その企てを見ること」[10]に求めた。松本は、木曜島を基地としたトレス海峡の真珠貝漁業を通して、その側面を掘り起こそうとした。ダイバーにとって一歩間違えば命取りとなる仕事であったから、操業にともなって出稼ぎ者の目と身体にきざまれた海の記憶は鮮明である。それはまた、顔見知りの操業集団への信頼と彼らの間での技術と知識の継承に裏打ちされていた。それがなければ、当時の真珠貝産業は成り立たない。

インドネシアの交易と生活の海も、その背後には膨大な海の知識と経験が継承されているであろう。それが海を生活の場とする社会と経済を支えている。海洋は大半の人間にとって生活の場でないために、そうした知は記録に残ることもなく、海の藻屑として消えていく。しかし、この惑星の表面の七割を占める「海」で生きる生活者の膨大な日常の知識と経験、およびその再生産の多様性を探ることは、人間の遺産(heritage)として、海域研究で見過ごせない課題だろう。

海と他者性

「つなぐ」と同時に、「隔てる」が、海の喚起するイメージである。海域を隔てる他者、よそ者の排斥は、経験のない世界で一層顕著になる。第Ⅳ部の加藤めぐみは、オーストラリア人の作家にあっても、真珠貝漁業の展開によって形成されたブルーム、ダーウィンのマルチエスニック(多民者)な社会を直接経験した者と、接することもなく単にステレオタイプ化された想像の世界でイメージを膨らませる者との、日本人像の違いを描き出す。

間接的な想像の世界は、とかく観念が先行し、個人を集団において、しかもわずかな特性だけで色付けしてしまう。学問研究も、「民族」や「地域集団」として一色に塗りつぶし、その特性を描き出し、民族間の差異を強調してきた責任は免れない。個々人と接してみれば、そこには自分たちと同じ性格の違う個人の集まりであるにすぎないのに、十把一絡げにして、二元的に自分たちの倒立した他者像を結んでいく。海による「断絶」のイメージが、ときにそのことに手を貸すのである。

こうした海を境界とする他者化は、第V部の村井と飯笹佐代子の論考とも響き合う。インドネシアでも、中央政府は独立後陸地中心と定住性を価値基準とし、海上の遊動民(バジャウ)を、海の流動性のイメージと重ね合わせ、自らの政権基盤として当てにならない不穏分子とする。定住の国家政策に反する無秩序な非社会的世界として、他者化してしまう。しかも、世界中で陸地中心の領域的主権国家というイデオロギーが支配的ななかにあって、海は目に見える鉄壁の保塁や防護柵を築けない脅威の前線というイメージを結ばせる。

飯笹は、われわれの研究対象とした海が今日、アジアからオーストラリアへの「難民」の移動を促すルートであることをクローズアップする。そこでは、旧来からのフカヒレ漁においてその海に通じた東インドネシアの漁民が、パイロット役として便宜的に雇われる。だが、上陸に成功したとしても、船は領海侵犯の拿捕船として焼却されるので、装備の悪いぼろ船が使われ、海難事故と背中合わせである。一方、オーストラリア側では、難民の越境を水際で阻止し、国際海洋法上の排他的経済水域を事実上「領海」として、拡大解釈する事態になっている。国際海洋法は、陸地中心主義の沿岸主要国間によって決められた領域的主権国家体制に追随するものにすぎない。

秘かに軍隊をも動かす水際作戦の詳細については、飯笹の本文に譲らねばならないが、難民の一時的収容先は、「島流し」として海を「隔てる」西太平洋上のナウルやマヌス島である。そこでは、オーストラリアに根強く潜在化している一九世紀後半以降の、海を越えた「アジア(他者)からの脅威」という強固なイメージが掘り起こされる。そのため、人権に関わる問題であるのに、ときの政府は、よそ者という外憂を吹聴することで仮想敵を造り出し、「国民国家」という「想像の共同体」幻想を振りまき、自らの政権の安定化や政争の道具とする愚を犯す。

大なり小なり、海を通してつながれる人・もの・情報の越境によって豊かさとダイナミズムを生み出してきた世界に対して、領域的な主権国家という幻想によって内的な同一性を主張することは、西太平洋における一九世紀後半から二一世紀の二〇〇〇年近くのエゴイズムと猜疑心に翻弄された自縄自縛の人類史の愚の時代であった、と振り返ってほしい。

小さな地図の上に〇・一ミリほどの線引きをして、自らの主権を主張し、安心立命をはかろうとする。それは、現実の海上において数キロないし数十キロの幅を有するものであればよいが、小数点以下の細かな経緯度点を結ぶ海上では、目に見えぬ境界である。潮流は境界を越えて流れ去り、境界の内と外は常に海水が出入りする。その見えぬ境界を膨大な軍事費を投入し、巡視艦を航行させて可視化し、抑止と脅しで守ろうとする。その費用を、もっと生産的な方向に差し向ける知恵は働かないのであろうか。

海の世界が人間の愚に翻弄されないうちに、境界という壁を高くするのではなく、「開かれた海」「つながれる海」のイメージを共有し、その海に共属するアイデンティティ形成への方策は立てられないのだろうか。そのためには、コミュニケーションの風通しをよくし、信頼関係を築かなければならない。それが人の知恵というものであろう。それはまた、村井が東インドネシアの港市で目の当たりにした人と人の共生関係であり、ニューギニア島北部海岸で自らが実践してきたことでもある。

ホモ・サピエンスを単なる生物学上の一つの種としてだけでなく、人間は自らを「知恵ある人（ホモ・サピエンス）」と名付けたのであるから、もうそろそろ陸上で繰り返してきた人間の愚を終わりにしてもらいたい。それは、村井がインドネシアで親しく交わった人たちや日本で彼の碩言《せきげん》に接した人たちの胸の内に引き継がれた思いである。

（1）この言葉は高谷好一氏から借りている。「多島海の海と島――カンポンとバンダールの世界」尾本恵一・濱下武志・村井吉敬・家島彦一編『島とひとのダイナミズム（海のアジア③）』岩波書店、二〇〇一年、三ページ。

（2）尾本恵一・濱下武志・村井吉敬・家島彦一編『海のアジア（全6巻）』岩波書店、二〇〇〇〜二〇〇一年。

（3）Macknight Campbell, The view from Marege': Australian knowledge of Makassar and the impact of the trepang industry across two centuries, *Aboriginal History*, Vol.35, pp.121-143, 2011.

（4）Shnukal Anna, Ramsay Guy and Nagata Yuriko eds., *navigating Boundaries: The Asian Diaspora in Torres Strait*, Pandanus Books, Research School of Pacific and Asian Studies, The Australian National University, 2004.; Shnukal Anna, The post-contact created environment in the Torres Strait Central Islands, *Memoirs of the Queensland Museum*, Cultural Heritage Series, Vol.3, No.1, pp.317-346, 2004.; Shnukal Anna, A double exile: Filipino settlers in the outer Torres Strait Islands, 1870s-1940s, *Aboriginal History*, Vol.35, pp.161-177, 2011.

（5）Martinez Julia, The End of Indenture? Asian workers in Australia Pearling Industry, 1901-1972, *International Labor and Working-Class History*, No.67, pp.125-147, 2005.; Martinez Julia, The evolution of 'Malay' labour activism, 1890-1947: protest among pearling crews in Dutch East Indies-Australian waters, *Transforming Cultures eJournal*, Vol.4, No.2, pp.85-110, 2009.; Martinez Julia, Indigenous Australian-Indonesian intermarriage: negotiating citizenship rights in twentieth-century Australia, *Aboriginal History*, Vol.35, pp.177-195, 2011.; Martinez Julia, Indonesians Challenging White Australia, *Indonesia and the Malay World*, Vol.40, pp.231-248, 2012.; Martinez Julia & Vickers Adrian, Indonesians overseas-deep histories and the view from below, *Indonesia and the Malay World*, Vol.40, pp.111-121, 2012.

（6）Ganter Regina ed., *Mixed Relations: Histories and Stories of Asian-Aboriginal Contact in North Australia*, University of Western Australia Press, 2008.

（7）　山内由理子「オーストラリア北部の日本人移民とその子孫——歴史と現在を生きる」早稲田大学オーストラリア研究所編『世界の中のオーストラリア——社会と文化のグローバリゼーション』オセアニア出版社、二〇一二年、四三〜六〇ページ。

（8）Hau'ofa Epeli, Our Sea of Islands,Vijay Naidu, Eric Waddell, and Epeli Hau'ofa (eds.), *New Oceania: Rediscovering Our Sea Islands*, pp.2-16, Suva, Fiji: School of Social and Economic Development, USP, 1993.

（9）Gilroy Paul, *The Black Atlantic: Modernity and Double Consciousness,* Cambridge, MA: Harvard University Press, 1993.

（10）Macknight, *op. cit.*, p.132.

あとがき

いまでも鮮明に思い出す光景がある。二〇一〇年二月、本書の執筆者の何人かと一緒に、和歌山県串本町を訪れたときのことだ。

ここは、かつて多くの真珠貝ダイバーをオーストラリアに送り出した地であり、本州最南端に位置する潮岬で知られる。その潮岬に着くと、村井吉敬さんは車から降りるやいなや、少年のような軽やかな足どりで灯台に向けて駆け出し、誰よりも早く最上階に上られた。私たちがようやく追いつくと、眼下に果てしなく広がる太平洋を魅入るように眺めておられた。晴れ渡った空の下で海は輝き、はるかかなたで空とつながっていた。村井さんは、水平線の向こうのインドネシアの海やアラフラ海に想いを馳せられていたのだろうか。いつまでも海を見つめていたそのお姿が、とても印象深く心に残っている。海への熱く深い思いを垣間見たような気がした。

本書の刊行を村井さんと一緒に祝うことを、執筆者一同どんなに願っていただろうか。それが叶わぬいま、天国の村井さんに本書を捧げたい。出来栄えに、果たして満足してくださるだろうかと心配しつつ……。

本書の構想は、日本学術振興会の科学研究費補助金を得て二〇〇九年に開始した共同研究「真珠・ナマコをめぐるモノとヒトの移動と国際関係」(研究代表者：内海愛子)にさかのぼる。研究会は、インドネシア・東南アジアの専門家と、日豪関係やオーストラリア北部の海域に関心を寄せてきた研究者らによって構成された。関心テーマを共有しつつも、社会経済学、政治学、社会学、人類学、文学など専門分野が多岐にわたる学際的なメンバーが定期的に集い、毎回熱い議論が交わされた。定められた研究期間の三年間を過ぎても、余韻覚めやらぬなかで研究会は継続されている。

何より惜しまれるのは、東南アジアの海の民に造詣が深く、研究会の中心的メンバーであった村井さんが、研究成果を取りまとめる道半ばで旅立たれてしまったことである。共同研究の発足も、そこでの実りある議論も、村井さんの存在なしには実現しなかっただろう。まさしく、本書の生みの親である。そして、本書の編者を務められていたはずである。いまとなってはご本人の承諾を得るすべもないが、勝手ながらお名前を編者として筆頭に挙げさせていただいた。そして、村井さんにはもはや書き下ろしのための時間が残されていなかったため、生前に刊行されていた著作の中から本書の趣旨にもっともふさわしい三編を選んで転載することとした。初出は以下のとおりである。

第I部第1章「東インドネシア諸島民と北オーストラリア先住民の交流史」『上智アジア学』第三号、一九八五年。

第I部第2章「アボリジニーの大地と海」『スラウェシの海辺から——もうひとつのアジア・太平洋』同文舘出版、一九八七年。

第V部第1章「越境する海の民」『サシとアジアと海世界』コモンズ、一九九八年。

なお、本書では、必ずしも語句の統一をしていないことをお断りしておきたい。たとえば、地名は英語とオランダ語とで異なる場合があるが、それは執筆者の発話の位置がオーストラリアかインドネシアかに依るものである。その違いを敢えて示すことに意味があると考えた。

本書が世に出るまでには多くの方々のお世話になった。

まずは、頼りない一編者の私にいつも協力を惜しまれなかった執筆者各位と、共編者として支えてくださった内海愛子さんにお礼を申し上げたい。また、松本博之さんは執筆者のなかで唯一、前述の共同研究のメンバーではなかったが、私たちの寄稿のお願いを快く引き受けてくださった。それればかりでなく、編集作業の過程を通じて的確かつ貴重な助言や提案もいただき、感謝の気持ちでいっぱいである。本書のタイトルとして『海境を越える人びと』を提案してくださったのも、松本さんである。

長津一史さん、間瀬朋子さん、福家洋介さん、鈴木隆史さんには多くを教えられた。国内外の調査先で協力してくださった方々を含めて、お礼を申し上げたい。とくにお世話になった方々のお名前は、各章に記させていただいた。また、私たちの研究会や編集会議は、大阪経済法科大学東京麻布台セミナーハウスで開催することが多かった。さまざまな事務的支援をしてくださった同大学アジア太平洋研究センターの福好昌治さん、金和代さんをはじめとするスタッフの方々にも感謝したい。

なお、本書の出版は、オーストラリア政府豪日交流基金からの出版助成に負っている。同助成に応募する際に推薦者となってくださった防衛大学校教授の福嶋輝彦さん、シドニー大学教授のカトリオーナ・エルダーさんにもあわせて謝意を表したい。

末筆ながら、本書が無事に刊行の運びとなったのは、ひとえにコモンズの大江正章さんのおかげである。熱心かつ緻密な仕事ぶりには、いつも頭が下がる思いであった。このような有能な名編集者と出会えたことは、このうえない幸運であったと思う。校閲では大江孝子さん、索引作成では川田恭子さんに、ご尽力いただいた。

皆様に心より感謝申し上げます。

村井吉敬さんのご命日　二〇一六年三月二三日

編者を代表して　飯笹佐代子

■本書に関わる主な出来事

一七七〇	キャプテンJ・クックがボタニー湾に投錨し、トレス海峡を通過後、オーストラリア東部の領有を宣言、ニューサウスウェールズと命名。
一八〇三	イギリス人航海家フリンダースが、北オーストラリア、アーネムランド北東部でスラウェシ島のマカッサル(ウジュン・パンダン)から来た六隻の船に遭遇。
一八五一	西オーストラリア植民地政府がシャーク湾での真珠貝漁を認可。
一八六三	ノーザンテリトリー入植地がニューサウスウェールズ植民地から南オーストラリア植民地に併合。
一八六八(明治元)	キャプテンW・バナーがトレス海峡ワリア島で採貝を開始。
一八六九(明治二)	イギリス人によるパーマストン入植地(現ダーウィン)の開設。
一八七六(明治九)	イギリス人によるロウバックベイ入植地(現ブルーム)の開設。
一八八〇(明治一三)	島根県出身の野波小次郎がトレス海峡に到着。一八七八年、日本人初のダイバーに。
一八八三(明治一六)	日本政府公認の最初の渡豪者三七名が、オーストラシアン真珠会社との契約労働のためポート・ダーウィン(現ダーウィン)を経てトレス海峡に到着。
一八八四(明治一七)	ストリーター社所有の船団がポート・ダーウィンで本格的な採貝を開始。和歌山県からの契約移民がポート・ダーウィンに到着。
一八八八(明治二一)	オーストラリアの植民地間会議で中国人移民制限法を統一化。オランダが王立郵船KPM社(Koninklijke Paketvaart Maatschappij)を設立。貨客船が二週に一回、蘭領東インド(蘭印)の各島を周航。
一八九〇(明治二三)	和歌山県の漁師が真珠貝産業従事のためブルームに到着。
一八九三(明治二六)	木曜島に日本人倶楽部(Japanese Club)を創設。ミシガン大学卒の佐藤虎次郎が木曜島で真珠貝採取業を開始(一九〇一年に帰国)。
一八九四(明治二七)	木曜島在住の日本人が七〇〇名におよび、白人を超える人口に。
一八九六(明治二九)	日本郵船、オーストラリア航路を開設(横浜・神戸—マニラ・サンボアンガ—木曜島・メルボルンをつなぐ)。
一八九八(明治三一)	クイーンズランド植民地政府が「真珠貝・ナマコ漁業法」の改正法を制定したことにより、イギリス人

	以外の真珠貝採取業経営を禁止。
一八九九（明治三二）	南オーストラリア植民地政府が「真珠貝漁に関する法規」で、アジア系による船の所有を禁止。
	オランダが、日本人を欧州人と同等の待遇とする法律を公布。日本人は「名誉白人」待遇。
	クイーンズランド植民地政府が日本人移民の入国を不許可。
一九〇一（明治三四）	オーストラリア連邦形成。「移民制限法」で有色人種労働力の入国を禁止。
一九〇二（明治三五）	オーストラリア連邦が真珠貝産業における有色人種労働を許可制とする「西オーストラリア法」を可決（三年期限）。
一九〇四（明治三七）	蘭印、「蘭領東印度真珠介類及海鼠漁業条令」「施行規則」（総督府令第四号）を公布。
	オーストラリアからアラビア人バジュラーが二七〜二八隻でアル諸島に到着し、沿岸で操業開始。
一九〇五（明治三八）	トレス海峡の白人真珠貝事業者ジェームズ・クラークらが、オーストラリアの真珠貝資源の減少と日本人契約労働者入国制限のため、新たに蘭印にセレベス商事会社を組織。オランダからアル諸島水域の操業権を獲得し、船団を移籍。
	アル諸島ドボに日本人会を設立、会員数七六人（会長＝瀬戸和蔵）。
一九〇六（明治三九）	南オーストラリア州政府が、ノーザンテリトリーへのマカッサンの入漁ライセンスの発給を停止、外部者によるナマコ漁を全面禁止。
一九〇七（明治四〇）	ブルームで日本人対クパン人の暴動勃発（一九一四、一九二〇年にも起こる）。
一九〇八（明治四一）	バタビア（現在のジャカルタ）に日本領事館を開設。
一九一一（明治四四）	ノーザンテリトリーの管轄権が南オーストラリア州からオーストラリア連邦に委譲され、パーマストンがダーウィンと改名。
	村上安吉がブルーム日本人クラブの会長に就任。
一九一二（大正元）	西オーストラリア州でラガー船の所有・操業を白人のみに制限する「真珠貝採取法」可決。
	南洋郵船組が神戸―スラバヤ間に月一回の定期航路を開設（一〇月）。
一九一四（大正三）	第一次世界大戦勃発。ロンドン市場の閉鎖により、木曜島の日本人真珠貝漁従事者の大半が日本に送還。
一九一七（大正六）	ブルームで日本人が最大マイノリティグループへ。

一九一九（大正八）　スラバヤに日本領事館を開設。

一九二一（大正一〇）　藤田輔世が蘭印のブトン諸島で南洋真珠養殖を開始し、一九二八年に収穫開始。

ブルームでもキャプテンA・グレゴリーと村上安吉が真珠養殖を計画するが、真珠貝船主たちの反対で実現せず。

一九三一（昭和六）　丹下福太郎が一〇名の乗組員とアラフラ海へ出漁。アラフラ海ブーム起こる。

一九三四（昭和九）　蘭印が、「外国人入国制限令」により、日本人の年間入国者数を一六三三人に制限。

一九三五（昭和一〇）　サイクロンのためブルームで真珠貝採取業従事者一四〇名余が犠牲になり、二一隻の船が沈没。

蘭印政庁が、「蘭領印度真珠貝、真珠母貝、海鼠及海綿採取条例」（一九一六年公布）を改訂し、取り締まりを強化。また、「非常時外国人勤務令」を公布（八月二三日）し、日本人にも適用。

一九三六（昭和一一）　日本の文部省商船生徒訓練船がダーウィンに寄港し、歓迎される。

一九三七（昭和一二）　ノーザンテリトリー行政府が巡視船ララキア号を購入し、日本船による不法操業の取り締まりを開始。

パラオの真珠業者が南洋真珠介採取業協会に加入。全量を三井物産神戸支店に委託販売し、ニューヨークに輸出。

一九四一（昭和一六）　オーストラリア在留日本人のうち、商社や銀行などの社員と家族の引き揚げ。

日豪開戦にともない日本人とその家族が強制収容され、ブトン島の日本人真珠養殖作業員も強制収容のためオーストラリアに移送。

一九四二（昭和一七）　二月　日本軍によるダーウィン最初の空爆で、五〇人余の民間人を含む約二五〇人が犠牲に。

三月　ブルームの空爆後、ブルーム民間人の疎開開始。

真珠貝採取業の閉鎖（ラガー船は廃船、または陸・海軍に徴用）。

八月　第一回日英捕虜（民間人）交換。

一九四三（昭和一八）　日本軍によるトレス海峡ホーン島への空爆（一九四三年六月まで）。

強制収容された元真珠貝採取労働者が戦争捕虜扱いへ。

六月　日本軍による最後のダーウィン空爆。

民間人のブルームへの帰還許可。

一九四五(昭和二〇)	八月一五日　戦争終結の詔書放送。日本、英米中ソに無条件降伏。
	インドネシア共和国が独立を宣言。
一九四六(昭和二一)	ブルームで真珠貝採取業を再開、民間人のダーウィンへの帰還を許可。
	日本人抑留者・戦争捕虜の本国への引き揚げ。
一九四八(昭和二三)	ダーウィンで真珠貝漁操業再開。
	インドネシア国内でダルル・イスラム(DI)運動が始まる。
一九五一(昭和二六)	サンフランシスコ平和条約の締結。インドネシアは署名したが、批准せず。
一九五二(昭和二七)	オーストラリア政府がアラフラ海・ティモール海での大陸棚宣言。
	ニコラス・パスパリーがブルームでパスパリー真珠会社を設立。
一九五三(昭和二八)	四月　日豪漁業交渉が開始されるが、難航。五三年の出漁のみ合意。八月に交渉を打ち切り。
	ビルマのメルグイ諸島で南洋真珠養殖開始。
一九五四(昭和二九)	真珠貝漁に関する暫定取り決めに日豪が合意。
一九五五(昭和三〇)	西オーストラリア州で日本人ダイバーの雇用が可能となり、九〇名の有免許ダイバーが登録。
一九五六(昭和三一)	パールズ有限会社(PPL)設立。ブルームに大球丸が南洋真珠養殖開始のために寄港し、キンバリー地方のクリベイで養殖事業を開始。翌年、初収穫。
一九六〇(昭和三五)	日本の真珠貝採取会社がパールズ有限会社と業務提携。トレス海峡フライデー島とモア島ポイドに養殖場を開設。覚田真珠がCape York Pearl社と提携し、ヨーク岬半島エスケープ・リバー河口に養殖場を開設。
一九六一(昭和三六)	タヒチ政府が日本人養殖技術者の派遣を要請し、黒蝶真珠の養殖を開始。
一九六二(昭和三七)	真珠貝産業の衰退にともない、アラフラ海への日本の採貝船の出漁中止。
一九六六(昭和四一)	ハリー・チャンがダーウィンで最初の中国人市長に選出。
一九六七(昭和四二)	アラフラ真珠会社がインドネシアに進出し、真珠養殖会社P.T.Maluku Pearlを設立。
一九七〇(昭和四五)	ブルームで真珠祭を開催。
一九七一(昭和四六)	ブルームの名誉日本領事館を閉鎖。

一九七六(昭和五一)	オーストラリアにとってヴェトナムからの最初のボートピープル五人がダーウィンの海岸に漂着。
一九七七(昭和五二)	ブルーム中心街に、養殖真珠業の先駆者三名を讃える銅像を建立。
一九七九(昭和五四)	木曜島の日本人墓地に、慰霊塔を建立。
一九八一(昭和五六)	和歌山県太地町とブルームとの姉妹都市協定が締結。二〇〇九年八月に停止され、一〇月に再開。
一九九二(平成四)	オーストラリア空軍が北オーストラリア領海メルヴィル島沖で三隻のバジャウ船(ランボ型の帆船)を拿捕。乗組員二五人をダーウインへ連行(三月)。
一九九九(平成一一)	ブルーム中心街に、ハード・ハット・ダイバーの銅像を建立。
二〇〇一(平成一三)	クリスマス島沖でのタンパ号事件を契機に、オーストラリア政府がボートピープル対策としてパシフィック戦略を開始(二〇〇八年にいったん廃止)。
	ブルーム真珠祭の開会式で、先住民のダイバーを顕彰したプレートを除幕。
	イラクなどからの難民を乗せたSIEV Xが、スマトラ島からクリスマス島への航海途上で沈没。
二〇一一(平成二三)	和歌山県串本町とクイーンズランド州木曜島(トレス市)との姉妹都市協定が締結。
二〇一二(平成二四)	オーストラリア政府がパシフィック戦略を再開。

は行

ま行

や行

ら行

(注) 索引は本文、図表・地図のタイトルを対象としている(注や年表などは含んでいない)。また、人名表記は本文に従い、漢字名以外は「名前、姓」の順にしている。

た行

な行

■事 項■

あ行

か行

さ行

■人　名■

索　引

■地　名■

永田由利子（ながたゆりこ）
クィーンズランド大学言語文化学科客員研究員。オーストラリアの日系人研究。主著 *Unwanted Aliens: Japanese Internment in Australia,* UQ Press, 1996.『オーストラリア日系人強制収容の記録——知られざる太平洋戦争』(高文研、2002 年)。共編著 *Navigating Boundaries: Asian Communities in Torres Strait,* Pandanus, 2004.

松本博之（まつもとひろゆき）
奈良女子大学名誉教授。オセアニア地域研究。編書『海洋環境保全の人類学——沿岸水域利用と国際社会』(国立民族学博物館調査報告 97、国立民族学博物館、2011 年)。共著『講座世界の先住民族 09 オセアニア』(明石書店、2005 年)。『海洋資源の流通と管理の人類学』(みんぱく実践人類学シリーズ 3、明石書店、2008 年)。

加藤めぐみ（かとうめぐみ）
明星大学人文学部教授。 英語圏文学、オーストラリア地域研究。主著 *Narrating the Other: Australian Perceptions of Japan,* Monash University Press, 2008.『オーストラリア文学にみる日本人像』(東京大学出版会、2013年)。監修『新版オセアニアを知る事典』(平凡社、2010 年)。

飯笹佐代子（いいざささよこ）
青山学院大学総合文化政策学部教授。多文化社会研究、越境研究。主著『シティズンシップと多文化国家——オーストラリアから読み解く』(日本経済評論社、2007 年)。共著『日本とオーストラリアの太平洋戦争』(御茶の水書房、2012 年)、『移動という経験——日本における「移民」研究の課題』(有信堂高文社、2013 年)。

【著者紹介】（執筆順）

村井吉敬（むらいよしのり）

1943～2013年。上智大学名誉教授。東南アジア社会経済論。主著『スンダ生活誌――変動のインドネシア社会』（NHKブックス、1978年（2014年に『インドネシア・スンダ世界に暮らす』と改題して岩波現代文庫から刊行））、『エビと日本人』（岩波新書、1988年）、『エビと日本人Ⅱ――暮らしのなかのグローバル化』（岩波新書、2007年）、『ぼくが歩いた東南アジア――島と海と森と』（コモンズ、2009年）。

鎌田真弓（かまだまゆみ）

名古屋商科大学経済学部教授。オーストラリア研究、国際関係論。編書『日本とオーストラリアの太平洋戦争――記憶の国境線を問う』（御茶の水書房、2012年）。共著『オーストラリア入門』（東京大学出版会、2007年）、『オーストラリア先住民と日本――先住民学・交流・表象』（御茶の水書房、2014年）。

田村恵子（たむらけいこ）

オーストラリア国立大学アジア太平洋学部客員研究員。歴史文化人類学、日豪交流史、太平洋戦争とその記憶。主著 *Forever Foreign: Expatriate Lives in Historical Kobe,* National Library of Australia, 2007. *Michi's Memories: The Story of a Japanese War Bride,* ANU Press, 2011. 共著『日本とオーストラリアの太平洋戦争』（御茶の水書房、2012年）。

内海愛子（うつみあいこ）

大阪経済法科大学アジア太平洋研究センター特任教授。日本―アジア関係史。主著『朝鮮人BC級戦犯の記録』（勁草書房、1982年（2015年に同名で岩波現代文庫から刊行））、『戦後補償から考える日本とアジア』（山川出版社、2002年）、『スガモプリズン――戦犯たちの平和運動』（吉川弘文館、2004年）。

海境《うみざかい》を越える人びと

二〇一六年四月三〇日　初版発行

編著者　村井吉敬・内海愛子・飯笹佐代子

発行者　大江正章
発行所　コモンズ
東京都新宿区下落合一―五―一〇―一〇〇二
TEL〇三（五三八六）六九七二
FAX〇三（五三八六）六九四五
振替　〇〇一一〇―五―四〇〇一二〇
info@commonsonline.co.jp
http://www.commonsonline.co.jp/
JASRAC　出1602924―69

印刷・東京創文社／製本・東京美術紙工
乱丁・落丁はお取り替えいたします。
ISBN 978-4-86187-133-7 C 3030

＊好評の既刊書

ぼくが歩いた東南アジア 島と海と森と
●村井吉敬 本体3000円＋税

サシとアジアと海世界 環境を守る知恵とシステム
●村井吉敬 本体1900円＋税

徹底検証ニッポンのODA
●村井吉敬編著 本体2300円＋税

カツオとかつお節の同時代史 ヒトは南へ、モノは北へ
●藤林泰・宮内泰介編著 本体2200円＋税

日本軍に棄てられた少女たち インドネシアの「慰安婦」悲話
●プラムディヤ・アナンタ・トゥール著、山田道隆訳 本体2800円＋税

いつかロロサエの森で 東ティモール・ゼロからの出発
●南風島渉 本体2500円＋税

海民の社会生態誌 西アフリカの海に生きる人びとの生活戦略
●北窓時男 本体3200円＋税

海を読み、魚を語る 沖縄県糸満における海の記憶の民族誌
●三田牧 本体3500円＋税

徹底解剖国家戦略特区 私たちの暮らしはどうなる？
●アジア太平洋資料センター編 本体1400円＋税

ファストファッションはなぜ安い？
●伊藤和子 本体1500円＋税

学生のためのピースノート2
●堀芳枝編著 本体2100円＋税